红书坊课外阅读

以读促写历史篇

追随文明的足迹

Zhuisui Wenming de Zuji

石真平 编著

时代出版传媒股份有限公司
安徽美术出版社
全国百佳图书出版单位

图书在版编目(CIP)数据

以读促写历史篇:追随文明的足迹 / 石真平编著. —合肥:安徽美术出版社,2012.12
(红书坊课外阅读)
ISBN 978-7-5398-4192-2

Ⅰ.①以… Ⅱ.①石… Ⅲ.①阅读课–中学–课外读物②作文课–中学–课外读物
Ⅳ.①G634.303

中国版本图书馆 CIP 数据核字(2012)第 308759 号

红书坊课外阅读·以读促写历史篇·追随文明的足迹
石真平　编著

责任编辑:史春霖
助理编辑:刘　欢
封面设计:高　幻
责任印制:李建森　徐海燕
出版发行:时代出版传媒股份有限公司　安徽美术出版社
地　　址:合肥市政务文化新区翡翠路 1118 号出版传媒广场 14 层
邮　　编:230071
印　　制:合肥瑞丰印务有限公司
开　　本:787 mm × 1092 mm　1/16　印　张:16.625
版　　次:2013 年 1 月第 1 版　2023 年 1 月第 2 次印刷
书　　号:ISBN 978-7-5398-4192-2
定　　价:45.00 元

本书的编选参阅了一些报纸和著作,由于多种原因我们未能与部分入选文章作者(或译者)取得联系,在此深表歉意。敬请原作者(或译者)见到本书后,及时与我社联系,我们将按国家有关规定支付稿酬并赠送样书。

目 录

第一辑 游览文明的遗迹

第二辑 走近伟人

第三辑　沐浴和平的阳光

第四辑　品味诗词的魅力

3

致同学们

　　语文是学习任何知识的重要基础,也是人在成长过程中习得语言技巧、开启与掌握人文知识大门的一把重要的钥匙。不少同学都希望自己有一双善于发现的眼睛,有一支才情横溢的笔,怎么才能得到呢?必须有厚实的底气。底气来自读书、读好书,来自读好书时的思考。好书好文章的作者大多是思想者,他们都有着各自不同的语言风格,与他们"心灵对话",你会发觉你在快速成长,因为你正在不断吸取"文化精气"。

　　尽管我们的语文课,经过近几年的教学改革,已经有了长足的进步,但如何推荐良好的语文课外知识读物,一直是语文教学的难点。目前已经出版的课外阅读图书可谓多矣,但大部分仍局限在围绕课堂练习、课堂语文知识收集文章,或评点历届高考文科状元等,编撰千篇一律,阅读者受益不多。由此,我们通过市场调查,精心收集,编写出这套《红书坊课外阅读》,旨在提高中学生的阅读能力、社会实践能力,而又无需占用大量时间即可补充实际教学中所出现的部分不足。

　　这是一套以读书促写作的丛书,在内容和框架上,我们做这样的安排:按内容分类,分为自我篇——《太阳花般科学狂》、自然篇——《读你千遍不厌倦》、社会篇——《世界很小也很大》、历史篇——《追随文明的足迹》。每篇所收集的名篇时文,都附有必要的背景知识和我们的心得点滴,学生习作则分别附有教师及大学生的旁批或点评。这些读文手记,既有思想的火花、灵感的触角,也有写法的喝彩、技巧的点拨。一些篇章还设置了"尝试动动笔"的交流平台,同学们可以尽情比试。

　　期待爱读书和有心练笔的同学能喜欢这套丛书,更希望这套书能对炼就同学的锐眼和神笔有所帮助。

　　当然,由于编写时间仓促,书中难免出现这样那样的问题,希望同学们看到后及时指出,以便在修订时改正。祝同学们学习顺利,身体健康。

编　者

2012年2月

第一辑

游览文明的遗迹

文明是人类活动留下的足迹，是人类内在精神和力量的具象和外化，有人的地方，必有文明的遗迹。游览文明的遗迹，感受文明的丰富多彩和博大精深，人，才会因而视野开阔，涵养丰厚。

本辑"游览文明的遗址"，精心挑选出八篇内涵丰富、思想深刻、构思精巧、表达精美的游记类散文。这些散文几乎有一个共同的特色，那就是，作者按照由浅入深、由表及里的思路，以自己独到的视角，绘声、绘色、绘形，使"遗迹"自然的人文的美丽景观栩栩如生地立在了读者面前，让读者身临其境，获得美的熏陶和享受。尤其可贵的是，作者们揉进了自己独到的情感体验和理性思考，努力挖掘出"遗迹"背后丰厚的文化底蕴和文明精髓，进一步让读者的思想涵养从理性层面获得提高。

感受文明的遗迹，作者们尽管有着思维形式上的英雄所见略同，在观察、构思、思考和表达上，更多的是他们的独具慧眼和别具匠心。

让我们跟随作者，带着思考，一起"游览文明的遗迹"吧！

名 篇 赏 析

　　对青年人来说,旅行是教育的一部分;对老年人来说,旅行是阅历的一部分。

——[英]培根

法门寺

季羡林*

　　法门寺,多么熟悉的名字啊!京剧有一出戏,就叫作《法门寺》。其中有两个角色,让人永远忘记不了:一个是太监刘瑾,一个是他的随从贾桂。刘瑾气焰万丈,炙手可热。他那种小人得志的情态,在戏剧中表现得惟妙惟肖,淋漓尽致,是京剧中最著名的人物之一。贾桂则是奴颜婢膝,一副小人阿谀奉承的奴才相。他的"知名度"甚至高过刘瑾,几乎是妇孺皆知。"贾桂思想"这个词儿至今流传。(由"法门寺"这出戏入手,引发读者思考,又为后文写"意外"作铺垫:没想到剧中的东西竟然在现实中真的存在!)

　　我曾多次看《法门寺》这一出戏,我非常欣赏演员们的表演艺术。但是,我从来也没想研究究竟有没有法门寺这样一个地方?它坐落在何州何县?这样的问题好像跟我风马牛不相及,根本不存在似的。

　　然而,我何曾料到,自己今天竟然来到了法门寺,而且还同一件极其重要的考古发现联系在一起了。(陡然一转,设下悬念,引人入胜。)

　　这一座寺院距离陕西扶风县有八九里路,处在一个比较偏僻的农村中。我们来的时候,正落着蒙蒙细雨。据说这雨已经下了几天。快要收割的麦子湿漉漉的,流露出一种垂

　　*季羡林,人称"季老",德高望重,年高学富,北大名教授理当得此尊称。季老也热心散文创作,有散文集《朗润集》、《天竺心影》等。他的散文清新流动,隽永耐读,平淡中见诗意,见人生感悟,见生活情趣,《法门寺》即可佐证。

3

头丧气的神情。但是在中国比较稀见的大棵大朵的月季花却开得五颜六色,绚丽多姿,告诉我们春天还没有完全过去,夏天刚刚来临。寺院正在修葺,大殿已经修好,彩绘一新,鲜艳夺目。但是整个寺院却还是一片断壁残垣,显得破破烂烂。地上全是泥泞,根本设法走路。工人们搬来了宝塔倒掉留下来的巨大的砖头,硬是在泥水中垫出一条路来。我们这一群从北京来的秀才们小心翼翼,战战兢兢地踏着砖头,左歪右斜地走到了一个原来有一座十三层的宝塔而今完全倒掉的地方。(写景,麦子与月季花,大殿与寺院两相对比。)

这样一个地方有什么可看的呢?千里迢迢从北京赶来这里难道就是为了看这一座破庙吗?事情当然不会这样简单。(设问引出下文,进一步吸引读者的阅读兴趣,作者语言平和,娓娓道来,亲切自然。)这一座法门寺在唐代真是大大地有名。它是皇家烧香礼佛的地方。这一座宝塔建自唐代,中间屡经修葺。但是在一千多年的漫长的时间内,年深日久,自然的破坏力是无法抗御的,终于在前几年倒塌了。我们现在看到的就是倒塌后的样子。

倒塌本身按理说也用不着大惊小怪。但是,倒塌以后,下面就露出了地宫。打开地宫,一方面似乎是出人意料,另一方面又似乎是在意料之内,在这里发现了大量异常珍贵的古代遗物。遗物真可以说是丰富多彩,琳琅满目,其中有金银器皿、玻璃器皿、茶碾子、丝织品。据说,地宫初启时,一千多年以前的金器,金光闪闪,光辉夺目,参加发掘的人为之吃惊,为之振奋。最引人瞩目的是秘色瓷,实物还从来没有看到过。另外根据刻在石碑上的账簿,丝织品中有中国历史上唯一的一位女皇武则天的裙子。因为丝织品都粘在一起,还没有能打开看一看,这一条简直是充满了神话色彩的裙子究竟是什么样子。("大量异常珍贵的古代遗物"烘云托月地引出下文的佛骨舍利。舍利的珍贵可谓无与伦比了。)

但是,真正引起轰动的还是如来佛释迦牟尼的真身舍利。世界上已经发现的舍利为数极多,我国也有不少。但是,那些舍利都是如来佛遗体焚化后留下来的。这一个如来佛指骨舍利却出自他的肉身,在世界上从来没有过。我不是佛教信徒,不想去探索考证。但是,这个指骨舍利在十三层宝塔下面已经埋藏了一千多年,只是它这一把子年纪不就能让我们肃然起敬吗?何况它还同中国历史上和文学史上的一段公案紧密地联系在一起呢!唐朝大文学家韩愈有一篇著名的文章:《论佛骨表》,千百年来,读过这篇文章的人恐怕有千百万。我自己年幼时也曾读过,至今尚能背诵。但是,我从来也没有想到,唐宪宗"令群僧迎佛骨于凤翔"的佛骨竟然还存在于宇宙间,而且现在就在我们眼前,我原以为是神话的东西就保存在我们现在来看的地宫里,虚无缥缈的神话一下子变为现实。它将在全世界引起多么大的轰动,目前还无法预料。这一阵"佛骨旋风"会以雷霆万钧之力扫过佛教世界,这一点是肯定无疑的了。(一路写来,始终以这样一个悬念吸引着读者的兴趣,法门寺到底有何"极其重要的考古发现"?并且,利用四个"但是"引发意思的转折和递进、扣紧了作者的"意外"的独特感觉。)

我曾多次来过西安,我也曾多次感觉到过,而且说出来过:西安是一块宝地。在这里,中国古代文化仿佛阳光空气一般,弥漫城中。唐代某种诗人的那些名篇名句,很多都与西安有牵连。谁看到灞桥、渭水等等的名字不会立即神往盛唐呢?谁走过丈八沟、乐游原这样的地方不会立即想到杜甫、李商隐的名篇呢?这里到处是诗,美妙的诗;这里到处是梦,神奇的梦;这里是一个诗和梦的世界。如今又出现了如来真身舍利。它将给这个诗和梦的世界涂上一层神光,使它同西天净土,三千大千世界联系在一起,生为西安人,生为陕西人,生为中国人有福了。(进行延伸性联想,不仅反映出西安厚重的文化内涵,更突显出如来真身舍利在西安文化中的重要地位)

从神话回到现实。我们这一群北京秀才们是应邀来鉴定新出土的奇宝的。(照应前文巧妙过渡。)

对我们这些凡夫俗子来说,如来真身舍利渺矣茫矣。对每一个中国人来说,古代灿烂的文化遗物却是活生生的现实。即使对于神话不感兴趣的普通老百姓,对现实却是感兴趣的。现在法门寺已经严密封锁,一般人不容易进来。但是,老百姓却有自己的想法,有自己的价值观。我曾在大街上和飞机场上碰到一些好奇的老百姓。在大街上,两位中年人满面堆笑,走了过来:

"你是从北京来的吗?"

"是的。"

"你是来鉴定如来佛的舍利吗?"

"是的。"

"听说你们挖出了一地窖金子?!"

对这样的"热心人",我能回答些什么呢?

在飞机上五六个年轻人一下子拥了上来:

"你们不是从北京来的吗?"

"是的。"

"听说,你们看到的那几段佛骨,价钱可以顶得上三个香港?"

多么奇妙的联想,又是多么天真的想法。让我关在屋子里想一辈子也想不出来。无论如何,这表示,西安的老百姓已经普遍地注意到如来真身舍利的出现这一件事,街头巷尾,高谈阔论,沸沸扬扬,满城都说佛舍利了。

外国朋友怎样呢?他们的好奇心,他们的轰动,绝不亚于中国的老百姓。在新闻发布会上,一位日本什么报的记者抢过扩音器,发出了连珠炮似的问题:"这个指骨舍利是如来佛哪一只手上的呢?是左手,还是右手?是哪一个指头上的呢?是拇指,还是小指?"我们这一些"答辩者",谁也回答不出来。其他外国记者都争着想提问,但是这一位日本朋友却抓紧了扩音器,死不放手。我绝不敢认为,他的问题提得幼稚,可笑。对一个信仰佛教又是记者的人来说,他提问题是非常认真严肃的,又是十分虔诚的。据我了解到的,现在世界上许多国家,特别是日本、印度,以及南亚和东南亚佛教国家,都纷纷议论西安的真身舍利。这个消息像燎原的大火一样,已经熊熊燃烧起来了,行将见"西安热"又将热遍全球了。

就这样,我在细雨霏霏中,一边参观法门寺,一边心潮起伏,浮想联翩。多年来没有背诵的《论佛骨表》硬是从遗忘中挤了出来,(一个"挤"字形象地突出了《论佛骨表》一文在"我"思想意识中的深刻印象,并且指出该文与舍利发现间的联系。)我不由得一字一句暗暗背诵着:

> 一封朝奏九重天,
>
> 夕贬潮州路八千。
>
> 欲为圣明除弊事,
>
> 肯将衰朽惜残年?
>
> 云横秦岭家何在,
>
> 雪拥蓝关马不前。
>
> 知汝远来应有意,
>
> 好收吾骨瘴江边。

韩愈因谏迎佛骨,遭到贬逐,他的侄孙韩湘来看他,他写了这一首诗。我没有到过秦岭,更没有见过蓝关,我却仿佛看到了一个孤苦伶仃的老人,忠君遭贬,我不禁感到一阵凄凉。此时月季花在雨中别具风韵,法门寺的红墙另有异彩。我幻想,再过三五年,等到法门寺修复完毕,十三级宝塔重新矗立之时,此时冷落僻远的法门寺前,将是车水马龙,摩肩接踵,与秦俑馆媲美了。("月季花"、"红墙"呼应前文,寄意深远。展望前景,给人以力量。)

读后悟语

　　《法门寺》一文围绕法门寺所发现的稀世文物用墨,法门寺宝塔倒了,塔底地宫发现了大量古代文物。作者季羡林先生以佛教史研究专家的身份被邀请到法门寺,此行"文物考古工作第一,游览参观第二",他提供给我们了解、认识法门寺的视角很特别。行文古今交错,一边参观法门寺,一边心潮起伏,浮想联翩。由眼前的现实追溯到唐代有关史实,再回到现实。作者告诉我们种种"意外":意外的到来、意外的发现。意外的发现中蕴涵着辉煌的中国古代文化。作者为这意外发现"喜出望外"。我们从中感觉到作者赤子情怀炙手可热,同时也使我们自己的民族自豪感和自信心大增,正是"生为西安人,生为陕西人,生为中国人有福了"。

　　文章虽然是写文化发现并挖掘其内涵,但语言风格却是平和的,作者如话家常,娓娓道来,亲切而自然,让读者随着作者的介绍感受到西安乃至中国古代文化的辉煌。

　　文章写法上又一重要特色是,作者一路写来始终吸引着读者的阅读兴趣,并且始终都在烘云托月地突显佛骨舍利的珍贵。

武侯祠:一千七百年的沉思

梁 衡

中国历史上有无数个名人,但没有谁能像诸葛亮这样引起人们长久不衰的怀念;中国大地上有无数座祠堂,没有哪一座能像成都武侯祠这样,让人生出无限的崇敬,无尽的思考和深深的遗憾。这座带有传奇色彩的建筑,令海内外所有的崇拜者一提起它就生出一种神秘的向往。(开篇连用两个对比,突出诸葛亮及成都武侯祠在人们心目中无与伦比的地位,总领全文定下文章基调,引导读者进入深刻的思考。)

武侯祠坐落在成都市区略偏南的闹市。两棵古榕为屏,一对石狮拱卫,当街一座朱红飞檐的庙门。你只要往门口一站,一种尘世暂离,而圣地在即的庄严肃穆之感便油然而生。进门是一庭院,满院绿树披道,杂花映目,一条五十米长的甬道直达二门,路两侧各有唐代、明代的古碑一座。这绿阴的清凉和古碑的幽远先教你有一种感情的准备,我们将去造访一位一千七百年前的哲人。进二门又一座四合庭院,约五十米深,刘备殿飞檐翘角,雄踞正中,左右两廊分别供着二十八位文臣武将。过刘备殿,下十一阶,穿过庭,又一四合院,东西南三面以回廊相通,正北是诸葛亮殿。由诸葛亮殿顺一红墙翠竹夹道就到了祠的西部——惠陵。这是刘备的墓,夕阳抹过古冢老松,让人想起遥远的汉魏。由诸葛亮殿向东有门通向一片偌大的园林。这些树、殿、陵都被一线红墙环绕,墙外车马喧,墙内柏森森。诸葛亮能在一千七百年后享此祀地,并前配天子庙,右依先帝陵,千多年来香火不绝,这气象也真绝无仅有了。(客观事物介绍与主观感受交融,情感色调浓郁。按空间顺序介绍武侯祠的布局,思路清晰,令人身临其境。布局,突显诸葛亮的崇高地位,为下文张本。)

公元二三四年，诸葛亮在进行他一生的最后一次对魏作战时病死军中。一时国倾梁柱，民失父相，举国上下莫不痛悲，百姓请建祠庙，但朝廷以礼不合，不许建祠。于是每年清明时节，百姓就于野外对天设祭，举国痛呼魂兮归来。这样过了三十年，民心难违，朝廷才允许在诸葛亮殉职的定军山建第一座祠，不想此例一开，全国武侯祠林立。成都最早建祠是在西晋，以后多有变迁。先是武侯祠与刘备庙毗邻，诸葛祠前香火旺，刘备庙前车马稀。明朝初年，帝室之胄朱椿来拜，心中很不是滋味，下令废武侯祠，只在刘备殿旁附带供诸葛亮。不想事与愿违，百姓反把整座庙称武侯祠，香火更甚。到清康熙年间，为解决这个矛盾，干脆改建为君臣合庙，刘备在前，诸葛在后，以后朝廷又多次重申，这祠的正名为昭烈庙(刘备谥号昭烈帝)，并在大门上悬以巨匾。但是朝朝代代，人们总是称它为武侯祠，直到今天。"文化大革命"曾经疯狂地破坏了多少文物古迹，但武侯祠却片瓦未损，至今每年还有二百万人来拜访。这是一处供人感怀、抒情的所在，一个借古证今的地方。(以时间顺序介绍武侯祠的历史。重点突出其地位之尊崇。这种尊崇的地位令人深思。采用了反衬的手法。对比之中包含了无尽疑团，引人入胜。)我穿过一座又一座的院落，悄悄地向诸葛亮殿走去。这殿不像一般佛殿那样深暗，它合为丞相治事之地。殿柱矗立，贯天地正气，殿门前敞，容万年之情。(内心的虔诚与崇敬使然。对仗工整。)诸葛亮端坐在正中的龛台上，头戴纶巾，手持羽扇，正凝神沉思。往事越千年，历史的风尘不能掩遮他聪慧的目光，墙外车马的喧闹也不能把他从沉思中唤醒。他的左右是其子诸葛瞻，其孙诸葛尚。瞻与尚在诸葛亮死后都为蜀汉政权战死沙场。殿后有铜鼓三面，为丞相当初治军之用，已绿锈斑驳，却余威尚存。我默对良久，隐隐如闻金戈铁马声。殿的左右两壁书着他的两篇名文，左为《隆中对》，条分缕析，预知数十年后天下事；右为《出师表》，慷慨陈词，痛表一颗忧国忧民心。(进一步按空间顺序来介绍，并且同样融入主观情感和丰富想象。)我透过他深沉的目光，努力想从中发现这位东方"思想家"的过去。我看到他在国乱家丧之时，布衣粗茶，耕读山中；我看到他初出茅庐，羽扇轻轻一挥，八十万曹兵灰飞烟灭；我看到他在斩马谡时那一滴难言的混浊泪；我看到他在向后主自报家产时那一颗坦然无私的心。(排比修辞，概要盘点出诸葛亮的事迹，突出其"才比天高，德昭宇宙"的特点，而这恰是千百年来，诸葛亮受到万民景仰的原因之一。)记得小时读《三国演义》，总希望蜀国能赢，那实在不是为了刘备，而是为了诸葛亮。这样一位才比天高，德昭宇宙的人不赢，真是天理不容。但他还是输了，上帝为中国历史安排了一出最雄壮的悲剧。

　　假如他生在古周、盛唐,他会成为周公、魏征;假如上天再给他十年时间 (活到六十三岁不算老吧),他也许会再造一个盛汉;假如他少一点愚忠,真按刘备的遗言,将阿斗取而代之,也许会又建一个什么新朝。(连续假设,表达作者的惋惜之情。)我心中翻腾着这许多的"假如",抬头一看,诸葛亮还是那样安静地坐着,目光更加明静,手中的羽扇像刚刚轻挥过一下。我不觉可笑自己的胡思乱想。我知道他已这样静坐默想了一千七百年,他知道天命不可违,英雄无法造一个时势。

　　一千七百年前,诸葛亮输给了曹魏,但他却赢得了从此以后所有人的心。我从大殿上走下,沿着回廊在院中漫步。这个天井式的院落像一个历史的隧道,我们随手可翻捡到唐宋遗物,甚至还可驻足廊下与古人、故人聊上几句。杜甫是到这祠里做客最多的。他的名句"出师未捷身先死,长使英雄泪满襟",唱出了这个悲剧的主调。院东有一块唐碑,正面、背面、两侧或文或诗,密密麻麻,都在与杜甫作着悲壮的酬唱。唐人的碑文说:"若天假之年,则继大汉之祀,成先生之志,不难矣。元人的一首诗叹道:"正统不渐传千古,莫将成败论三分。"明人的一首诗简直恨历史不能重写了:"托孤未付先君望,恨入岷江昼夜流。"南面东西两廊的墙上嵌着岳飞草书的前后《出师表》,笔走龙蛇,倒海翻江,黑底白字在幽暗的廊中如长夜闪电,我默读着"临表涕零,不知所云",读着"汉贼不两立,王业不偏安",看那墨痕如涕如泪,笔锋如枪如戟,我听到了这两位忠臣良将遥隔九百年的灵魂共鸣。(两位忠良所肩负的使命相似,情感相通,真可谓惺惺相惜。)这座天井式的祠院一千七百年来就这样始终为诸葛亮的英气所笼罩,并慢慢积聚而成为一种民族魂。我看到一个个的后来者,他们在这里扼腕叹息、仰天长呼或沉思默想。他们中有诗人,有将军,有朝廷的大臣,有封疆大吏,甚至还有割据巴蜀的草头王。但不管什么人,不管来自什么出身,负有什么使命,只要在这个天井小院里一站,就受到一种庄严的召唤。人人都为他的凛然正气所感召,都为他的忠义之举而激动,都为他的淡泊之志所净化,都为他的聪明才智所倾倒。人有才不难,历史上如秦桧那样的大奸雄也有歪才;有德也不难,天下与人为善者不乏其人,难得是德才兼备,有才又肯为天下人兴利,有功又不自傲。(排比的运用,加点动词的恰当使用,突显了诸葛亮形象之高大,诸葛魂影响之深远。读者看到此该会疑团顿解吧。)

　　历史早已过去,我们现在追溯旧事,也未必对"曹贼"那样仇恨,但对诸葛亮却更觉亲切。这说明诸葛亮在那场历史斗争中并不单纯地为克曹灭魏,他不过是要实现自己的治国理想,是在实践自己的做人规范,他在试着把聪明才智发挥到极限,蜀、魏、吴之争不过是这三种实验的一个载体。他借此实现了作为一个人,一个历史伟人的价值。史载公元三四七年,"桓温征蜀,犹见武侯时小吏,年百余岁。温问曰:'诸葛丞相今谁与比?'答曰:'诸葛在时,亦不觉异,自公没后,不见其比。'"此事未必可信,但诸葛亮确实实现了超时空的存在。古往今来有两种人,一种人为现在而活,拼命享受,死而后已;一种人为理想而生,鞠躬尽瘁,死而后已。一个人不管他的官位多大,总要还原为人;不管他的寿命多长,总要变为鬼;而只有极少数人才有幸被百姓筛选、历史擢拔而为神,享四时之祀,得到永恒。(联系现实,阐发自己的人生思考,这也是作者"一千七百年的沉思"得出的一个重要启示,文章主旨在原有基础上进一步升华。)

我在祠中盘桓半日,临别时又在武侯像前伫立一会儿,他还是那样,目光泉水般的明净,手中的羽扇轻轻抬起,一动也不动。

读后悟语

诸葛亮生前功高却始终不震主,死后却"喧宾夺主",受到万民景仰,威望远超其主刘备,这种错位恰恰让我们真正体认到诸葛亮这位历史人物在人们心目中的崇高地位。何以产生这种"错位"现象,引发了作者引导读者进行"一千七百年沉思"的冲动。

文章一开篇就把诸葛亮及武侯祠置于一个广阔的时空背景下来定位,极力渲染和烘托这个历史人物在人们心中的崇高威望,从而引发读者的深沉思考。接着在对武侯祠进行平面性介绍的同时,融进对诸葛亮平生优秀事迹的追溯和反思,进而旁征博引,在对古人给予的盛赞性诗词中终于抽象出"德才兼备,有才又肯为天下人兴利,有功又不自傲"这样一个专属诸葛亮的崇高品质,这恰是千百年来人们景仰诸葛亮的真实原因。到此,作者的"沉思"并未中止,而是进一步联系现实,得出一个"如何才能真正实现自己的人生价值"的思考结果,文章主题进一步升华。

介绍事物思路清晰、情感浓烈是本文的又一重要写作特色。介绍武侯祠按照空间顺序,为了表达的需要,在介绍客观事物时融入自己的主观感受和情感,发挥自己的想象,达到情景理交融的效果。

仰望布达拉

徐治平

一

进入拉萨，忽然从车窗外的林梢上空闪出一座宫殿的剪影：两侧是白宫墙，中间是红宫墙，顶部的喇嘛灵塔、宝瓶、经幡等鎏金饰物在阳光下闪着金光，背景是白云蓝天。"布达拉宫！"心中一声惊呼，立刻感到有一种不可逼视的光从前面射来，感到冥冥之中有一种神秘的声音在回响。

我强烈地感到了一种不可名状的庄严与崇高。(布达拉宫的高不仅在于她的外形，更在于其内在的庄严与崇高，"仰望"布达拉宫也不仅是视觉的更是心灵的。)

布达拉宫耸立在拉萨市中心的红山顶上。宫前是拉萨最宽阔最漂亮的北京中路。站在铺着长方形花岗岩料石的北京中路北侧的玉兰花灯下仰望布达拉，只见一片青绿的草坪后面，横着一堵高高的围墙，围墙后面便是红山及其山顶上的雄伟宫殿，底部和东西两侧的宫墙为灰白色，称之白宫，正中顶部是褐红色，称之红宫。无论白宫还是红宫，一排排窗口四周都涂了黑色，窗头那白色布帘在高原的劲风中波浪般猎猎飘动。白、红、黑三色的宫墙及窗户，在背后的蓝天白云映衬下，对比显得愈加强烈，色彩鲜明。

巍峨、雄伟、神圣、庄严，布达拉有如伫立世界屋脊上的一位长者，一位哲人。

从红山西侧眺望，透过北京中路旁那三座白色佛塔金黄色的塔尖，看到的只是布达拉宫的西侧，它屹立在巍巍山崖上，显得更为高峻、雄奇。

　　绕到红山北麓的宗角禄康,在一个十亩许的人工湖北岸眺望布达拉,所看到的是布达拉背后的宫墙,雄踞于陡峭的崖壁顶部,宫墙、峭壁、古柳、经幡的倒影一起映入湖里,使布达拉在雄伟中又增添了几分俏丽。

　　倘若站在八角街中心大昭寺的金顶上,放眼望去,又可看见布达拉雄伟的殿远远地耸立在寺前广场的西北方,耸立在连绵的群山下。(选取不同的地点观察,从不同的角度仰望布达拉,感受布达拉:布达拉无处不在,无时不在。从不同角度来描写同一事物的发散性思维方式很值得学习。)

　　在拉萨,几乎随处都可望见布达拉。

　　布达拉似乎无处不在,无时不在。

二

　　那么多风尘仆仆、步履匆匆的僧侣平民,都是从各地赶来朝觐布达拉的吧?

　　他们上身微微前倾,似乎终生都在匆匆赶路,都在追寻某个辉煌目标。他们右手摇经转转(那茶杯大小的圆筒儿,风车般呼呼飞转,中间那个用细链牵着的小珠儿同时飞快旋转,划出一个个漂亮的圆弧儿),左手捻佛珠,两片嘴唇不停翕动,口中滔滔不绝地发出低沉、急促的诵经声。据说那是六字真言"唵嘛呢叭咪吽",周而复始,反复念诵,就可积德驱邪,功德圆满,修成正果。(由肉眼的仰视转而写朝觐者的心灵膜拜,这是深层次的仰望,一连串动作描写刻画出朝觐者的虔诚形象。)

　　布达拉宫东侧山崖的围墙下,那条摆满五金和陶瓷制品的小街旁,一样镶裹黄铜、雕刻有各种图案的经筒当街而立,一个接着一个,连续数百米。从这里经过的僧侣百姓,都要由北而南,逐个摇转那大水缸般的经筒,将它们拨弄得骨碌碌地旋转。那数百个沉重的经筒,一个个地旋,需要多少时间,多少精力呢?听说经筒里藏有经卷,旋转一次经筒,如同读了一遍经书,又靠近佛祖一步,难怪人们乐此不疲,以此为荣。经筒上那层黄铜,被千万只虔诚的手拨得锃光发亮,被千万颗虔诚的心磨得金光闪烁。

　　有人曾描写过布达拉宫晒佛的场面:

　　拉萨所有可以看见布达拉宫的地点都被人们站满了。我看见许多个子矮小的山民,他们站的地方根本看不到佛像,但他们朝佛像所在的地方默默地流泪。

13

成千上万的人民在晒佛的这一天,顺时针方向环绕着布达拉宫行走。一路上都是尘土。藏族人、汉人、西方人、僧侣、百姓……扶老携幼,犹如历史上那些伟大的迁移。(于坚《棕皮手记·在西藏》)(调用真实的记载来更充分地反映出朝觐者的虔诚。)

三

我不愿就这么匆匆地走进布达拉。就像看戏,不希望一下子就进入高潮。我愿布达拉仍然像谜一样悬挂在我面前。(心灵的膜拜不仅是朝觐者,也是作者的。)

于是,我走向八角街中央的大昭寺。

大昭寺的大门朝西,寺门外有8根大红柱,构成一个数米宽的门廊。地面铺着大块大块的花岗岩石板,柱顶及横梁描图绘彩,金碧辉煌。

两扇朱红的大门紧闭着,神秘而威严。

十多个信徒在门廊红柱旁做着礼拜仪式。他们穿着或灰蓝、或浅绿、或咖啡色的藏袍,腰间扎着或白或红的腰带,雪白或杏黄的右臂衣袖袒露在长袍外。一个个脸色阴沉严峻,面寺肃立,双手合十,依次举过鼻尖、额前、头顶,再移至胸前,然后俯身趴地,双手滑伸向前,接着爬滑回原处,站起,再双手合十,举过头顶……如此循环往复,从早到晚,一做就是一整天,甚至十天半月,也有一连叩拜一两个月者。(礼拜仪式的传神描写烘托出的是信徒无尽的虔诚。扣住神态服饰动作来写,反映信徒们虔诚的内心世界。)

这叫磕长头。大多数信徒的手掌都套有皮垫或轮胎胶,要不这般反复与花岗岩石块摩擦,非把手掌磨破擦烂不可。门廊下那坚硬的花岗岩石面,被信徒的衣物磨得溜滑闪亮,被信徒的手掌擦出一道道槽沟。得经过多少人长年累月、接连不断的摩擦,才能出现这一道道槽沟?(无疑而问,实则表露出无尽的感叹。)

我把镜头对准一个磕长头的年轻妇女。她身子高挑,脸庞俏丽,鼻梁高挺,一根长辫垂于背后,上身穿白色毛衣,下身穿黛绿长裙,美得有如维纳斯雕像。她口中念念有词,反复磕拜,神情虔诚专注。这么一个俏丽少妇,她在祈祷些什么?或许这仅仅是一种信仰,一种精神寄托?她似乎发觉我将镜头对准她,有点不好意思地躲避一旁,待我把镜头移开,她又走回原地,合掌,趴地,伸手,跪拜如初。这是入道不久的少妇吧?我不便打扰她,就走到一边去。(由全景式集体式描写转而近镜头特写,由面到点,点面结合。)

坐在寺门外石级上的一排"老外",完全被眼前这宗教仪式吸引住了,甚至忘了卸下背后的旅行包。他们遍游世界,见多识广,然而这独特的跪拜仪式,也足以使他们惊心动魄的吧?

四

一日,我寻访拉萨北面一座大山南麓的色拉寺。

在寺门坪地上,我看见一个身穿灰黑长袍的藏族老妇人,背着一大块花岗石,缓缓挪动身躯,一步步朝寺殿走去,那粗糙深重的大石直接背在背上,没有筐子,没有垫子,只用一根草绳拴住,双手攥着草绳,弯腰弓背,钻过矮门,登上陡梯,艰难地往上攀爬。显然,她是将大石背上去维修寺庙的。这里海拔近4000米,我每走一步,都感到气喘,吃力,身背大石的老妇,一直默默地攀、爬,神情有点淡漠,却又非常肃穆。那如锉的石面,如刀的石棱刮削脊背,不疼吗?那如牛负重的瘦弱身躯,哪来的如此持久强大的力量?听说背石修寺,完全是自愿的,无偿的。她的这些举动,都是神的意志,佛的昭示吧?(进一步选择一个独具特色的个体来写,极富表现力。)

又一日,我去拜谒哲蚌寺。

哲蚌寺在拉萨西郊根培乌孜山南坡的山坞里。寺前山谷满是青葱的杨树林。走近寺门,意外地发现一条清清的小溪从寺后山谷钻出,绕过寺边,淙淙地往山下流去。奇怪的是,每走几步就看见一两个藏族妇女蹲在溪石上,将一串用细绳拴着的铜片铜铃提在手里,一下一下地放进溪中,浸漂一下,提起来,再放进去,浸漂一下,再提起来,如此反复终日,那清冽湍急的溪水,将铜片铜铃洗刷得亮晶晶,金闪闪的。这大概又是一种宗教仪式,是祈求佛寺圣水洗去灾孽,擦亮灵魂?

所有的朝圣者都一手捏小勺,一手拿酥油(奶酪状,用塑料袋装着,或盛在小提桶里),到每尊佛像前,都要用小勺挖出一点酥油,添在佛龛前的佛灯里。或者端一盏酥油灯(铜制,酥油为液体状,灯芯燃着黄色火焰),走过殿内每盏佛灯前,都毕恭毕敬地递上手中的酥油灯,给佛灯添上一点酥油。

有的大殿两侧竖立有高至壁顶的藏经架,一小格一小格的,每格都藏有一部发黄的经卷。藏经架下有一条不足一米的夹道,无论是手握酥油袋的老翁老妇、身背背包的年轻导游,还是西装革履的机关干部,都心悦诚服地低头弯腰,鱼贯地从那矮矮窄窄的木架底下钻过。他们坚信,藏经架上贮满了经卷,从架下钻过,就可以感知大藏经的博大精深,就可以获得灵感,增加智慧。

有一对中年夫妇(大概是藏族),男的西装领带,女的烫发画眉,一副干部模样。男的双手合十,口中念念有词,女的则不停地将钱币抛向高踞佛龛上的佛祖身边。

"你也会念经?"我问道。

"向师傅学的。"那男的说。

(为表现对布达拉心灵的"仰望",作者选取朝觐者群体或个体虔诚膜拜的感人场面进 行精细刻画或浓墨重彩的渲染,全力突出文章主题。)

看来,在西藏,在拉萨,无论什么身份,什么学识,都有佛在心中。

(访三座寺庙,描写不同人群,感悟到同样的宗教氛围,烘托出这样的主题:在西藏,在拉萨,无论什么身份,什么学识,都有佛在心中。)

五

到各处寺庙兜了几日,便又回到布达拉。

宫前小广场上云集着一伙伙善男信女。听知情人说,他们有的来自青海玉树,有的来自四川阿坝,那些身披黄袍,满身尘灰的教徒,大约是来自印度,或者尼泊尔、孟加拉。

他们是单人孤旅,日夜兼程步行来的吗?还是成群结队,赶着牦牛,驮着帐篷,一路放牧,一路化缘而来?抑或一路磕长头,三步一拜,五体投地,穿戈壁,过荒漠,翻雪山,行程千里,历时数月才来到的呢?

西藏女作家马丽华在《灵魂像风》中曾详细描述过一个从青海囊谦一路磕长头来到拉萨的"朝圣部落":

男女老少一行18人,有职业僧人,有普通平民,有77岁的老太婆,有不足半岁的小男孩,他们各司其职,结伴而行,有专事诵佛经磕长头的,有背孩子赶牦牛做后勤的,虽分工有别,但功德相同。自1991年秋在他们家乡囊谦的土地上磕下第一个长头之后,便开始了漫长的宗教行程。过荒山野地,浴风雪烈日,一丝不苟地完成着磕头的每一个程序,额头硬茧每天都被蹭出新鲜的血,经过一年一月零三天,终于如愿以偿,在1992年12月13日到达雪域圣地拉萨。其时，每位磕头人磨穿了生牛皮做的围裙不止8张；用坏了的羊制手套不计其数；上路时的15头牦牛已所剩无几。(真实感人的故事让人感悟到布达拉不仅是佛教寺庙，更幻化成人们心中"坚定的信仰、顽强的意志与无与伦比的毅力"。)

古往今来，这种三步一身、磕着长头到布达拉朝圣的人到底有多少，谁能说得清呢？一位藏族作家告诉我，藏族"以高为尊"。我于是明白他们为什么要把布达拉宫建在拉萨市最高的红山顶上，明白为什么要用铜质鎏金瓦将布达拉的金顶铺饰得金碧辉煌，明白为什么珠穆朗玛峰麓有一座世界最高的寺庙绒布寺。

这位藏族作家还告诉我，藏族同胞的生活方式、宗教信仰几乎是恒久不变的，一个个朝代政治变革暴风雪般刮过之后，他们还是我行我素，复原如初。

我又一次仰望高高耸立在红山顶上的布达拉。

那依山叠砌的宫字群楼，巍峨雄峙，谜一样闪现在我眼前。那上万间房屋数万个涂了黑边的窗口，有如神佛鬼怪宇宙精灵所睁开的一只只充满诱惑的眼。

我分明觉得，布达拉是藏族僧侣百姓的信仰、意志和毅力的象征。或许，高原的冰雪严寒，生活的艰难困苦，都需要这种力量去支撑，这种精神去慰藉？

我又想起了那位藏族作家的话：假如我们藏族有一位伟大的政治家、哲学家，将这种坚定的信仰、顽强的意志与无与伦比的毅力引导到体制改革和经济建设上来，那将是怎样的一种辉煌？(愿望是理性的，现实的，深刻而独到的。神来之笔，画龙点睛。)

这种见解无疑是深刻独到的。

明天，我将走进布达拉宫，进一步领悟其中的奥秘，聆听神祇的启示……(结尾呼应前文，结构谨严。)

读后悟语

《仰望布达拉》一文中，作者始终没有走进布达拉宫，而是极虔诚地远远地仰望，极力地凸显出布达拉的神圣、庄严、肃穆和博大精深。"仰望"又是多角度多层面的，先是变化地点和角度描画出高峻、雄伟和富丽堂皇，以及给予人们"无处不在，无时不在"的感觉；

后又旁征博引并详尽叙写信徒们顶礼膜拜的感人场面,从而衬托出这样的主题:布达拉不仅是佛教圣地,更幻化成人们心中"坚定的信仰,顽强的意志与无与伦比的毅力"。作者思维的触角由表及里,由浅入深,逐步展现出布达拉丰厚的内涵。

写作特色上,作者旁征博引,以大量的场面叙写营造出浓郁的宗教氛围,强烈地感染着读者。文尾借藏族作家的话画龙点睛表达愿望。

云龙寻梦

黄晓萍

行走于滇中,最频繁出现的两个词,一个是"从前",一个是"最后"。"从前"是在荒草、夕阳、遗址、痕印、传说中解述,它对历史产生不可理喻的杀伤力,行为的失度需要行走于其间的现代人,作一些文化生态整合与社会发展的思考,逆向思维中去解开一个个的谜。"最后"就比较接近时代,往往有真实的载体,甚至活的见证人。具有这样身份的见证人,多是活到可以称为人瑞的年纪。在他们,岁月已如一堵厚云,话语已如暗河,突然隐身又突然喷薄,需要行走者揣摩一些依稀心境,并作一些不悖常理的复位。不期相遇滇中云龙古镇,依稀心境受到强烈刺激,文人心中的绾结,历史学家的悲愤,人文学者的忧郁,执政者的勤于民生,在这里通通化简为:日子。一概抹去现代社会的浮躁,宁静如一缕清风,一弯素月,很耐人寻味。(宁静而祥和,云龙得以源远流长,耐人寻味。)

远观云龙,横目一台台山地,跳着跳着去迎接一座什么主体山神。主神尚不知在哪个云端,倒是将斑驳的须发一落千丈,长成树和树,美丽着那一个一个的台地,轻吻着一缕缕人间烟火。村子,便在那些须发间走出梦境般的人、畜、田、土、溪水和缩头缩脑的小路。常有茶花、杜鹃或者叫不出姓名的小花调皮地点缀其间,使形散神不散的山地洒脱而鲜活,让人惊诧山地的生养力,山地的蕴藏力,山地的热烈,山地的缠绵。花花草草原是寂寞的,长在此地,注定了它们不是为了人们的审美观而开放,而是为繁衍而开放。即便是一朵霜侵必凋的小精灵,也携带着繁殖和生存的欲望,强劲地铺陈着一个生长梦的沃土。(灵动的语言、拟人的手法镌刻出桃花源式的唯美的画卷,恰似温暖的襁褓,云龙古镇则是襁褓中幸福的婴孩。文章先写云龙地方的自然环境,为写云龙的文化作铺垫和烘托。)

19

古镇云龙，就在这些逶迤的色彩中，雄踞滇中2000余年，文物一样演绎着自己的故事。云龙实在袖珍，从公元前108年设官置吏到今天，千余人口的小镇领万余山民的诸峰，土地爷似的，小镇不大却肝胆俱全。依麓一条老街沧桑得几近脆弱的都邑，城墙和护城水虽不再有昔日的威仪，城门和魁星楼再无往昔的霸气，其遗址倒也还能亘古苍苔连绵不断，战壕一样地滤尽那些曾经有过的硝烟，将械斗的兵器熔铸成农具、工具、响器，传承着农耕文明的各种元素，有声有色地诠释着温饱有余的无欲日子。这种日子不同于山地的自然生相，也不同于坝区的快速更迭，它极有耐心的恒定，长成小城许多精神之树，就很是增添了小镇的文化品位，历史厚重感。

云龙早年不叫云龙，叫南安州。

稍有历史知识的人都明白，"州"在历史上是不能随便叫的，中国方圆称九州，那是"州"的最高地位，直到今天还可以算是大中华的另一种称谓，曾经是地方权势的"九五"。随着历史潮汐的冲刷，小码头也有"州"的称谓，至少不是州亦是县，若是不毛之地也称"州"，多会惹人笑话。南安州是当得起"州"的。边地政权历来比较松散，走马皇帝似的，南安州却十分的稳定，自公元前 108年始，历来以署、县身份出现在边地，直到公元1957年才结束了它尊贵的历史，屈居为乡。(小而为州，尊贵而稳定地雄踞千年，云龙能不说是一个不小的谜。作者烘云托月，突显出云龙的非同凡俗。)于是，小小的云龙就很有些儿功成身退的气质，地位变了，品位却没有随风而逝，倒是因其省去了许多行政要素的羁绊，逃过了一场毁灭性的劫数，活得更自由自在。

一条长不过600米的老街，窄是窄了点，短也短了些，散发出来的气韵却极有个性，极有人气，极成就感。整洁清爽的街子顺着山麓弯着，像一个驼背老人横卧山下。就这么一"弯"，变幻出曲径深邃的旱码头风味：汉家的书院戏台，彝寨的火塘石磨；汉家的三皇五帝，彝人的山神土主；汉家的老窖酿造，彝地的辣酒羊烫锅；汉家的歇山楼阁，彝寨的松毛青栅；汉家的庵庙禅寺，彝家的图腾香火……看似矛盾和对立的物事，在此地都各自找到了自己的在场感觉，有序地组合成一厢边地风情，一个都没有少。它们有的来自历史的嫁接，有的与历史没有什么关系，纯属"云龙"。(汉彝民族的大融合，孕育出了云龙独具特色的地方风情和文化特色，这也是云龙古镇千年不衰的一个注脚吧。)老街无甚破损，五步一小户，十步一大户，百步一衙门，市井杂烩，政权旧制，百业百艺无一虚掷。不经意会访着一个90岁的老奶奶是滇戏风流小生的大太太，不小心又访着个唱花灯的，跳大神的，为阴曹地府制造辉煌的，酿酒做酱油的，书香门第的，官宦根基的，上书房行走的……使人片刻领略一种过时黄花，不能不说是一个奇迹。(老街是云龙的一个缩影，通过写老街来挖掘云龙的精神内涵，可谓用心良苦。)

这样的老街是很能让人生梦的，梦意才有些模糊，立即有热心人来为你圆梦，使人有些微妙的现场感觉。房舍格式不杂，原汁原味的砖木结构不乏粗糙的雕梁画栋，虽无小桥流水，倒也是楼台亭榭，还是那话，粗糙一些罢了。多数房舍为三层，一楼的脸面街成铺，那是商品交易场所，隔天一街的古老习俗，把偏地炒得十分热闹。底楼多临天井，聚风水聚财聚古老的忠孝节义，一副很有根基的样子。三楼就浪漫得多。三楼的窗还是临街，雕花镂空成一排排"美目"，早年这些窗的后边的确有美目，那是主人家待字闺中的小家碧玉。不称她们为小姐，是这一方人的女儿养不成尊，处不了优，无论多么的有钱，农商齐操的家庭沿革，女孩子也得下地，人少地多，她们不下地行吗?劳作并不影响女孩子有些矫情。一到街子天，少女各自领自家一扇窗，半截观音们的眼睛很不安分:看不够山区汉子的威武，坝区小媳妇的娉婷，远方行商的诡奇，还有那武庙与文庙中传来的丝竹管弦。小女子们的娇憨带几分俏皮的天真，看到忘情时，听到醉心处，探出大半个身子企图交流，心慌意乱找不着对象。一把香嘴的绿皮炒豆雨点似的散落在赶街人的头上，抬着头仰面朝天的人还想发怒，丑话还没出口，倒被那扭身抿嘴惊鸿一艳的背影弄笑了。笑声像催魂调，散板似的一串脚步声从三楼响到天井，空留一扇板窗两朵木刻吊莲半截故事丝儿牵挂。(传神的细节描写描绘出云龙女儿不养尊处优的天然去雕饰的纯美。)

今日，那些热闹不复存在。(原来上文中所叙的"老街"风情源自于作者超拔的想象。)纤尘不染的街道很少有外来人光顾，家家大门仅启一扇，很好的街面小店改制成堂屋，供家神和土神，还有一位行动不灵便的小脚老女人在烤火。烤火又不生火塘。将一个竹子编成花篮状的物件下边放个大沙钵，埋几段栗炭火，再用子母灰盖火，文文静静的火气从胯下温来全身。很文明的一种取暖方式，绝对不产生在彝区，它的原生地在四川，此物在当地叫"烘笼"，是四川老人冬日昼夜不离的"孝顺子"。它何以边地生根，很让我猜测了一阵子。翻过一些史料，又听了些民间故事，还看过几座古庙，阴阳先生似的审视了一番古镇的地貌山型，云龙的繁荣与衰落，云龙的彝汉杂存，云龙的中原文化情结，云龙的多神崇拜便有了答案。

毫无疑问，当地的土著人是彝族，其地形又处在坝区和山区的过渡地带，是坝子的终点大山的起脚处。往前看一马平川,肥田厚土是楚雄的大粮仓,往后看一排排山峦直抵一个亮出云海的大岳群体,它们是哀牢山脉。云龙在大山怀里它温驯如处子,在坝子边沿它又多少带了些野性,此种性格都是最能温存旅途者的好品质。从滇中往山里去,或者从山地往滇中来,必经云龙,无形中它就成了驿站。久而久之,最初的马店小驿成了后来的州郡,就顺理成章。大凡驿路,必定有流动着的文明,大凡州县,必须会带动着一批批的移民,现代汉语中叫"流动人口"。流动人口相对讲是些胆儿大的,开放性的,他们有择地生存的天然属性,本事大着哩:移民最初没有领地意识,明知一个外来人借土谋生,不可能成为统治者,胆量、见识、手艺,都可以帮助他们成为有钱人,到完成了最初的原始积累,在别人的地盘上修筑汉家楼阁,种种文化都打上了出生地的胎记。除了汉家,自然还有别家,一种大融合便在南安州弥补着边城自身无法弥补的遗憾,想不先进都不行。(照应前文,从地理环境的层面诠释云龙文化得以灿烂辉煌的自然及人文原因。)

南安州有理由按照自身特点发展,还有一层很重要。当地民风淳古,讲究天人合一。仰望所及的风物,非常壮美;俯听传说故事,很能牵惹人的思绪,似乎很人为,其实不是那样的。小镇的曲线悬垂于天穹之下,自然形成一股飘逸之气,当地人很爱惜天赐的壮阔,很自觉地用活传统心理,常常起到画龙点睛的作用,很有些神来之笔。诱导性的发展,抹去了人为痕迹,又还其天人合一的本位。历史发展久远的多民族之地,民族矛盾在所难免,化解各路来者之间的矛盾,他们将解不开的过节都付于神灵,使虚幻变为真实,省去许多烦恼。千把人的云龙小镇,竟然有两庵四庙十二寺。神灵是人类梦中的天国,信仰又像是云龙人向天国焚烧的一米米天香。如此众多的佛殿,本地神、外来神各得其所,再多的崇拜者在此处都找到了自己的位置,不同的修身养性都有一个象征性的教化领袖,柔化出一乡的顺民,使人的心境超出方隅,龌龊事难以生根。(民族文化传统相互尊重,保持民族文化的多样性是云龙特色形成的又一成因。)

随着政权机构的转移,随着公路的开通,靠着驿路成长起来的云龙,不幸掉进了社会发展的断层中,离州城不过24公里,离公路不过隔着一条坝子,可惜他们都够不着,曾经有过的优越感和成就感变成了种种制约。无一条过境公路,信息上就相差一个等级,装进了口袋底,憋气!他们不甘心被遗弃,执政者们经过一番思考,在无序中理出了有序的发展方向:

老街之外开辟一条宽敞的新街发展集市经济,逢五必街,接纳山区和坝区的各种需求。调整农业产业结构，做精做好生态农业，无公害农业，耍好"农头"。用活用够民族文化遗产，努力开发和打造出一条放逐心情的旅游线路，让城里人来白天看庙，晚上回家睡觉。借水好黄豆好技术好的先天优势，将传统品牌云龙酱油做成"国宝"，与妥甸酱油形成双蕙。说到酱油云龙人甚觉委屈，云龙酱油是妥甸酱油的开山鼻祖，国家级金质奖牌挂在别人胸前去了。荣誉旁落，咱们从头再来。(今胜于昔是亘古常理，我们祝愿并坚信千年云龙必能妙手回春，变劣势为优势，重新腾飞，再创辉煌。)

 读后悟语

《云龙寻梦》一文紧扣"梦"这一文眼来写，用生动优美而灵动的诗化语言精细地描绘出云龙古镇梦境般的、桃花源式的、独具魅力的美妙画卷，引领读者进入了一个如诗如画的文化氛围。作者没有停留于对云龙"梦境"的感性描绘，而是把笔触深入到对云龙文化特色形成的自然的、地理的、人文的等诸多方面原因的深沉的理性思考。重点传达出了民族大融合、多民族杂居民族间相互尊重、保持民族文化多样性这样一条有益的历史经验。

云龙美妙"梦境"不该仅仅流连于过去，云龙辉煌的历史及其沉淀下来的深厚的文化底蕴，应该也必将在今天焕发出更美更耀眼的光彩，这是作者在文章结尾处又一神来之笔。

文章运用生动准确的语言，调用富有表现力的拟人等修辞手法描绘出云龙田园牧歌式的自然景观。对云龙文明的反映，作者并非全面开花地进行介绍，而是集中笔墨来写"老街"这一云龙文明的缩影。而对老街昔日辉煌和热闹的反映，作者调用的是其丰富的想象，这样就进一步紧扣了"梦"，从而使文章诗意盎然。

在金字塔下

杨牧之

真是三生有幸，又去了一次埃及。

地上动辄是5000年前的建筑，那么宏大又那么神秘，那么朴拙又那么绚丽，会让我们情不自禁地慨叹什么是"永恒"。但最让我难忘的，还是在古城卢克索的卡尔奈克神庙观看的两次声光表演。那声音，那灯光，那晚上的气氛，过去多少年了，仍然清晰在耳，仍然历历在目。晚上，一片漆黑，我们跟着游客走在已有4000多年历史的神庙中，谁也不说话，好像神灵就在左右。周围一片安静，只听见鞋与沙石地嚓嚓嚓的摩擦声。当时就好像进入了历史。神庙的大门有43米高，仅神庙的多柱厅就可以容纳下罗马的圣彼得大教堂。一个石柱要六七个人手拉手才能围住，而这样的石柱，一排排总计有40多根。置身于这样宏大的建筑中，又是一片漆黑，感到自己非常渺小。突然，"法老"讲话了，他那浑厚低沉的声音招呼我们来到他的王国；灯光打在神像上，打在残垣断壁上，把墙上刻画的故事和复杂的象形文字照得清清楚楚；"法老"与"太阳神阿蒙"的对话，演绎着宫廷中种种场面，带领游客一步一步从埃及的远古走过来。(以声光表演直接切入逐步引领作者及读者进入埃及的远古，感受古埃及的辉煌，扣紧文章主旨。)

声光表演的解说用英语、法语、意大利语和阿拉伯语等多种语言。每晚两场，轮流使用。不巧得很，我两次去都轮到用阿拉伯语讲解，我们谁也听不懂，只得靠翻译介绍。断断续续的翻译，听明白的一言半语，却让我至今不忘。

"……卡尔奈克，卡尔奈克，这是所有词汇中最伟大的词汇。"

"我在神庙里碰到一个老人。他说：'如今在卡尔奈克地区，只有我一个人还能读懂刻在石柱上、墙上的文字。'卡尔奈克的光辉历史，已渐渐被人们忘记。历史上最伟大的卡尔奈克，也只不过留下了这样一堆石头。"

"阿蒙神的灯也渐渐熄灭了……"

听了这些述说，我很沉重。不知为什么还有些难过。那么光辉的历史就这样过去了？那么灿烂的文化真的只剩下一堆石头？(设问投射出浓郁的历史沉重感。)

阿蒙神的灯能够熄灭吗？

白天，开罗，热气腾腾。(引出下文要言不烦，气氛尽显。)

水泥堆成的高楼大厦，已经不知道是什么颜色，因为雨水太少，显得脏兮兮的。大街上，大卡车、小轿车、摩托车、自行车、行人，齐头并进，互不相让，交错往来。冰棍纸、尘土，路边坐着穿长袍的人，好不热闹。这一切扑面而来，好像进了一个大集市。噪音、气味、色彩和埃及人的热情，让你感到无法插足。从市中心的五星级饭店出来，汽车走了不到20分钟就出了城。眼前突然就变成一片黄色的沙石地，什么建筑也没有。我情不自禁地问，这和4000年前有什么不同？(选择如此杂乱的现实场面来描写，目的是与昔日的辉煌作对比。现实的沉重，与历史的辉煌在作者笔下形影相随。)

啊，刚瞻仰过宏伟壮观的卡尔奈克神庙，面对眼前的一切，真是太残酷了。一个个问号跑了出来。埃及历史上的辉煌是怎么到来的，又是怎么离去的？埃及历史上的文化是如何构建的，又是如何衰落的？(再设问，推动文章内容，牵引读者思绪。)

解说词中的话也是疑云密布。

"埋在国王谷中只有18岁的年轻法老，他脸上那神秘的微笑会告诉我们什么？"
"要想了解法老的历史，只有到比法老墓更深的地下。"

法老们为什么要修金字塔？(设问埋伏笔。)以埃及历史上最大的胡夫金字塔为例：10万民工，日复一日，年复一年，一连干了20年才建成完工。塔高146米，用230万块巨石堆成，巨石每块2.5吨。多么浩大的工程！要知道这个工程是发生在5000年前哪。那时候没有坚硬的工具，因为埃及人还没有发明铁器；那时候没有搬运器械，埃及人只能靠棍棒的滑橇把巨石托到高处。就是这样原始的工具，埃及人却要把230万块巨石一块块垒起来，一直垒到146米高。其宏伟奥妙令人惊叹，以至于今天的人到现在还不敢肯定金字塔到底是什么人、如何建成的！

费了这么大的劲，法老们就是为了给自己建个坟墓。

还有上埃及的阿布辛拜尔神庙。这处神庙在阿斯旺水坝南280公里处,是古埃及第19王朝法老拉姆西斯二世为崇拜太阳神于公元前1257年建造的。拉姆西斯二世在位67年,是埃及历史上统治时间最长的君王。他命人把自己的神庙建筑在尼罗河西岸166米的峭壁上。就在这山中,他选择了一条最长的隧道,有61米深,然后将自己的塑像竖在隧道的尽头。令人惊叹的是,几千年来,每年只有 2月21日(拉姆西斯的生日)和10月21日(拉姆西斯二世的登基日)的清晨,太阳光会准时射入神庙大门,水平穿过61米深的隧道,直照到隧道最尽头的拉姆西斯二世的塑像上。这时的拉姆西斯二世便会光明通亮,生气勃勃。而坐在拉姆西斯二世右边的地狱与黑暗之神普塔却得不到一丝阳光。这是何等的精确! 这个"日出奇观"至今还在。只是由于20世纪60年代修建阿斯旺水坝,搬迁神庙,因为计算的误差,日出奇观往后拖了一天。(古埃及文明程度之高令人惊叹,无怪乎其衰败会令人如此不可思议。)

为了达到这样的效果,古埃及的数学家、天文学家、建筑家呕心沥血,绞尽脑汁,只为了拉姆西斯要表示自己与太阳同辉,永不熄灭。(目的是如此单纯,建造者却是"呕心沥血,绞尽脑汁",血泪斑斑。)

埃及的法老为什么这样执著?这一切恐怕都源于他们的生死观,源于他们那一整套关于来世之旅的观念体系。

在研究埃及历史的书中,我看到这样的记载。古埃及孟菲斯地区有一个叫戴嫡的女人,她的侍女伊米尔长期生病,她十分担心。因为没有伊米尔的帮助,她很难独自料理家务。更使她心急如焚的是,她的丈夫对此漠不关心,一点也不帮忙。戴嫡终于支持不下去了,就给她的丈夫写了封信,责备他对自己的痛苦麻木不仁。信中说:"如果你再不尽义务,咱们家就完了;难道你没看到正是伊米尔在帮忙维护咱们的家吗?"戴嫡把信写在一只粗糙的红色陶碗上。

但是,她的丈夫仍然保持沉默。因为她的丈夫早已死去多年。可是,按照当时社会公认的观念,死亡并不会妨碍她丈夫帮助家庭渡过难关。相反在冥界中帮助更大,更方便。戴嫡进一步请求道:"你赶快为伊米尔驱邪吧! 这样咱们家和孩子们才有活路。"

戴嫡还许诺,一旦伊米尔身体康复,家庭恢复正常,她就会在他的灵位前供奉美酒。但是戴嫡强调说,这只有他答应她的请求才行。

在陶碗上写完信,戴嫡将空碗盛满食品,放在丈夫墓前。她认为当丈夫来享用供物时，一定会读到信，并按照她的要求去做——至少戴嫡希望如此(据《尼罗河两岸——古埃及公元前3050–公元前30》一书)。(与死人进行如此没有距离的感情交流，并提出如此痴信不疑的请求，对"生命的珍惜，对永生的追求"与深信不疑令人拍案惊奇。)

据埃及史专家介绍，这样类似的书信在古埃及屡见不鲜。生者和死者保持着一种密切的关系，那些已去世的男女老少，不仅仍然是本族的成员，而且在听到族人的请求时，也会倾力相助，古埃及人对此深信不疑。

这种对生命的珍惜，对永生的追求，随处可见。在神庙的石刻中，在金字塔里少见的文字中，在国王谷、王后谷墓道的壁画上，比比皆是：

一块神庙石刻的碑文中刻有耳朵的形象，目的是让神更清楚地听到祈愿者的要求。

一名法老御医墓道的壁画中描绘了他一家的美好生活：他同妻子女儿一起猎取水鸟，妻子身着结婚礼服，女儿在筏上采莲，父亲用木棍击打声鸟，甚至家里养的一只猫也在筏子上，御医希望死后在另一个世界，他的生活仍然如此。

在底比斯一名造墓者墓中有一幅生动的壁画：他和妻子正在来世天堂的田里耕种。两头花牛拉犁，他扶着犁耙，妻子随后撒种，都穿着雪白美丽的衣服，眼神安详而幸福。

很多墓中都放有俑，他们是给死者做奴仆的。为了让他们尽忠职守，女俑的身上都刻有这样的字句："任何时间若有人招呼，他都应回答：'我就去做。'"(这里以真实的史料记载来代替作者的主观揣测和分析，增加了可读性和可信度。)

这样的文物太多了。从中可以看出，古埃及人认为死人其实并没有死，不过是转到另一个世界去了，而且经过3000年之后，还会变回人的形体。所以，他们对死并不惧怕。但他们却惧怕保存不好尸体，因此千方百计地研究保存尸体的方法。这就是为什么法老死后的尸体都制成木乃伊的缘故。在这种观念支配下，埃及法老们便大建陵墓和庙宇。金字塔便是他们最为理想的陵寝。(解释了法老们大肆修建金字塔的原因，照应前文。)

古埃及人如此。

1000年前神秘消失的玛雅人也是如此。玛雅人认为人死之后，要用四年的时间，穿越危机重重的阴间，然后得以新生。所以，玛雅人死后要备好四年吃的东西、四年穿的衣服，以备在另一个世界的需要。

敦煌壁画中反映的中国古代人的生死观，虽异趣而旨同。画中，描写一老者死了，周围的人并不悲伤，他们神色正常，忙碌着送他上路，似乎老者去远游。

秦始皇死了,深埋地下,机关巧设,是怕被人掘了坟墓,坏了阴宅。秦始皇陵虽然至今不曾打开,但据考古学家勘测,司马迁所言有据。《史记》描述秦始皇墓中情况:里面全按皇宫格局建设,排列着百官位次,把珍奇宝贝放置其中,"以水银为百川江河大海……上具天文,下具地理"。秦始皇热切地希望他死后仍然和活着的时候一样。

古今中外,无不追求生命的永恒。(宕开一笔,旁征博引,说明一点:古今中外,无不追求生命的永恒。)

生命能够永恒吗?

那时的尼罗河流域有两个王国。南面的是上埃及,北面的是下埃及。公元前3100年上埃及开始征服下埃及,建立了最初的统一王朝。阿哈便是它创业的英主。但统一后不久,阿哈便失踪了。据说是外出狩猎时被一头河马驮走了。他的王位便当然地由他的后代继任。这是一个让各方面都无话可说的继位办法。

在难得的文字记载中,记述了古埃及讲史人的话语,诸如"我来诉说这段内乱"、"发生了一些不该发生的事"。什么"内乱"?什么样的"不该发生的事"?这些看似平静、十分朴素的话语,引起了多少埃及史专家的猜测。(多层设问,牵引下文。)

一块碑石上刻着:没有一个到那个世界的人能"把他的财富带走"。富人终于明白了一个道理,死亡是一切尘世欢乐的终结。尽管他们希望死后仍然富贵,但是他们更现实了,竭力追求今世的享乐。(对"生命永恒"思想的幻灭,现实的享乐意识为之增强,莫非就是作者探究出的古埃及文明没落原因的一个注脚?)

宴饮开始了,觥筹交错。主人对仆人说:"再给我拿酒来,难道你没看到我在痛饮吗?"一篇陵墓碑刻上写道。

建宫殿、立庙宇、修坟墓,大兴土木开始了。"在贵国,黄金如泥沙,不足为贵。"一个小国国王不无忌妒地说。

攻城略地开始了,日夜觊觎富国,日夜钻研改造兵器的边远国家开来了大军,法老们只有去迎战。"拿起武器,开出军队,尽阿蒙之力量,坚决消灭不把埃及放在眼里的反叛之邦。"图西莫西斯三世在誓师。

难道就是这种对生命的珍惜,对永生的追求,对豪富的忘我享受,促使他们去发明,去创造,去征战,去称孤道寡吗?难道就是这种对权力的贪婪,对地位的占有,让他们去冒杀头的危险,希冀万一的成功吗?"大江东去,浪淘尽,千古风流人物……"苏东坡看到了人的渺小、历史的无情。

"旧时王谢堂前燕,飞入寻常百姓家。"刘禹锡深谙人世代谢,哪有万古不变的兴旺。

大哲学家希拉姆说得好:"人类假如想看到自己的渺小,无需仰视繁星密布的苍穹;只要看一看在我们之前就存在过、繁荣过、而且已经消逝了的古代文化就足够了。"仰视苍穹,怎能不发出无限的感叹?

回顾古代埃及、巴比伦、波斯、玛雅文化,怎么不感叹前人的伟大,以至于我们今天无法解释古代的繁荣! 每一种文化,在这个无穷的历史长河中虽然像是一颗流星,转瞬即逝,但它们那明亮的闪光却已让我们深深铭记。

我们从卢克索回来,按出发时安排好的又回到开罗的希尔顿饭店。我看看表,已经是夜里十一点半了。大厅里满是人,东一堆,西一堆,欧洲人、亚洲人、阿拉伯人,各种语言,各类服饰,熙熙攘攘。不知什么地方出了差错,大堂经理告诉我们,四天前定好的五个房间,只有四间了。我们有五个人,缺一间。埃及方面负责我们生活的官员去交涉,谁知就在交涉的过程中,又少了两间。经理一再道歉,客人太多了,没有办法,你们定不下来,别人就挤了进去。问他大厅里坐着的人是做什么的,他说,都在等房间。问他,今天是什么日子,这么多的人?他说,一年四季,几乎天天如此。古老的埃及,吸引了全世界多少崇拜者啊! 恢弘的金字塔,空旷神秘的庙宇,沉思的斯芬克斯像,点燃着人们的想象;随葬的各种精巧的工具,陶器的碎片,色彩艳丽的壁画,诉说着古代埃及人的生活。人们渴望知道金字塔下神秘的历史。今夜肯定要有不少游客,坐在大堂里过夜。明天早晨,他们仍然会兴致勃勃地走上踏访之路。(作者"思接千载,视通万里"之余,转而写回现实、照应文章开头,让读者感到像是在欣赏一部充满哲理的精彩电影之后进行的悠远绵长的回味。拟人手法贴切传神。)

 读后悟语

以金字塔的建造为标志的古埃及文明的兴衰,历来牵引着人们的无限关注,激发着人们无穷的探索欲望。《在金字塔下》一文希望通过广博的资料探究出古埃及文明兴衰成败的深刻根源。

　　全文层层设问，层层释疑，思路清晰，结构严谨。开头以声光表演切入，引领读者进入埃及的远古，感受其辉煌，也感受其没落的历史沉重感；接着提出"法老们为什么要修金字塔"，法老们为什么执著于"自己与太阳同辉，永不熄灭"、"生命能够永恒吗"等几个连锁推进的问题；进而在旁征博引中——加以回答，从而完成作者在开篇不远处提出的"埃及历史上的辉煌是怎么到来的，又是怎样离去的?埃及历史上的文化是如何构建的，又是如何衰弱的"思考。通篇来看，作者的态度是冷静的、理性的，语言充满着思辨色彩。

　　文章按作者由表及里的思考顺序来布局谋篇，层层深入，这样的构思技法很值得我们学习。

欧洲的细节

素 素

围 墙

2002年夏天的一个早上,阳光强烈地照在这面斑驳而苍老的莱奥内围墙上。如果从围墙中间那个门洞走进去,我就走进了梵蒂冈。

我对围墙并不陌生。中国有无数条比它长得多也比它老得多的围墙。记得博尔赫斯曾说,如果给菜圃或花筑一道围墙是常有的事,把一个帝国用城墙围起来就不一般了。博尔赫斯还说,修筑防御工事是君主们常干的事,始皇帝的独特之处在于他行动的规模,那是一条长得没有尽头的城墙。博尔赫斯是阿根廷作家,他从没来过中国,只在书里看见那条横在中国北方的长城。长城投在地上的影子,却一直延伸到这个伟大人物的心里。

它叫莱奥内围墙。它的长度尽管不能与长城相比,可同样是防御工事。只不过修筑它的人不是中国皇帝,而是罗马教皇。它包围的不是一个国家,而只是一座教堂。被莱奥内围墙环绕着的梵蒂冈,过去曾经是欧洲的先知和圣人发表预言的地方之一。公元1世纪,萨拉切尼人侵袭罗马,将梵蒂冈的圣彼得教堂也洗劫一空。几年后,罗马教皇莱奥内决定修筑这条围墙,于是就以他的名字命名了。

围墙是一种抵挡。最开始抵挡的是抢劫,后来抵挡的则是岁月。漫长的岁月里,莱奥内围墙始终保持着一种姿态,看守着墙里的梵蒂冈,凝望着墙外的罗马,以及比罗马更远的地方。可是,墙外那个古老而辉煌的罗马,如今只剩下几块残骸,而墙内的梵蒂冈依然

31

灿烂。也许因为罗马是物质的帝国，而梵蒂冈只是一个精神的府邸。(作者由物质筑起的有形的围墙写起，介绍其防御和抵挡的功能。抵挡抢劫是一种自我保护，抵挡岁月则是拒绝进步，自我封闭。)

梵蒂冈在围墙的后面。它让我感到遥远。那里不是小时候的家，没有祖母讲过的童话，也没有自家的葡萄架和门前的那条小河。它不在我的生命里，只在我的想象里。它也不在我的思念里，而在我的梦里。更主要的是，它在西方，而我在东方。(笔触深入一层，转而写存乎人们思想意识中精神的无形的围墙。)记得，在我有了一点汉语知识的时候，我知道了什么叫西方。它是一个指示代词，表达的是一个方位，西方的另一面是东方。在我学了一点地理知识的时候，知道了西方是由地球自转和太阳公转决定的，不论我站在哪里，不论我的脸朝着哪个方向，西方就是西方，它永远就固定在地球的西半部。在我懂得了一点政治常识之后，我明白了西方还有另一种解释。当我弄懂了这种解释，我就几乎忘掉了指示代词和自转公转，我对西方这个地方就有了一种本能的拒绝。

不知从什么时候开始，西方这个词在我们的话语里已不多见，我们习惯地叫它欧洲。也不知从什么时候开始，东方与西方之间的那一道墙塌到了地面，不用翘起脚跟，彼此都可以坦然地相望了。莱奥内围墙虽然还站在这里，可我看出它已经成了摆设，像一个忠厚然而颤颤巍巍不中用的老仆，只是在守最后的本分。

欧洲的门敞开着。当那个穿着露背装的西方女人走远了以后，就有一个东方女人，从莱奥内围墙右侧的一孔门洞走了进去。(坦然地把心灵之墙推倒，把意识形态的偏见抛开，用开放的理念，坦然地交流。作者在本节尾安排一个西方女人和一个东方女人分别从莱奥内围墙左右两侧的孔门洞走过，象征意识深刻，用心良苦。此节中，作者调用联想思维先写现实围墙的功能，后写思想意识中起阻隔作用的"围墙"由实而虚，主题深化，围墙是作者思考的触媒。)

柱 廊

我是在一回头的时候，突然间看见了这一排柱廊。它立刻就把我的眼睛撑大了，把我的心照亮了。因为我正在向圣彼得大教堂走去，丝毫没有准备。尽管在书本上已经无数次温习过它，可是，当它那么高大又那么整齐地站在面前，我还是暗暗吃惊。这种感觉与见识无关，也与卑微无关，它对我是一种生理上的冲击，那一下子，让我猝不及防，让我无法识别和想象。

曾经在书里看见过一张著名的草图：圣徒彼得光着身子站在那里，头上戴一顶巴洛克式圆帽子，胸肋间肌肉十分结实，两只手臂以拥抱的姿势，尽量地向前伸去。草图不知出自谁人之手，建筑大师贝尔尼尼就以这张草图为蓝本，用那两只巨大的手臂圈成一个由柱廊围起来的广场。这可能是当今世界上最大的怀抱了，因为在这个早上，尽管有不少游客聚在广场上，像我一样惊讶地东看西看，然而在贝尔尼尼柱廊森林的包围之中，人就像深井里投下的几颗没有声响的小石子。(衬托出柱廊的形体巨大，气势磅礴。)

早晨的阳光斜斜地照着右边这一侧柱廊。我手中的小相机只能拍下它的局部，而阳光此刻偏偏就将这一部分笼罩得最生动。那些笔直而圆润的柱子仿佛不是石制，而是有温度的肌肤。像有人用什么给它擦洗过，或者它本身就含了水分，虽是几百年前的肉体，仿佛轻轻按一下立刻就会弹跳起来。(形态逼真，栩栩如生，雕刻艺术水平的高超烘托无遗。)

我想，只有那个时代的人，才会让柱子以集体的方式站立，以长廊的姿态出现。它最早发生在古希腊。雅典山上的卫城，以及卫城旁边的雅典娜神庙，四周就有一排这样的柱廊，上面洒满爱琴海白色的阳光。由柱廊，我想起了一个跳舞的女人。当年她从美国跑到雅典，居然不怕海风和阳光灼伤了皮肤，就在那座小山上，一面望着女神一样圣洁的柱廊，一面创造着舞蹈的姿势。这个跳舞的女人名叫邓肯。也许是柱廊给了她灵感，让她那修长的腿自由而冲动，喜欢在阳光下起舞。

柱廊是古希腊的标志。以后所有的柱廊，都是对它的模仿。当柱廊如蒲公英的种子，从爱琴海边飘落到地中海边，它就跟罗马一起辉煌到了极致。罗马人一方面拿来，一方面重塑，于是在他们的庭院里或者广场上，到处都奢侈地竖立着古希腊柱廊。像男人一样阳刚的多立克柱式，像女人一样优美的爱奥尼柱式，还有充满浪漫青春气息的科林斯柱式和塔斯干柱式，不但支撑了罗马，也支撑了那个时代。(点睛之笔，点出柱廊在古希腊文明，乃至于在罗马文明辉煌发展中的巨大影响。)它们有的至今还挺身站在原处，让前来瞻仰废墟的人想象罗马曾经有过的高大和辉煌。

我在想，贝尔尼尼在圣彼得大教堂广场上建筑这两道柱廊的时候，他一定知道什么叫不朽。从柱廊被移植到罗马那一天起，它注定就要与贝尔尼尼相遇，而且注定会有一个空间，让它通过贝尔尼尼之手，成为人类的杰作。

33

这一排柱廊,让我知道了什么叫艺术巨匠。几百年过去,你仍然要仰望他。(崇敬之情溢于言表,不可禁抑。)

台 阶

水道大街路边的那家报刊亭,至今还在卖当年的电影海报。奥黛丽·赫本和葛利高里·派克,还在那里咧个大嘴朝着路人傻笑。他们演完电影以后又被罗马给雇用了,像两个门童似的,指引我向那一面大台阶走去。

《罗马假日》里的故事,就发生在这个大台阶上。许多人会觉得这里眼熟,男女主人公就是在这里邂逅的吧?他们或倚在那片台阶的一侧调情,或跑上跑下旁若无人地你追我赶。左侧的台阶下,应该有一个鲜花摊,男主人公就是在那儿买了一束叫不出名字的鲜花,送给那个到处乱跑大惊小怪的公主。罗马古城由此而有了现代的浪漫。(动人的电影故事,拉近读者与台阶的距离,使台阶蒙上了浓郁的浪漫色调,使台阶高雅的艺术氛围烘托了出来。)

大台阶是一种习惯的叫法。它其实是一个斜坡,被桑蒂斯和斯佩基设计成台阶的样式。后者因为还负责建造西班牙驻罗马教廷大使馆官邸,那座官邸就在大台阶的斜对面,就把这个大台阶叫咸西班牙广场。由于它的形状是一面大台阶,西班牙广场就不同于别的广场。许多人来这里,就为了在漫长的大台阶上走一走。走累了,就势在上面坐一会儿。坐下来,就可能在罗马的阳光里醉过去了。

昔日的罗马,曾经是男人的讲坛,男人的马厩,男人的竞技场。后来它交给了艺术家和商人。罗马的商业和文化至今还闪烁在大台阶周围,马尔古塔大街和巴布伊诺大街上,仍然开着许多古玩店和艺术画廊。李斯特、拜伦、歌德、安杰里克、考夫曼、巴尔扎克、司汤达,曾在这附近的街坊里居住过,英国诗人济慈是在台阶右边的那座房子里与世长辞的,而那个著名的希腊咖啡馆,就是他们经常聚会的地方。大台阶是罗马的塞纳河,罗马的左岸。

今晚这里将上演一场罗马时装秀,所以整个大台阶被围了起来,游人一个也不准进入。我只能隔着栅栏向台阶上张望。那个秃顶的钢琴师正不厌其烦地站在那里调音,管麦克风的红衣男子到处去找音响师,而音响师此刻正在侧着耳朵找感觉。大台阶两边则交给了道具师,他把布景做成了女人身体的曲线。光天化日之下,那白色的曲线已等不及了,忍不住就朝着人招摇起来。

距我最近的是灯光师。在贝尔尼尼父亲老贝尔尼尼雕塑的那艘破船前,他指挥一伙人搭起了两个几十米高的脚手架,架子上一排排挂的全是灯,灯的面孔都一致地向着大台阶,从上照到下。给灯光师干活的是一群英俊的意大利小伙子,他们穿着T恤、短裤、白袜、球鞋,卷曲的长发披在肩上或扎在脑后,而那高耸的鼻梁,富有雕塑感的嘴唇,以及浓重的腿毛,看上去酷像佛罗伦萨的艺术家或AC米兰的球星。可他们只是在幕后做杂务的小工,正在尽心尽力地为晚上出场的女人忙碌。

大台阶在这个下午一直是空着的。女人只有到了晚上,才会从幕后走出来,从大台阶上面走下来。那时候,这里将灯光闪射,音乐四起,无数的赫本们将穿着意大利时装设计大师的作品,从大台阶上袅袅婷婷地走下。大台阶好像就是为女人设计的。它是上帝给女人搭建的舞台,给女人铺展的沙滩。

今夜,罗马属于女人,她们不用盾牌和长矛,也不用诗歌和酒。她们的武器是各种各样的布,用它缠住身体,或让它与身体脱离,让罗马彻夜难眠。(这一节说是写罗马大台阶,但是对大台阶本身的记写的笔墨却不多,作者把大台阶安排成一个舞台,一个背景,主要介绍与台阶相关的故事和人物活动,以此来反映罗马深厚的文化底蕴。)

斗兽场

走近这座建筑的时候,后背禁不住一阵阵出冷汗。我相信,每一个去罗马的人,心情都会是这样的,既渴望奔向它,去里面看个究竟,又把脚步悄悄放慢了,忽然就想起角斗士惊恐的眼睛和绷紧的肌肉,还有那头倒在地上剧烈喘息的猛兽。夏日的风,从那两排拱形门洞里吹过来,我闻到了一股遥远的血腥气。(斗兽场与大台阶相比,代表着的则是古欧洲文明中非人性的极不光彩一面,尽管它也许在某种程度上可能反映出一种勇士的精神。开头一段写人的感觉,打下本节文章批判的基调。)

地中海岸边,有许多这样圆形的露天剧场。庞贝古城的废墟里就有一座,只不过没有它大,也没有它著名。那一堵环起来的有无数个拱形门的巨壁,几乎就是罗马的标志。在尼禄时代,这里还是尼禄金殿花园里的一个人工湖。这个湖后来被弗拉维奥家族的几位皇帝给填了,在上面建起一座弗拉维奥剧场。

罗马应该有剧场,因为罗马人是帕瓦洛蒂的祖先,他的美声嗓音或许不如祖先的漂亮。这里当然上演过罗马歌剧,可它并没有给后人留下多少清晰的记忆。它的主要用途不是剧场,而是斗兽和角斗士之间的角斗。歌剧在后来只是角斗间隙里插入的花絮。

当年的看客一定很多。那是在公元之初,森林浓密,野兽们或隐或现,罗马人不但要与异族厮杀,还要与野兽厮杀。据说,庆祝竣工的表演持续了100天,共杀死5000多头猛兽,有上百个角斗士丧生。因为这里每次只能容纳5万观众,许多罗马人得耐着性子,坐在家里等着看下一场。在那个时代,人身上也许还有许多部位没有完全进化好,所以才有那么多的人坐在看台上,以观赏的心情,看人与兽相斗,人与人互杀。也许人本来就是残忍的,可以直视人兽厮拼的场面,而且能在这样的场面里疯狂。这说明残忍不光是兽的属性,也是人的天性。否则,怎么解释罗马的女人?她们在这个场面里表现得和男人一样着迷,她们甚至会在短暂的时刻爱上其中的某一个角斗士,并廉价地把热吻抛给那个即将死去的人。只能说,在女人身上,其实潜藏着与男人一样的兽性。

快乐和痛苦,都写在这一面墙上。它是人类为自己的童年创造出的一个野蛮的游戏。好莱坞也许是害怕人们忘了小时候的故事,居然将那个已经死去的场面再次复活,而且让全世界的文明人重新陷入公元之初的疯狂。也许不光是为了赚取票房,还是想刺激一下麻木的现代人,他们大概觉得需要唤回人原始的野性,想让我们重返罗马时代。("兽性"和"野性"是完全不同含义的两个词,前者指的是一种残忍得近乎麻木的非人性的审美观;后者别指的是一种勇敢刚毅的人的精神。)

那个喜欢角斗的欧洲,那个手中总是持着长矛和盾牌的欧洲,已经是翻过去的一页。现在的欧洲人更喜欢晒太阳,喜欢在太阳光下喝着咖啡和下午茶。他们神情慵懒,目光散淡,然而坐姿还是相当优雅。对祖先们的故事,他们也许是赞美的,可他们再也鼓不起那样的力量。比起网球拍和高尔夫球棍,那青铜烧铸的剑和长矛都太沉重了。所以,在看这座建筑遗址的时候,他们和我一样,像看别人家的院子。(这毕竟是一种进步,就像斗狮子和舞狮表演的过渡是一种进步一样。)

门 口

那是在去比萨斜塔的路上,我们要经过一条小街。它很寂静,走了许久也没遇到一个行人,偶尔有辆车停靠在街边。一幢幢小公寓的门窗被藤树掩蔽得很严,里面没一点声响,只有幽幽的花香从左右弥漫过来,让走在街中央的人大有一种被花拥花袭的幸福感。

那些小公寓的门的样式,以及门口的景致,有一种天堂意味。古典一点的,是那种有雕饰图案的老式木门,深赭的颜色,铜制的把手磨得发亮,门上方的墙上,还有一个鹰样的族徽浮雕,刻着建造古老的年代,可能是一种纪念,对这个家族具有特殊意义。田园一点的,则在门口两侧用大理石或水泥修出圆形方形的花坛,里面种满五颜六色的鲜花,勤快的男主人刚刚回到家,就手执一把水壶开门出来,浇那被晒了一天的花。(开头描写宁静幽美的环境作为背景。门的设计、门口的布局无不反映出人的匠心和独到的审美观与精神面貌,选"门口"来写,小中见大。总写感受,充满着喜爱和美慕之情。)

按捺不住好奇,我在其中一间公寓的门前站下来,这扇门与旁边的门都不同,既没有老贵族的那种傲慢,也不是后现代的那种随便。它让我突然觉得不是走在街上,而是走进了谁家的院子,这扇门不是面朝着街,而是房间里的另一个房间。它距我太近了,近得伸手就可以推门。

门关着。夕阳即将收尽它最后一丝金黄色,却在檐下留了点点温情。我猜想,这间屋子的主人或许还没回来,此刻正约了朋友在哪家露天咖啡馆里喝杯消暑的啤酒;或者已经回来了,刚刚打开电视,正一边看足球比赛,一边给家人做晚餐吃的土豆沙拉。在这样一个小城,应酬不会太多,或许还有点寂寞,何况只要成了家,那些意大利男人就会安心地过日子呢!("猜想"让读者浮想联翩,感受着一种舒坦、惬意、宁静安详的家的氛围。写法新颖,收缩自如。)

不知为什么,这两扇赭色的线条讲究的铁门虽是关着的,却不给人拒绝感。门外有两只那么人性的把手,侧墙上还有门铃的按钮,这都是为客人准备的。还有,门口右下方那个泥色的陶盆里,居然还放了一束花。它们不是在外面有人路过的街上,而是安分地守在客厅里一个不显眼的墙角。虽是一束麦色的干花,却系了一条与花色相谐的金黄金黄的缎带，就像那花的叶子。它们被主人摆在那里，目的是装饰门面，却像为谁画的一个静物。

我就想，这是一个具有什么样趣味的主人呢？他要么是一个时常离家，到远方去旅行的单身汉，因为不总在家，就不能按时给花浇水，而他又不甘落后于左右邻居，就以这一束干花示人。要么就是一个酷爱艺术的人，他过于追求完美，这盆花曾经是他某次为画一幅素描而精心设计的，过后不舍得扔掉，就找到一个适合它的位置，让它永不凋谢。要么她是一个寡居的、年轻而时尚的女人，并不消极，也没有孤芳自赏的意思，一面需要雅致地生活，一面还在公司里做事，对家务不甚熟悉，每天匆匆来去，顾不上为它浇水，就象征性地在门口放一盆自己喜欢的干花。喜欢干花，表明她自由，也表明她有自己的生活方式。(继续猜想，不管是什么趣味的主人，你都可以感觉到他们高雅不俗，丰富多彩的生活方式。)

这是一种场景。一个人能如此装扮自己的门口，还有什么地方会粗糙呢？(门口是真正的细节，透露的却是丰厚的生活内涵，和人的精神风貌。)

 **读后悟语**

一滴水中见大海，窥一斑见全豹。世间万物均可说是由无数的细节组成，抓住其最具代表性的细节，即能把握其特征及内部规律和外在联系。

《欧洲的细节》的作者可谓深谙此道。全文即采用抓细节法来试图解读出欧洲文明的独具魅力的特色及其精神内核。作者对细节的选择可谓用心良苦，慧眼独具：作者穿梭于意大利半岛，这个半岛上曾经辉煌灿烂的古罗马文明及其承袭于爱琴海岸的古希腊文明，可谓是整个欧洲文明的源头，因而，半岛成了欧洲的细节；作者选择的诸如"围墙"、"柱廊"、"台阶"、"斗兽场"、"门口"等"细节"都各自反映了欧洲文明某一或某些方面的典型特色，理所当然成了欧洲细节的细节。

作者没有停留于对这些"细节"的表面化介绍，而是牵引出与之相关的众多人事物，从文明发展史的高度引发出一系列独到的思考，摸索出一些清晰的规律。

学 生 作 品

　　旅行在我看来还是一种颇为有益的锻炼,心灵在旅行中不断地进行观察新的未知事物的活动。

——[法]蒙田

走进敦煌

梁　斌

　　落日熔金，残阳如血，夕阳将整个天地镀上了一层金黄，茫茫的戈壁更显出造化的鬼斧神工。面对苍茫天地，如雕像般傲然挺立，是我梦中的敦煌。(写景状物，虚实结合，开头的写法，为全文定调、着色、张本。)

　　走进敦煌，走进这座屹立千年的艺术殿堂，让人不由得为之震撼，"不是看死了千年的标本，而是看活了千年的生命"。(余秋雨语)(引语贴切，丰富了文章的文化韵味。)禽鸟歌舞，草木枯荣，整个天地间，仿佛是横跨千年的艺术在游行，每一部典籍都记载了一段鲜为人知的历史，每一座雕像都有脉搏和呼吸。典籍、雕像与游人之间营造着一种传统与现代、熟悉与疏远相交织的雅俗共赏的韵致，让人有一种将内心深处的生命体验和精神感悟淋漓尽致地释放的冲动；而敦煌那弥漫千年的秋悒也如石子般在我的心湖激起层层涟漪，仿佛一股撩人的思绪在脑海萦绕，灵魂也长出触手来了……(长句之修饰、限制语准确、精要，表意丰富、全面。比喻、拟人修辞手法运用得当。生动、形象。)

　　站在这里，总有一种思想传递于我，冥冥之中跨越了千载的时光，与我的心灵默默相碰。

　　蔚彼如兰的古代艺术，风流荣耀的中华旧梦，长风吹云的历史画面，梦痕依稀的岁月淘洗，千年时光荫庇下的锦绣华章，在这遥远的大漠里埋藏了千年，直到1900年，被一个浅薄无知的道士卖了出去。(句式整齐、精致，可见语言表达概括性强，功底深厚。且此句式全文随处可见，值得再三品味！)于是，以斯坦因为首的各国探险家蜂拥而至，把这些无价之宝洗劫一空。直面敦煌，除了对千年累聚的美无比赞叹，对那透纸而出的神韵无比向往外，还有一种无法言喻的切肤之痛，面对那惨白的墙壁和满地的碎瓷片，我的大脑一片空白。一个无知的道士，担不起那文化重负。敦煌的悲剧，是时代的悲剧，而敦煌本身，也因为浩劫的百年而具有一种神圣、凝重的悲剧美。敦煌的命运令世界震惊，敦煌的创痛令国人心碎。一段浅薄无知的历史，一个凄惨悲凉的时代，麻木的国人，腐朽的朝廷，构成一幅长长的悲情画卷。千年的历史孕育了敦煌无量的价值，赤子的血脉凝聚了敦煌永恒的情感，千年的沉默养成了敦煌朴实的个性，岁月的变迁升华了敦煌泣血的语言。(追问的情绪笼罩全文，感情色彩鲜明，且能从追问中揭示文章主旨，立意别具特色。)

叩问长城时，可听见战马长嘶，筚篥哀鸣；叩问敦煌时，只有彩塑、陶罐的哭泣声，艺术的本身仿佛受尽了历史的嘲弄！历史是人类文明的脐带，它维系了千年的敦煌血脉，面对那残缺的敦煌文化，是喜还是悲？扼腕长叹之余，是否多想点什么？不要因为我们的懦弱，误解了良苦的期待；也不要因为我们的无知，歪曲了它深厚的启迪。敦煌的极致绝不是如孟姜女哭长城一般的悲苦，也不是无休止的怨恨，拭去历史的灰尘，你会发现一条流淌千年、维系千年的艺术血脉，仍在静静流淌……

面对敦煌，我静静谛听，仿佛有古人的声音在我灵魂深处响起……

同学分析

余秋雨的散文见仁见智，但还是对20世纪90年代及以后的中学生产生了巨大的影响。其激越的民族热情、华美流丽的文笔和丰富有趣的历史文化片断，都使其成为中学作文训练的有益滋养品。《走进敦煌》可以说是《文化苦旅》中《莫高窟》与《道士塔》等篇章的副本。除了在文中直接引用之外，我们还可以看到许多似曾相识的言语：雕像都有脉搏和呼吸，惨白的墙壁，满地的碎瓷片，大脑一片空白，历史是人类文明的脐带……

学以致用是一件值得鼓励的事情，这些令人印象深刻的语句在不久的将来会在作者手下成为构筑其他题材的文章的材料。不过我敢预言，本文作者在五年(或者不到五年)以后重读旧作，可能会产生一丝羞愧与惶惑。余秋雨散文最值得我们学习的是优美华丽的语言，以及在行文中对情感的流动指挥若定的技巧。这两点本文的作者都已经做到了，实属难能可贵。然而,文学作品"致命的真实",文学作品所表达的人类心灵对外物的独特感受,那些不可重复的内心体验,我们还希望看到更多。

 教师点评

敦煌,是一幅精美绝伦的历史画卷;敦煌,是一颗光芒四射的艺术宝石;敦煌,是一阙惊心动魄的文化颂歌。因为时代及国人、朝廷的衰微、麻木、腐朽,使得"画卷"褪色,"宝石"无光,颂歌难唱……于是,敦煌便有了"泣血"的历史,炎黄子孙无不为之捶胸、顿足。

小作者"走进敦煌"的心境是可想而知的——何况作者早已感受过余秋雨的感受!透过小作者那分外凝练而典雅的文字,我们已能触摸到作者"走进敦煌"叩问岁月与历史的那种激越。文章流泻出来的那种悲而不哀、愤而不怨的情怀使人动容。小作者访古探幽,遵循着一条由"形"到"神"的思路,透过现象看到了事情的真相与本质,展示了一份丰厚的人文情结。

文章的语言别具特色——感情色彩浓厚,文采飞扬,极富个性,显示了小作者良好的功底。

欣赏南京

周婉苏

　　为了完成探究性学习的作业，我来到了夫子庙。原来以为只是照几张相片而已，不科却发现这个我生于斯长于斯的城市里，竟然有如此多的美丽可以沉醉，竟然有如此多的历史可以追溯。(以点带面，引起下文，制造悬念，且句式整齐。)

　　南京，这个城市第一次让我有了一种相见恨晚的感觉。

　　站在秦淮河畔，天气很好。早春的阳光明媚却不耀眼。谁说只有细雨蒙蒙的秦淮河才美丽?阳光下乌衣巷口的那堵粉墙照样有种欲说还休的气质，六朝旧迹的底蕴足以掩盖它所有的外在瑕疵。(写景状物，比较反衬，笔法灵活。)

　　秦淮河依旧美丽，似乎从未经历过无数朝代的更迭与兴衰。驻足这里，所能感受到的是江南文人的优雅以及众多才子佳人的悲欢离合。柳如是，李香君，董小婉，没有她们，南京的历史不会完整，南京也不会如此凄婉动人。"商女不知亡国恨，隔江犹唱后庭花"。在那战乱的年代，那些唱着"后庭花"的商女们是否也有她们不得已的苦衷?(历史与历史人物结合才孕育人文情怀。对商女的解读不同凡俗!)

　　来到贡院，这个当时全国23个行省贡院之最的地方，如今只剩下几间堂厅和一些"号舍"。(贡院是南京的，更是南京丰厚文化底蕴的见证。)尽管历史带走了它一时的荣耀，但它却仍然在向人们诉说着从这里走出的一百一十四位状元。江南出才子，虽然人们更多的是注意到那些文人身上或风流或悲怆的故事，但我们还是应该了解应考者最根本的目的——科举考试的结果。毫无疑问，历朝的状元人数之最都是在江苏。展厅内的模型不断地为人们展示着当年科举的盛况，可院内的花木却一年年悄悄地长了又枯，枯了又长。

是啊,盛败兴衰,本就与它们无关。(写景意味深长。)

这个城市的历史真的是很漫长,曾经走过这里的人,无论雄才大略还是羽扇纶巾,都早已灰飞烟灭。("雄才大略"与"羽扇纶巾"对等,似是欠妥。)从三国到六朝,从南唐到大明,这个城市兴了又衰,衰了又兴。(顶真手法,言简意丰。)难怪无论走到哪里,总会觉得或许自己脚下的一方土地,就曾经印着王谢子弟的脚印,曾经浸染过秦淮女子的泪珠。似乎有一种与生俱来的力量,这个城市经历无数炮火的洗礼之后,仍是那样安静,安静得让你无法想象她曾经历的风雨。

原来,过去我忽视南京,只是因为她不是我喜欢的那种高效率、快节奏的城市。却没想到,南京的这种安定从容也是一种不可多得的美。而在这份安定与从容背后,两千余年的历史沧桑,更是其他城市无法模仿的呀!(风雨不动安如山。南京这位饱经沧桑的岁月老人,会给我们怎样的启迪与开导?作者欣赏南京的理由也许就在答案中。由形及神,彰显文章主旨,且不着痕迹,立意不可谓不巧。)

南京像一件艺术品,适合供人们欣赏,而不是用它来生活。(结尾言尽而意无穷。)

同学分析

在作者的笔下,故乡南京成了一件艺术品,其价值在于它的精致和古旧。身边的美最容易被忽略。能陶醉于近在咫尺的美丽,这样的心灵一定安定而从容。这种面向内心、追求深度的内视点是来自年轻人的另一种声音。当全世界都在追逐高效率和高品质的时候,有人低头转向自己平静的内心,放弃认识外部世界的广度,反而追求内部心灵的深度,并发出一声轻轻的赞美,声音不大,却使我们每一个人微笑。

作者截取了两个片断来展现南京的安定和从容:阳光下乌衣巷口的粉墙、贡院里自枯自荣的花木。她没有写熙熙攘攘的秦淮河,也没有写人声鼎沸的贡院,因为这些都与文章主旨无关,尽管谁都知道南京也有繁华嘈杂的时间和地点,但是那都不会进入这一双向内观望的眼睛,更不会进入这一段安定从容的思绪。我赞美这样一种欣赏的角度。

教师点评

南京,一个耳熟能详的名字;南京,一段岁月如歌的历史;南京,一位饱经风霜的老人……大凡去到南京的人,绝少以"欣赏"的目光注视这座城市这位岁月老人,而是带着一种"追缅"的情怀而来,而去。

小作者尽管也曾"忽视"过这座就在自己身边的城市,一度不懂"欣赏",但偶然的一次探究活动,让她感到了这位"岁月老人"深藏不露的风姿丰采——高贵而美丽,安宁而慈祥……这份迟来的感悟是一种用心聆听到的愉悦,而不是注目到的外在写意。

小作者匠心与慧眼独具,一扫普通人对南京只有"追缅"或"凭吊"的灰色心境,文章所承载的人文情怀与历史、文化内涵是明显而新颖的。写法上有逆向思维的可取之处,更有一种由外"形"到内"神"的运笔思路。文笔顺畅,文字表现力较强,也是优点。诚然,个别语句尚可斟酌,比如把"雄才大略"与"羽扇纶巾"对等,似是欠妥。

追随文明的足迹

走近伟人

美国前总统尼克松说过："像许多政治领袖一样，我很久以来总喜欢废寝忘食地阅读历史性传记。即使我在白宫执政的岁月里，我仍挤出时间去读这些书。"

喜欢读传记的当然不只是政治领袖。很多同学都非常喜爱读传记。这是为什么呢？这是因为传记主人奋斗经历中常有的传奇色彩；这是因为他们磁石一般的人格魅力；这是因为青少年的心灵特别渴求博大胸怀与奋斗精神的激励，特别需要精英人性的滋养，特别容易接受一种形象的人生观的熏陶。

政治家的传记，文学艺术家的传记，思想家的传记……影响了一代又一代的青少年。古今中外无数的仁人志士，在漫长而又繁重的进化历程中，以巨大的努力换来了大量难以量化的思想、经验。他们存在于无尽时空的短短一瞬，却闪耀着永不熄灭的光辉，勾勒出矗立于天地间那有形无形的脊梁。有时候，一本传记就会改变一个人的一生。传记确实有震撼心灵、促使人们反观自己人生价值的巨大作用。因此，多读传记，并将这份感悟融入到写作中去，我们对世界的认识，会更加丰富；我们对人生的感悟，会更加深刻。

名 篇 赏 析

　　伟人是一个天生的孩子,当他死时,他把他的
伟大的孩提时代给了世界。

——[印度]泰戈尔

假如给我三天光明

——《海伦·凯勒自传》(节选)

[美]海伦·凯勒

我们大家都读过这样一些扣人心弦的故事,里面的主人公只有一点有限的时间可以活了,有时长达一年,有时短到只有24小时。然而,我们总是很感动地发现,这些注定要灭亡的人是如何想办法度过他最后的几天或最后的几小时。当然,我说的是有所选择的自由人,而不是活动范围受到限制的被判刑的罪犯。

这类故事使人们思索,很想知道我们在同样的境况下将会怎么办。我们作为必死的生物,处在这最后几个小时内,会充满一些什么样的遭遇、什么样的感受、什么样的联想呢?我们回顾往事,会找到哪些幸福、哪些遗憾呢?

有时我认为,如果我们像明天就会死去那样去生活,才是最好的规则。这样一种态度可以尖锐地强调生命的价值。我们每天都应该怀着友善、朝气和渴望去生活,但是,当时间在我们前面日复一日、月复一月、年复一年地不断延伸开去,这些品质常常就会丧失。当然,也有那些愿意把"吃吧,喝吧,及时行乐吧"作为座右铭的人,然而大多数人却为死神的来临所折磨。(这是常有的人生态度。现实中有这样的例子吗?)

在许多故事中,命运已定的主人公通常在最后一分钟,由于遭遇好运而得到拯救;然而他的价值观念几乎总是改变了。他更加领悟了生命及其永恒的精神价值的意义。常常可以看到,那些活在或者曾经活在死亡阴影中的人们,对他们所做的每件事情都赋予了一种醇美香甜之感。

然而,我们大多数人都把人生视为当然。我们知道有一天我们必得死去,但我们总是把那一天想得极其遥远。我们处于精神活泼、身体轻快的健康状态,死亡简直是不可想象的,我们难得想到它。日子伸延到无穷无尽的远景之中,所以,我们总是做些无价值的工作,几乎意识不到我们对生活的懒洋洋的态度。

我担心,我们全部的天赋和感官都有同样的懒惰的特征。只有聋人才珍惜听觉,只有盲人才体会重见天日的种种幸福。这种看法特别适用于那些成年后失去视觉和听觉的人。但是,那些在视觉或听觉上没有蒙受损害的人,却很少能够充分地利用这些可贵的感官。他们的眼睛和耳朵模模糊糊地吸收了一切景色和声音,他们并不专心也很少珍惜它们。我们并不感激我们的所有,直到我们丧失了它;我们意识不到我们的健康,直到我们生了病——自古以来,莫不如此。(我们每个身体正常的人都要进行反省:我们是不是对生活缺少了必要的欣赏,必要的热情和美感?)

我常想,如果每个人在他的初识阶段患过几天盲聋症,这将是一种幸福。黑暗会使他更珍惜视觉;哑默会教导他更喜慕声音。我时常测验我那些有视觉的朋友,看他们究竟看见了什么。(充满诗意和哲理意味,具有劝诫作用。)

前几天,一位很要好的朋友来探望我,她刚从树林里远足而来,于是我就问她,她观察到一些什么。"没有什么特别的。"她回答说。要不是我惯于听到这样的回答(因为我很久就已确信有视觉的人看得很少),我简直会不相信我的耳朵。

在树林中穿行一个小时,却没有看到什么值得注意的东西,这怎么可能呢?我自问着。我这个不能用眼睛看的人,仅仅凭借触觉,就能发现好几百种使我感兴趣的东西。我用双手亲切地抚摸一株桦树光滑的外皮,或者一株松树粗糙不平的树皮。在春天,我摸着树枝,满怀希望地寻找蓓蕾,寻找大自然冬眠之后苏醒过来的第一个征兆,有时,我感觉到一朵花的可爱而柔润的肌理,发现它那不平常的卷曲。偶然,如果我非常走运,将手轻柔地放在小树上,我可以感觉到小鸟在音律丰满的歌声中快乐地跳跃。("音律丰满的歌声""快乐地跳跃"这是不是奇妙的修饰?它奇妙在何处?)我非常喜欢让小溪凉爽的流水从我张开的手指缝隙间急促地淌过。我觉得,松针或者海绵似的柔草铺就的茂盛葱郁的地毯,比豪华奢侈的波斯小地毯更受欢迎。(松针、柔草铺就的地毯,比波斯地毯更受欢迎——读到这里,你是否有一种亲切感?)对我来说,四季的盛景是一场极其动人而且演不完的戏剧,它的情节从我指尖一幕幕滑过。("四季的盛景"从"指尖滑过",多么美妙、多么形象的句子啊! 感觉的这种妙用,你想到了吗?)

有时,我的心在哭泣,渴望看到所有这些东西。如果我仅仅凭借触觉就能得到那么多的快乐,那么凭借视觉将会有多少美展现出来啊!可是,那些有眼睛的人显然看得很少。对于世界上充盈的五颜六色、千姿百态万花筒般的景象,他们认为是理所当然的。也许人类就是这样,极少去珍惜我们所拥有的东西,而渴望那些我们所没有的东西。在光明的世界中,视觉这一天赋才能,竟只被作为一种便利,而不是一种丰富生活的手段,这是多么可惜啊!(字字出自肺腑,句句娓娓动听,如行云流水,亲切自然,感人至深。)

假如我是个大学校长,我要开设一门必修课程,就是"怎样使用你的眼睛"。教授们将向他的学生讲授,怎样通过真正观看那些从他们面前过去而未被注意的事物,使他们的生活增添乐趣,这将唤醒他们沉睡而迟缓的天赋。

也许我能凭借想象来说明,假如给我哪怕三天的光明,我最喜欢看到一些什么。在我想的时候,也请你想一下吧,请想想这个问题,假定你也只有三天光明,那么你会怎样使用你自己的眼睛,你最想让你的目光停留在什么上面呢?自然,我将尽可能看看在我黑暗的岁月里令我珍惜的东西,你也想让你的目光停留在令你珍惜的东西上,以便在那即将到来的夜晚,将它们记住。(像童谣一样简单,像诗歌一样优美,像哲学一样深邃的句子。)

如果,由于某种奇迹,我可以睁眼看三天,紧跟着回到黑暗中去,我将会把这段时间分成三部分。

第一天,我要看人,他们的善良、温厚与友谊使我的生活值得一过。首先,我希望长久地凝视我亲爱的老师,安妮·莎莉文·梅西太太的面庞,当我还是个孩子的时候,她就来到了我面前,为我打开了外面的世界。我将不仅要看到她面庞的轮廓,以便我能够将它珍藏在我的记忆中,而且还要研究她的容貌,发现她出自同情心的温柔和耐心的生动迹象,她正是以此来完成教育我的艰巨任务的。我希望从她的眼睛里看到能使她在困难面前站得稳的坚强性格,并且看到她那经常向我流露的、对于全人类的同情。("打量"梅西太太,这确实是作者最大和最真诚的心愿。海伦对她是充满感激而尊敬之情的。)

我不知道什么是透过"灵魂之窗",即从眼睛看到朋友的内心。我只能用手指尖来看一个脸的轮廓。我能够发觉欢笑、悲哀和其他许多明显的情感。我是从感觉朋友的脸来认识他们的。但是,我不能靠触摸来真正描绘他们的个性。当然,通过其他方法,通过他们向我表达的思想,通过他们向我显示出的任何动作,我对他们的个性也有所了解。但是我却不能对他们有较深的理解，而那种理解，我相信，通过看见他们，通过观看他们对种种被表达的思想和境况的反应，通过注意他们的眼神和脸色的反应，是可以获得的。

我身旁的朋友，我了解得很清楚，因为经过长年累月，他们已经将自己的各个方面揭示给了我；然而，对于偶然的朋友，我只有一个不完全的印象。这个印象还是从一次握手中，从我通过手指尖理解他们的嘴唇发出的字句中，或从他们在我手掌的轻轻划写中获得来的。

你们有视觉的人，可以通过观察对方微妙的面部表情，肌肉的颤动，手势的摇摆，迅速领悟对方所表达的意思的实质，这该是多么容易，多么令人心满意足啊！但是，你们可曾想到用你们的视觉，抓住一个人面部的外表特征，来透视一个朋友或者熟人的内心吗？我还想问你们：能准确地描绘出五位好朋友的面容吗？你们有些人能够，但是很多人不能够。有过一次实验，我询问那些丈夫们，关于他们妻子眼睛的颜色，他们常常显得困窘，供认他们不知道。顺便说一下，妻子们还总是经常抱怨丈夫不注意自己的新服装、新帽子的颜色。以及家内摆设的变化。

有视觉的人，他们的眼睛不久便习惯了周围事物的常规，他们实际上仅仅注意令人惊奇的和壮观的事物。然而，即使他们观看最壮丽的奇观，眼睛都是懒洋洋的。法庭的记录每天都透露出"目击者"看得多么不准确。某一事件会被几个见证人以几种不同的方式"看见"。有的人比别人看得更多，但没有几个人看见他们视线以内一切事物。

啊，如果给我三天光明，我会看见多少东西啊！(语重情长的热忱谏言中，没有一丝教导的口吻，没有一点训诫的语气。作者从一个独特的盲人角度，怀着满腔热情，运用委婉的妙语，做出真诚的规劝，做出真诚的规劝，做到了药良而不苦口，言忠而不逆耳。)

 读后悟语

生活中不是缺少美，而是缺少发现美的眼睛、鼻子和耳朵。

深邃、浩瀚的星夜，蓊郁葱茏的密林，呢喃婉转的鸟语，惊涛拍岸的轰鸣，骤雨初歇的土气，野芳初绽的幽香……自然界的一切都充满着神秘与意趣，值得我们去探索，去体会。在发现美的历程中,不仅需要用眼睛去关注,用耳朵谛听,更需要用心去感悟。文学是展现美的艺术,各种感官的开放与表达对于美的展示具有重要的作用。海伦·凯勒是一位盲人,她本来是凭借自己的触觉来感知世界的,而作者却想突破生理的局限,更充分地感知大自然和人间世界的美,于是就有了"假如给我三天光明"的幻想抒情。与热切、坦诚、真挚的内心活动相适应的是,作者采用白描手法,直白地写自己的内心世界。虽然全篇都是家常话语,但用到本文中,却具有感染人、鼓舞人的神奇力量。

在文章中,作者处处用视听健全的人来和自己作比,在对比中表达了她的生活态度:人对生活要有强烈的紧迫感。我们这些拥有天赋视力,却毫不珍惜的人们,因此受到震动,不能不这样质问自己:"在光明的世界里,视觉的天赋只是被当成一种方便,而不是当做让生命更加充实的手段。"因此,"有眼睛的人所能看到的东西其实很少"——在这个意义上,我们都是"半盲人"。同学们,你意识到这一点了吗?你愿意接受这位伟大女性的建议,珍视并充分使用你的天赋的感官,去重新感知这个世界吗?我们期待着通过本文的阅读,大家懂得如何敞开感官,用自己的视觉,听觉,味觉,嗅觉,触觉去"拥抱大自然,感受大自然",发现大自然的美,和作者一起,用我们的眼睛重新观察身边的凡人琐事;让大千世界的种种美景又一次刺激你的五官,体味生活中那些多姿多彩、千变万化的美。

打开五官,打开七彩的世界!

走下圣坛的周恩来

权延赤

周总理的衣食住行

衣

周总理信奉并遵循"人靠衣装马靠鞍"的东方文明。

一进城,总理就交给我的一项工作:"我参加活动多,仪容是否整洁,国内国外都注意;给你们提个要求,我的衣服一定要能表现出中国人的脸孔。"

我陪总理来到"红都",有关服务人员迎来,见到总理的激动喜悦自不必说,他们都知道总理的衣装关系中国人的形象,将各种高级衣料向总理介绍:"为满足出国人员需要,我们进口了一些英国呢科和澳大利亚毛料;各型各色比较齐全……"

总理摇摇头:"不要进口的,要国产的。"

服务员马上理解,向总理详细介绍国产衣料。总理向我们交代:"今后我做衣,无论毛料布料,必须用国产的。"……(曾有美国记者问周总理:"你是以中国人身份为重,还是以共产党员身份为重?"总理立刻斩钉截铁地说:"当然以中国人的身份为重!"从他身上,可以深切地看到身为中国人的尊严。)

总理佩戴的东西也都是国产货。小到手绢大到手表。刚进城时,实行供给制。我国不能生产手表,中办为党和国家领导人从香港买来手表,每人一块、给总理的那块是瑞士产的劳莱司自动表。总理欣赏一番那块表，发出一声感慨："什么时候能让我戴上自己生产的手表呢？"上海首先使总理实现了愿望。记得总理听说上海生产出手表的消息后，无限欣喜，扬手遥指东南："告诉他们，我买一块。按市场价买。我给他们做广告！"……（20世纪50年代初期，中国从比比利时还要弱小的工业起步，到70年代，中国已跻身世界前六大工业国之列。）

总理从贴身所穿背心汗衫到外衣、外裤、鞋袜、手表、睡衣、手绢、牙具等所有物品，都是表现中国人脸孔的国货。他曾对我们说："进口是必需的，国外许多东西比我们先进么，拒绝学习利用是错误的。但我作为总理，代表着中国人的脸孔，中国人的骨气。只要我们国家能生产的，我就要用国货。都不用国货怎么能发展民族工业？我们时时都要想着为发展民族工业多做贡献。"……（"伟大"往往孕育在"小事"之中。）

总理穿衣还有个大讲究，是只有我们这些身边的人才知道的，外界难以知晓。就是讲究保密，有时甚至是"严格保密"。

从莫斯科到阿尔及尔，从日内瓦到雅加达，许多国家的服务员都知道周恩来总理有个皮箱子，警卫人员看守很严，里边不知藏有多少重大机密或钱财。特别是到第三世界国家，一旦决定给他们援助，有的服务员就指指那箱子，悄悄问我们的同志："你们援助我们的钱都锁在那个箱子里面吧？"

每逢这时，我们只能笑着摇摇头，但马上又感慨万千地点点头，心里别有一番酸涩的滋味。实在说，给他们的每一项援助，都与这个皮箱有着最直接的关系。

这其实是总理的行李箱，里边装有他的生活用品。

有一条总理在家使用的棉被。这是出于卫生和安全上的考虑，也是因为总理用惯了自己的被子，所以出国不使用宾馆的高级被褥。总理这条被子的被面是绿色平纹布，被里是粗糙的白棉布，中间一个薄薄的棉花套。还有个荞麦皮枕头，进城后始终是这个枕头，很旧了。

有件睡衣，进城时就穿着，早磨光了绒毛。由于总理睡前有办公习惯，背部着床多，所以那里首先磨薄磨破。先破小洞，我们就动手补，渐渐磨成大洞，补不胜补，就整个后背换掉，破了再补，补丁摞补丁，一直穿到去世也舍不得买新的。

有三双袜子，没一双不带补丁，特别是脚掌部分，几乎每星期都要由我们拿去补一次两次。卫士成习惯了，总理一上床，就检查他的袜子，发现新洞，马上拿走去补。第二天早晨再提着袜子进来交给总理穿。这种情况直到有了尼龙袜子后才稍好些。尼龙袜子结实，不那么容易破。

总理的毛巾更不好见人。擦脸巾磨得没了绒毛，渐渐像了纱布，渐渐磨出洞，洞越来越大时，总理就将毛巾从中间剪开，将两边换到了中间对缝起来继续用。因为毛巾都是中间使用多，先磨破，而两边很少磨损。

总理的擦脚巾更不好说，是用废纱布缝起来当脚巾，几十年就是这样用纱布。

总理用的牙杯上，印有"保家卫国"，这个牙杯用到去世。无须多说，"保家卫国"四个字，就说明了这个杯子的年头和质量。

总理使用的是猪鬃牙刷，白玉牙膏，力士牌香皂。那时的力士牌香皂没有香味，碱性大，我曾帮他买过一块檀香皂，结果挨了顿批："你是不是还想买香水头油回来?"(金子总会闪光，伟人总是伟人，一些细节就分出人品的高低。)

从此，再没人干这种"讨人厌"、"讨人嫌"的傻事。

总理的内衣内裤，件件补丁摞补丁。因为怕国外有传染病，我们要保证总理的安全，所以他的内衣内裤不能拿到街上去洗。何况总理的内衣裤补丁那么多，拿出去影响未必好。万一是用搅洗机，这样的衣服肯定会被搅破。在家我们可以帮总理洗衣，在国宾馆显然没办法，没法拿出去晾晒，万一被照张相，还不知会引出什么故事来?所以出国就只能交大使馆，请馆里的女同志帮忙洗。每逢这时，都是大使夫人亲自动手为总理洗，许多大使夫人都是边洗边哭。记得总理在马里访问时，大使赖亚力的夫人看到总理穿的衣服，有的补丁摞补丁，有的布都糟了，稍一用力就破个洞;所有这些衬衣，只有领口袖口是换了新，露在外面一圈不会被人发现里面的内衣破旧成什么样。她一边洗一边流泪，轻轻喃出几声"总理……"就是说不出一句完整话。

作为我们一个六七亿人口的泱泱大国的总理，穿这样破旧的衣服，叫外国服务员看到了会怎么议论?他们不了解我们的国情，和我们的价值观、道德观也不同，难免不理解，所以还是向他们严格保密为好。所以，每天早晨总理一起床，首先由我们的卫士进去，该收的收，该藏的藏，行李箱锁严实了，才放服务员进。到了晚上，总理再休息时，才开锁取出卧具、牙具和衣物。

服务员见不到开箱子，自然以为里面都是贵重之物。但是，以总理为代表，中国人民正是这样节俭奋斗，才尽自己所能省出了钱物支援那些第三世界的国家和人民。

食

在三年困难时期,总理有天抽闲下厨,自己动手做饭招待几位加班的同志。每逢总理下厨,在"家"的工作人员都喜欢跟到厨房围观学习总理的手艺。(工作人员把西花厅称作家)总理抓着油瓶往锅里倒油。他一点一点,小心翼翼地倾斜油瓶,油还没滴出来时就几次抬高瓶口,好不容易才滴出几滴油进锅。他看看锅底,又看看油瓶,再小心翼翼地滴出两滴油,就收起了油瓶子。(注意"小心翼翼"这个词,为什么要反复强调?)

他掀起眼皮望望围观的"群众",笑着耸一下肩,自我解释说:"放那么多油干吗?现在这么困难。油放少点,钱油熬豆腐嘛,这是老话了,民间都懂。"豆腐做好了,烧豆腐成了熬豆腐,不过味道更嫩更鲜。那以后,我们都学会了"钱油熬豆腐"。

总理也喜欢吃一些小菜:煮盐水黄豆、炒咸菜、豆腐乳等等。如果喝酒,受欢迎的下酒菜永远有花生米。

爱吃是一回事,平日吃上吃不上又是一回事。我跟随总理几十年,他大量的时候不能坐在餐桌旁正经吃饭的,至少有三分之一以上是在汽车上,会场休息室或匆匆的走路中吃饭。

在汽车上的饭,最多的时候是喝一杯玉米面糊糊,吃两片面包。面包里或夹几片香肠,或抹些果酱。有时也喝杯麦片汤。比较而言,总理更爱喝玉米面糊糊。

如果是在会场休息室,我们常给服务处的李维信同志打电话,叫他准备一碗热汤面,总理可以在会议休息时,边听汇报边吃面,有汤有面,吃着还可以。国家经济情况好时,面里放些肉丝菜叶;经济困难时,而汤上只漂几片葱花。

如果总理太忙,按我们的安排连三两分钟时间也抽不出来,那就通知人民大会堂或有关人员准备几个素馅包子,在总理从一个会场赶去另一个会场时,拿在手里边走边吃。特别是到了"文化大革命"时期,总理边走边吃的情况几乎天天都有。

如果遇上突然的情况,临时增加的活动,总理吃不上面包、素馅包子,喝不上玉米面糊糊或面条,那就"饿了糖也能充饥"。他多次吃两块糖作一顿饭,或条件允许时要一把花生米或煮黄豆饭。这种情况在"文化大革命"中就更多了,那期间总理能正经坐在餐桌旁吃饭的时候可以说连五分之一也不到。且不说我们身边的工作人员,就是偶尔接触总理的领导干部也无不发现了这个问题。铁瑛曾经掉过泪,他就亲眼目睹了总理要一把花生米,边吃边喝茶,这一把花生米就顶了两顿饭!

我们不会掉泪。因为天天见,天天是这样。如果哭,泪也早就流干了……(一字一句,充溢着浓浓的爱,说到动情之处,催人泪下。)

"文化大革命"中,总理陪外宾外出参观。那几天他吃饭很费力,吃得慢,吃得少。我认为这是睡眠太少,过于劳累造成的,心里很犯急。

记得是在参观大寨的前后,在一次行动前,我感觉他有什么事要说,但没最后拿定主意。想到他吃饭的费力,我忙问:"总理,你身体不舒服吧?"

"不,我身体很好……"总理说得肯定。但我太熟悉他了,我能感觉出那种看不见听不出来的异常。

"总理,你有什么事吧?"

"嗯。"总理略一沉吟,望着我,用商量的语气说,"这次活动,吃饭要一起吃。你看,能不能设法把我碗里的饭弄软一些?"

"可以。饭都是盛好了才端上来么。"

"搞特殊了。"总理笑了笑,有些不安和苦涩。他忽然轻轻叹出一口气:"唉,我的牙齿已经全松动了……"(说出了"搞特殊"的原因。反映了总理对痛苦的忍耐和克制。)

总理发出这声轻叹时,我看清了他变得灰白的头发;曾经英气勃勃的脸孔已经血肉耗尽,脸孔和脖颈的皮肤松弛下坠,并且出现了老年斑;他那威武明锐的双眼也深深地凹陷下去……

我鼻子一酸,眼前模糊了,赶紧把脸转向一边。(一个细节,透露了人物竭力掩饰的内心情感。)

"我的牙齿已经全松动了……把我碗里的饭弄软一些。"这就是总理犹豫再三才说出的"特殊"要求啊!

我没有忍住泪,慌忙退出屋。

我哭了。一个人悄悄地哭了……

住

西花厅分前后院。后院的北屋,有周恩来一间卧室,邓颖超一间卧室,两人合用一个客厅。吃饭时,客厅又作了餐厅。接待内宾在这里,看电视、文化娱乐也在这里。

房间质量比较糟糕,主要是年久失修,房子太旧。地是铺了青砖,年头多, 到夏天泛碱,墙角一圈白碱花印。

那年代没有壁纸,墙壁虽然喷了浆,由于泛潮,不到两年就都变灰暗。房间像一切老式房屋一样,都存在一个采光不好的问题,那种阴湿昏暗的感觉就更浓了。天花板也很陈旧,像上了年纪的老人的皮肤一样缺少光泽。我们多次提议翻修,他总是说:"我们经济还困难,又在抗美援朝,怎么能为我花这个钱?你们想都不该这么想!"

刚进城那几年,总理在这样的条件下办公,落下个腿疼的毛病。

那是深秋时节,几种不利情况全挤到一起:房子潮湿,地泛潮,又逢秋雨绵绵,总理又有夜间办公的习惯,我记得他批阅文件时,两腿总是没完没了地上下颤动。那也许是下意识动作,不少人坐久了有这种习惯,但总理还常常把左膝藏入右膝窝,这样坐一阵儿,又将右膝藏入左膝窝。我观察一段时间后,判定总理不是"跷二郎腿",这是用两腿轮替捂暖膝头。(又一个感人的细节。)

于是,我找来一块小毛毯,轻手轻脚过去,盖在总理的腿和膝部。

周恩来停下手中的笔,望我一眼,没有反对,说了声:"谢谢你了。我这里没什么事了,你休息去吧。"

以后,每年春秋潮冷之季,供应暖气前后,值班卫士都要在周恩来夜间办公时,替他在腿上盖块毛毯。

朝鲜停战,我忍不住提建议说:"总理,铺块地毯吧,其他首长都铺了地毯……""不要,我不需要。"周恩来摆手。

"可是,屋子太潮,你又不让翻修。首长们到你这里来开会。坐久了都容易腿脚受寒受潮,特别是一些老人,会闹腰腿疼。"

周恩来似有所动,想了想说:"那好吧,办公室可以铺地毯,来客人共同得益。卧室不许铺,卧室只我一个人住,铺了浪费。"(对他人是那样的关心体谅,却独忘了自己啊!)

这样,周恩来的办公室里有了一块地毯。但是卧室始终没有铺地毯。

周恩来的卧室陈设简陋。他睡一张双人木板床,上面垫一层棉花套,然后是一条普通棉布褥子。被子也是普通布被子。他不喜欢花布,喜欢素淡。被面是豆绿色的平纹布,被里是普通白棉布。开始他使用的是荞麦皮枕头,60年代,我们帮他买了个长方形海绵枕头,替换下荞麦皮枕头。对于这一新事物,所费无几,他接受了。

木板床的两边很"热闹"。床头两把椅子，脚下两把椅子，"四星望月"一样围着拱着大木床。因为卧室里没有衣服架，脚下放两把椅子是睡觉放衣服用，床头两把椅子是上床批阅文件时，放置文件用。

前面讲过，卧室是总理"第四办公室"，他每天要在床上办公3~6小时。躺床上办公，吊灯显然不适合，为了借光，周恩来不得不保持某种躺卧的姿势和角度，这样是很疲劳的。

我们向他建议："总理，买个台灯或是落地灯吧，这样有利于办公。"

"嗯，是得搞一个，办公需要。"

我具体提议："打电话叫宾馆送一套来，他们有储备，不用花钱。""自己用，搞那么高级干什么？"周恩来把手一摆："不要麻烦宾馆，这屋里也没有人看你的台灯样式。"

"这不是变库存积压为有用么。"

"这件事还是按传统办，自力更生、丰衣足食。"总理比划手势："一个落地灯，很简单，稍微动动手就行。"

结果，他请中南海里的工人用铁管子自己做了两个落地台灯；卧室床头摆一个，办公室摆一个。是30瓦的日光灯，用洋铁皮打的灯罩。用了几天，洋铁皮反光，晃眼晃得厉害，他让我们在灯罩上刷了层绿漆。从此，这两个落地台灯便再没有动过地方，一直陪伴到他住进305医院，卧床不起。(桃李无言，下自成蹊。无需出现"伟大"的字眼，却确确实实让人感动，这就是细节的魅力。)

行

总理不会走慢步，跟人散步也像抢时间赶急事，他办公疲劳起身绕办公桌走几圈时，也是快步带起一阵风，扇动桌上文件能飘起纸页。从西花厅到春藕斋，到菊香书屋，到颐年堂，到怀仁堂等处，周恩来那急促轻快的步子时常会出现；来也匆匆，去也匆匆。我们这些工作人员都他年轻20岁左右，却走不过他，时时要小跑几步才能跟上。

总理急迫而匆匆的快步，与他的少睡一点，再少睡一点，无疑都是在抢时间，抠时间；多争取一点工作，再多争取一点……(字里行间，饱含着对总理深深的敬爱。)

每当想起总理快速的脚步，不知为什么，我总会联想到一个数学问题。总理活了78岁，这个78岁就是生命的极限值；总理匆匆的脚步，快一点再快一点；他的睡眠，少一点再少一点，就是有效的生命序列值；这个序列值在总理那里是无限趋近于极限值，虽然最终也不会达到那个极限值，他却以惊人顽强的毅力和决心，让这个序列值无限地延伸下去，无限地接近于那个极限值。

这就叫鞠躬尽瘁，死而后已。

总理喜欢坐汽车，哪怕是在中南海里，路途稍远他也可能坐汽车，这当然也是要抢时间，是为了尽可能地接近那个极限值。

红旗车刚研制出来，他就将这种车定为自己的专车。他说："别人不坐我坐，我喜欢坐国产车。"我曾劝说："这种车刚制出来，各方面性能还不稳定，也没经过实践检验，还是等产品完全定型后再坐吧?"

周恩来笑着说："我是试用，不保险才试用，保险了还谈什么试用?我坐上了，可以促进他们改进，促进我们的民族工业发展。我坐红旗车就是为他们做广告。"

这句话我熟悉，他也说过为上海表做广告。周总理是第一个戴国产上海表的消费者，也是第一个乘国产红旗车的中国领导人。

周恩来离开北京去全国各地，按规定都是乘专列。专列由前驱车、主车及后卫车组成。这是安全部门规定的，不是周恩来个人所能改变得了的。

正因为如此，周恩来极少乘专列，除非视察各地，需要沿途了解情况，否则是不肯坐专列的。他只喜欢坐飞机。

他曾对我说："坐专列太浪费，主要是浪费时间，工作不允许。"

总理外出，主要是坐飞机。对于总理的喜欢坐飞机，张瑞霭曾开玩笑问总理："总理，你是不是崇拜飞机?你怎么那么爱坐飞机呀?"

总理笑着说："飞机好啊，它快嘛! 坐飞机能节省时间，办事效率高嘛。"说着，右手在面前轻轻带过一下："我喜欢坐飞机，可不等于不支持铁道部的工作，不等于不关心铁路建设哟。他们不要对我有意见哟。"

总理对于他的机长张瑞霭是很感自豪的，尼克松访华，要坐他自己的专机去杭州、上海访问。总理不同意。

"你们在我们境内旅行，应该坐我们的专机嘛。"周恩来坚持道。基辛格深知中国人的民族自尊感，积极帮助斡旋，说服美国方面接受了总理的意见。尼克松任总统期间，只乘过一次外国飞机，这就是周恩来的专机。

当周恩来的专机在上海虹桥机场降落时,尼克松对周恩来竖大拇指:"飞得很好!"总理欣然一笑:"这是我们自己培养的飞行员,我很信任他们。"

基辛格接过话头说:"总统是第一次乘坐外国飞机,因为中国飞机是最安全的。"

总理乘飞机的故事很多,张瑞霭写过回忆文章,我在前些章节也写过一些,这里不多讲了。我只讲这样几句话:

总理逝世后,有人计算他操劳天下事,乘飞机所飞距离,可以飞到太阳。当你计算这段飞行距离时,你是否想过,他那颗伟大的心就像太阳一样永远光照着人间!

(本传用语虽然平实质朴,但字里行间却处处有情,让人感觉到有股强大的精神力量在流淌,既具感染力又引人深思。文中用了许多鲜为人知的细节,让人读后感动不已。从审美角度来看,本文的语言表现出别具一格的朴素美。)

读后悟语

在二十世纪影响中国和影响世界的伟人中,被世人视为完人的领袖是极为少见的。尽管周恩来从来认为"人无完人"且世间不存在完人,但他仍被中国人民和外国朋友称为"完人"。要说周总理的功绩和感人之处,可以说成百条、上千条,如何才能写出人物的灵魂和精髓呢?显然,那种远距离的、粗枝大叶式的刻画是远远不够的,要把人物刻画得栩栩如生、跃然纸上,就要进行近距离的观照,通过具体的事情反映人物的性格特点和超人魅力。这里就有一个很重要的作文要素——细节。"没有细节就没有艺术",企图通过一些干巴巴的判断(表扬或批评)让笔下人物活起来的看法是幼稚可笑的。《走下圣坛的周恩来》留给我们最深印象的是什么呢?补丁累累的衬衣?"特殊"的吃饭要求?卧房的地板,或者床头的台灯?急速的脚步,还是省时的飞机?正是这些真实的、生动形象的典型细节,成为本传塑造人物、深化主题的有力保证,也是文章感染力的源泉。如何使我们的作文也拥有这项"特别武器"呢?只有善读才能会写,关键在于阅读上要下一番潜心体会的工夫。语文课本中,也有不少细节描写的生动范例:父亲的"背影";"变色龙"的大衣;"孔乙己"的长衫……这些都等待着我们不断去咀嚼品味,去领会个中之意。我们必须时时处处做生活的有心人,仔细观察生活,积累有用的生活细节,记叙文写作才算摸到了门径。

贝多芬传·序

[法]罗曼·罗兰*

> 我愿证明，凡是行为善良与高尚的人，定能因之而担当患难。

——贝多芬

我们周围的空气多沉重。老大的欧罗巴在重浊与腐败的气氛中昏迷不醒。鄙俗的物质主义镇压着思想，阻挠着政府与个人的行动。社会在乖巧卑下的自私自利中窒息以死。人类喘不过气来——打开窗子罢! 让自由的空气重新进来! 呼吸一下英雄们的气息。

人生是艰苦的。对不甘于平庸凡俗的人，那是一场无日无休的斗争，往往是悲惨的，没有光华的，没有幸福的，在孤独与静寂中展开的斗争。贫穷，日常的烦虑，沉重与愚蠢的劳作，压在他们身上，无益地消耗着他们的精力，没有希望，没有一道欢乐之光，大多数还彼此隔离着，连对患难中的弟兄们援手的安慰都没有，他们不知道彼此的存在。他们只能依靠自己；可是有时连最强的人都是不免在苦难中跟着蹉跎，他们求助，求一个朋友。为了援助他们，我才在他们周围集合一些英雄的友人，一些为了善和美而受苦的伟大的心灵。这些"名人传"不是向野心家的骄傲申诉的，而是给受难者的。并且实际上谁又不是受难者呢? 让我们把神圣的苦痛的油膏，献给苦痛的人罢! 我们在战斗中不是孤军。世界的黑暗，受着神光烛照。即是今日，在我们近旁，我们也看到闪耀着两朵最纯洁的火

*罗曼·罗兰1866年出生于法国中部的一个小城镇克拉姆斯，他一生中最大的成功就是写出了许多惊世之作，包括《约翰·克利斯朵夫》、《母与子》、《贝多芬传》等，1915年获诺贝尔文学奖。《贝多芬传》是罗曼·罗兰的得意之作，在文学领域内一直被奉为经典。

焰,正义与自由:毕加大佐和蒲尔民族。即使他们不曾把浓密的黑暗一扫而空,至少他们在一闪之下已给我们指点了大路。跟着他们走吧,跟着那些散在各个国家,各个时代,孤军奋斗的人走吧。让我们来摧毁时间的阻隔,使英雄的种族再生。(按作者的观点,怎样的人才算是英雄?)

我称为英雄的,并非以思想或强力称雄的人;而只是靠心灵而伟大的人。好似他们之中最伟大的一个,就是我们要叙述他的生涯的人所说的:"除了仁慈之外,我不承认还有什么优越的标记。"没有伟大的品格,就没有伟大的人,甚至也没有伟大的艺术家,伟大的行动者;所有只是些空虚的偶像,匹配下贱的群众的。时间会把他们一齐摧毁,成败又有什么相干?主要是成为伟大,而非显得伟大。("成为伟大"与"显得伟大"有什么不同?两者的最终结果一样吗?)

这些传记中人的生涯,几乎都是一种长期的受难。或是悲惨的命运,把他们的灵魂在肉体与精神的苦难中折磨,在穷与疾病的铁砧上锻炼;或是,目击同胞受着无名的羞辱与劫难,而生活为之戕害,内心为之裂碎,他们永远过着磨难的日子;他们固然由于毅力而成为伟大,可是也由于灾患而成为伟大。所以不幸人啊!切勿过于怨叹,人类中最优秀的和你们同在。汲取他们的勇气做我们的养料罢;倘使我们太弱,就把我们的头枕在他们的膝上休息一会罢。他们会安慰我们。在这些神圣的心灵中,有一股清明的力量和强烈的慈爱,像激流一般飞涌出来。甚至无须探询他们的作品或倾听他们的声音,就在他们的眼里,即可看到生命从没像处于患难时那么伟大,那么丰满,那么幸福。(一连串的排比、比喻、感叹,铿锵有力,掷地有声,慷慨激昂,荡气回肠,使人深受感动。)

在此英勇的队伍里,我把首席给予坚强与纯洁的贝多芬。他在痛苦中间即曾祝望他的榜样能支持特别的受难者,"但愿不幸的人,看到一个与他同样不幸的遭难者,不顾自然的阻碍,竭尽所能地成为一个不愧为人的人,而能借以自慰"。经过了多少年超人的斗争与努力,克服了他的苦难,完成了他所谓"向可怜的人类吹嘘勇气"的大业后,这位胜利的普罗米修斯。回答一个向他提及上帝的朋友时说道:"嗷,人啊,你当自助!"

我们对他这句豪语应当有所感悟。依着他的先例,我们应当重新鼓起对生命对人类的信仰!("屈原放逐,乃赋《离骚》;左丘失明,厥有《国语》;孙子膑脚,《兵法》修列;不韦迁蜀,世传《吕览》。"毅力使他们战胜灾患,而磨难使英雄的品格更高尚,使他们的精神更高贵,使他们的使命更崇高,更能影响大众,给大众带来精神上的鼓舞。)

追随文明的足迹

读后悟语

　　《名人传》是一部独具魅力的人物传记,作者倾注他全部激情,成功地让读者在传记中跟三位大师接触,分担他们的痛苦、失败,也分享他们的诚挚、成功。本文是一篇表明写作目的和宗旨的序言,又是一篇语言精简,激情洋溢,思想深邃的美文。它记录了罗曼·罗兰的思想历程,同时,也反映了他自己的形象:对人类前途的坚定信念,对于人的至美渴求,在探求光明的道路上与困难和苦难战斗的勇气。

　　像罗曼·罗兰其他的许多作品一样,本文是以庄严、华彩、激情的文句写成的。全文采用了高昂的感情基调来抒发自己对英雄的赞美之情,让人觉得非常振奋。与其说这是一篇序言,不如说是作者与读者进行一次精神上的交流与对话。"所以不幸人啊! 切勿过于怨叹,人类中最优秀的和你们同在。""让我们把神圣的苦痛的油膏,献给苦痛的人罢! 我们在战斗中不是孤军。世界的黑暗,受着神光烛照。""在这些神圣的心灵中,有一股清明的力量和强烈的慈爱,像激流一般飞涌出来。甚至无须探询他们的作品或倾听他们的声音,就在他们的眼里,即可看到生命从没像处于患难时那么伟大,那么丰满,那么幸福。"这些蕴含丰富、思想深邃、措辞精炼的话语,饱含激情。文中还大量使用感叹、比喻、排比,既增强了文章语言的气势,也加强了文章的感染力和鼓舞力,使读者对英雄的崇敬之情也油然而生。语言是我们笔下的一列轻骑兵,你可以指挥他们摆出轻灵的舞姿,也可以让他们吹响嘹亮的号角。擅长写作的人都是驾驭语言来表情达意的好手,罗曼·罗兰显然是其中的佼佼者。在文末,罗曼·罗兰还通过贝多芬之口,向命运发出挑战,喊出了所有英雄的伟大精神和信念,向那些在生活的重压中苦闷、彷徨、挣扎的人们发出了真挚的呼喊,希望他们振奋地抬起头来,坚定地迎着风浪前进。整篇序言,像散文一样酣畅淋漓,像诗一样洋溢着激情,像檄文一样充满力量,对于我们来说,这是一支震撼心灵的歌,是一声亲切的呼唤,是一道破窗而入的阳光,让我们激动,也让我们感叹。

论语(节选)

孔 子*

子曰:"巧言令色,鲜矣仁。"

子曰:"刚毅木讷,近仁。"

子曰:"志士仁人,无求生以害仁,有杀身以成仁。"

子曰:"民之于仁也,甚于水火。吾见蹈而死者矣,未见蹈仁而死者也。"

子曰:"当仁不让于师。"

子曰:"道之以政,齐之以刑,民免而无耻;道之以德,齐之以礼,有耻且格。"

子贡问为仁。子曰:"工欲善其事,必先利其器。居是邦也,事其大夫贤者,友其士之仁者。"

(说理精辟深刻,富于哲理性,它是孔子对生活的深邃的观察和透辟的认识的结晶。)

子曰:"君子义以为质,礼以行之,孙以出之,信以成之。君子哉!"

子曰:"君子病无能焉,不病人之不己知也。"

子曰:"君子求诸己,小人求诸人。"

子曰:"君子矜而不争,群而不党。"

---

*孔子(公元前551—公元前479年),名丘,字仲尼,春秋后期鲁国人,儒家学派的创始人,中国古代伟大的思想家和教育家。他学而不厌,精通各类知识,是当时思想文化的集大成者。孔子的思想对中国文化乃至世界文化的发展都产生了极为巨大和深远的影响。

子曰:"君子不以言举人,不以人废言。"

子贡问曰:"有一言而可以终身行之者乎?"子曰:"其恕乎! 己所不欲,勿施于人。"

子曰:"躬自厚而薄责于人,则远怨矣。"

子曰:"不曰'如之何如之何'者,吾末如之何也已矣。"

子曰:"吾十有五而志于学,三十而立,四十而不惑,五十而知天命,六十而耳顺,七十而从心所欲,不逾矩。"

子曰:"道不同,不相为谋。"

(言简意赅,深入浅出,隽永有味。)

子曰:"不愤不启,不悱不发,举一隅不以三隅反,则不复也。"

孔子曰:"益者三友,损者三友。友直,友谅,友多闻,益矣。友便辟,友善柔,友便佞,损矣。"

孔子曰:"益者三乐,损者三乐。乐节礼乐,乐道人之善,乐多贤友,益矣。乐骄乐,乐佚游,乐宴乐,损矣。"

(用语贴切、通俗而又精炼,形成了《论语》的语言精辟、音韵和谐的特色。)

 **读后悟语**

由于孔子对现实人生有着深刻的体察,因此在《论语》中有许多语言简练、富于哲理与启示性的语句,在简短的文字里包含了丰富的内容,几个字或十数个字常常是多年生活经验或长时期的观察所得的结果,文字本身也饶有韵味。例如说:"工欲善其事,必先利其器。"这显然不仅仅是回答"为仁"的问题,而且概括了丰富的社会现象和社会生活。弟子子贡求教于孔子"有一言而可以终身行之者乎?"孔子说:"其恕乎! 己所不欲,勿施于人。"一问一答,就把孔门弟子间的亲切谈话婉转曲折地表达出来,言简意赅,耐人寻味。不独内容深厚,《论语》的语言也富有特色,善于采用适当的方式方法把丰富的思想内容锤炼在简短的语句当中:"益者三友,损者三友。友直,友谅,友多闻,益矣。友便辟,友善柔,友便佞,损矣。"整散结合,抑扬顿挫,朗朗上口,读来给人以节奏明快、音韵和谐的

感受，能够很恰当地表达出说话人的语重心长，因此，这类语句虽然朴素无华，却能一下子打动人的心灵。此外，《论语》还综合运用排比、比喻、映衬、对比、层递等多种手法，因而说理生动活泼，收到了很好的效果。可以说，《论语》是诗与哲理的结合，因而具有耐人寻味、发人深思的"理趣"之美，以其警策的力量推动读者与作者一同思考，探索生的真谛，理精语隽，回味无穷，是"诗化的哲理"、"哲理化的诗"。

快乐丁聪快乐语

瞿晓乔

关于漫画家丁聪,名嘴白岩松有个说法:他不仅长寿,而且长寿得很健康;他浪迹知识界几十年,伤口不少却仍然会笑。不用说,这样的笑意,也体现在他那些自嘲式的话语之中——跟他那些令人捧腹的漫画一样,他的话语充满了诙谐幽默,体现了他作为一代大家的豁达胸襟。(点题)

快语笔名:小丁=小人物("快语"领起小标题。)

七老八十的丁聪仍然以自称"小丁"为乐,无论如何也是一件令人开怀的事。笔名起自别人之口,丁聪自己却有一番别具一格的解释:"细说起来,小丁的意思有五:一是相对先父丁悚而言,老子是老丁,儿子自然是小丁啦。其二是从画画的角度,署名'聪'笔画太多,写小了印刷出来看不清,写大了影响画面效果。三是汉语中的'丁'这个字就是'人',而'小丁'也就是'小人物'的意思,其实我也真是个小人物。第四,绘画落款有对此画负责之意,其中当然也有权利了。最后还有广告的意思。几十年都这样叫,习惯啦。"当有人以为这 "小丁"与其年龄资历不符时, 他却打比方自圆其说道:"我并不在乎 '老'或'小'之间表面的差别,大仲马父子的传世画像中,儿子倒是胡子一大把,比老子还'老'哩。"有时还补充道:"我连个头也是矮小的,所以笔名叫小丁也就自然而然了。"这样的笔名,这样的谦卑之语,难怪连白岩松那样的小字辈在他面前唤"小丁"他也乐呵呵接受了。正是这样的谦和态度,使小丁在人生最困难的时候也能以健康平常的心态待之。(笔名由来一一道来,简洁明了,意趣盎然。)

快语心性:长寿//顺乎自然

茅盾曾赞美丁聪:"运动健将的体魄,天真快乐的容颜。"这快乐容颜,大概就是丁聪长寿经的秘密所在吧。被打成右派后去到农场,面对身体和精神的双重磨难,他这样回忆说:"当时,铲土运土,往来穿梭,劳动强度相当大。好在我当年才40岁,身体比较棒,拼命干活中,也就把心里苦闷丢在脑后边了。"于是,他话语中便兀自多了些幽默味儿。同别人一道吃饭,眼见对方吃不下,他便批评道:"贪污和浪费是极大的犯罪。"说罢,端过来便吃掉,一粒不剩。如此豁达的心情,更使小丁对长寿有了自出机杼的看法。("自出机杼"什么意思?查查字典好吗?)有人向他打听长寿秘方,其观点是:"顺其自然。"恰如他为白岩松抄写的"长寿秘方":"岂能尽如人意,但求无愧我心!"——这个"心",不消说就是人的天性了。当夫人沈峻给他定量用餐时,他干脆不满地反抗说:"我自有对付的法子,那说是:到范用那里去'反饥饿'!"他从不刻意追求健康长寿,上天却使他成了常青树。有次检查身体,小丁问医生:"我还能活多久?"医生反问他:"90岁够吗?"他喜滋滋地笑答:"不能光活着,得是健康的、能工作的那种活法。"如此话语、如此活法,这就难怪他即使自觉身体有恙之时,口中却依然透露出一股子诙谐味儿。一次朋友聚会,人们问候他,他风趣地感叹道:"不行了!前几年坐公共汽车还没人让座,现在倒是有人让座了——可见还是老了!"嘴上虽在言老,其实他心里却从未想过老——这,就是他的心性,他的长寿秘诀。(岁月不饶人,"常青"的是什么?)

快语婚恋:妻子>我

谈及婚事,丁聪常常不无得意地赞扬上天赐予他的礼物——妻子沈峻:"我40了,才碰到我妻子。她很会来事,我同她接触几次后,就再也离不开她了。"为什么呢?一朋友的话道出了原委:"小丁是事业上的高智商,生活中的低能儿。"(工整的句式,对照的语言,丰富多变。)惟其如此,他才须臾离不开妻子,口中才左一个"太君"、右一个"家长"地抬举妻子,似乎妻子果真是"大人";而夫人呢?则毫不掩饰地自诩"我是他的终身制高级保姆"。(巧妙化用时代语。)在保姆面前,他理所当然地不时露出一派童真味来:凡是别人问及家务事,他自有挡箭牌"跟我说没用,你跟家长说去!"不消说,最赞赏夫人的,还是那个"吃"字。外出几天后,小丁就会思念起夫人来,对人讲:"她做的饭菜,可是任何山珍海味都比不上的,倒不是说有多好吃,只是习惯了,吃着对口味,才十分地想。"难怪丁夫人也从中总结出一套"夫妻相处经",说:"要想丈夫听话、老实,首先要抓住他的胃。"为此,每当丁夫人以餐桌上清一色的青菜"当家"时,他便拿出歪理抱怨道:"谁要总吃那些青饲料?倘若顿顿如此,人类岂不成了食草动物啦?"或者干脆扣上顶帽子:"这就是专制、强迫,根本不尊重人的意愿了。"为餐桌上无肉,他多次申明:"我申请调剂伙食,我要的是'<u>宁可居无笔,也不可食无肉。</u>'"品品这般调侃戏谑之言语,不让人羡慕小丁这"小人物"果真找了个仙妻吗?(巧妙化用文言名句,诙谐幽默。)

快语情感:饭菜经≈人生味

丁聪崇尚肉食,在知识界可说是遐迩闻名。一次某记者开玩笑说:"你又胖啦,看来在你身上体现了党的政策:全面横向发展。"小丁则风趣地答道:"腰围三尺四寸多,至于肥肉嘛,还是照吃不误,'饿'习不改——这个饿,是饥饿的饿。有人患胃溃疡,而我的胃却是'胃亏肉'毛病,吃肉则是个偏方子。"虽然小丁爱美食,却不会自个做饭菜,朋友便笑他:"莫不是受孔夫子'君子远庖厨'影响太深?"他却拿出做过炒鸡蛋来搪塞:"别小看这个炒鸡蛋,那可是烹饪中有化学反应的一道菜,是由液体转化为固体的一道菜……"因了这种对"吃"的特殊情感,在表达对于人生和社会的种种见解时,丁聪也常常不由自主地从饭食切入,然后引发出种种奇言妙语,形成一种富有特色的"丁式饭菜经"。对于吃饭的氛围,他"一不小心"便道出一番教育的真谛来:"吃饭本来就是一种享受,所以应该在愉快、欢乐的气氛中进餐。我最不喜欢的是在餐桌上管孩子,被训斥岂有好心情进餐?不信的话,就做上一桌好菜,再找几个人数落你,而你又不能反驳、顶撞长辈人。想想吧,看着桌上的,想着众人说的,我就不信你会有好心情,会吃得下、会消化、会吸收、会身心健康。"对饮酒丁聪感慨最多,他对友人说:"酒可是好东西,好酒是聚山川之灵气、蕴日月之精华的,岂能不饮?""不过,海量是不够格的,只是杯量而已,还是个小杯子。(照应前文"海量",巧妙化用"杯量"。这种写法叫:仿词。)喝多了,就只会翻天覆地地摇晃不定,或多言、或失态,失酒之益而得酒之害是不可取的。"那么怎样才是饮酒的最佳境界呢?丁聪

71

一语中的："花美于微放,酒饮于微醺,那才能有心旷神怡的境界啊!"而个中的人生意蕴则是:"一句话,只要不是毒酒,我全饮。我最反感的是假酒,这种酒,利欲熏心、图财害命,败坏别人声誉,还使买者防不胜防。"你看,从一个饮酒引发开去,竟然被寄寓了如此耐人寻味的人生体悟,斯人斯言不远远胜过一般所谓的美食家言了么?

快语漫画:讽刺≠歹心肠

　　丁聪一生与漫画结缘,也因漫画而罹难,对某些人根深蒂固的对漫画的误解,他自有切肤痛感,他复出后,便不停地用自己那雄辩之语为漫画辩护。他曾坦言:"漫画的创作、生存,需要相应的社会氛围……对正面宣传,总不能搞成红、光、亮吗?解放以来40多年了,我们的精神生活中却有30年没有漫画,从中我们大概可以获得点儿什么,最少是吸取点教训。"针对一些视漫画为小儿科的现象,丁聪坦率地辩驳说:"有人说漫画不同于别的画种,不需要太多基本功,只需要能挖掘出题材、有巧妙构思就行。这种观点我不同意。从流派上、风格上说,就是不能人人都是丰子恺派。"(丰子恺是哪一派?继续探究下去好吗?)在一次漫画家的座谈会上,他对某领导要求漫画家只画画好人好事的提法,干脆一股脑和盘托出自己的看法,其言辞之机趣,其说理之到位,令闻者无不动容。他说:"漫画是什么?它主要是做剔除工作的,就像外科医生主要是把有病的肌体拿掉一样。(新颖传神的比喻,精辟独特的见解。)而剔除是为了社会更纯净、更美好;这就是说,剔除中有追求,剔除中有理想。如果漫画家也以歌颂为主,那就像外科医生不做手术,只跟病人传授如何增加营养一样。"接着,他又一针见血地指出领导对漫画的误解:"做领导的对于漫画,不要去盯着它是歌颂还是讽刺,而应当看它讽刺得对不对。如果它把健康的、进步的东西拿来讽刺,当然不对;如果它讽刺的是那些应当剔除的消极现象,就应当大力支持,而不管它有多尖锐!"为了给漫画家创造一个心情舒畅的创作环境,丁聪还在不同场合以自身的创作体验,来为漫画"鸣冤叫屈"。他曾这样表白自己的作品说:"我是讽刺多,有锋芒,其实是严肃的。我的作品会伤害一些人,但是只要有利于人民,有益于国家,我什么都不怕。""我画了一辈子漫画,不求有功,但求无罪。如果大家都同意漫画有剔除丑恶的必要。那许多事情就谈得通了。"这似乎沉痛的表白,不正显示了一个艺术家的良知么?(请注意作者每一小节的结束语。)

 **读后悟语**

你是被作者的诙谐幽默吸引了?还是被丁聪的快乐感染了?以这样的笔调,去描述这样的人,丁聪的魅力,跃然纸上,作者的文笔,酣畅淋漓。

言为心声,"说自己、谈长寿、赞仙妻、议人生、评漫画",多角度,全方位,撷取个性语言,展现人物独特的个性品格。鲜活的语言,使人物生动地站起来。这一招,你会了吗?

"= ∥ > ≈ ≠"多么熟悉的符号,传达着远胜于符号本身的意蕴。创新原来还可以这么简单。还不快来活学活用!

格林斯潘放飞气球

陈志宏

　　他的父亲是纽约颇有名气的股票经纪人，母亲是不起眼的店员，一个与数字为伍，一个与文艺结缘。(整齐的句式质朴而变化的语言。)他从父母那儿继承了两份不同的天赋：数学和音乐。

　　他原本可以过上幸福生活，然而，在4岁那年，父母在吵吵闹闹中终于离了婚。父母离异之后，他随母亲生活，日子过得很清贫，好在他母亲十分疼爱他，在成长路上，还算一帆风顺。他的母亲迷恋音乐，喜欢在绿茸茸的草地上唱歌，并且擅长多种乐器。在母亲的熏陶下，他也喜欢上了音乐，并在幼年时暗下决心：长大后一定要当一名职业音乐人。

　　8岁那年，他随母亲到纽约市一座森林公园郊游，一路上和着母亲的歌，欢天喜地。一到目的地，他和往常一样，抓起几个五颜六色的气球在绿地上奔跑，欢快似出笼的小鸟。(比喻生动形象。)

　　看到气球，他母亲感慨颇深。儿子数学启蒙的道具正是这色彩斑斓的气球，从数1~10开始，便与它们结缘。5岁的时候，他的逻辑推理能力开始形成，不借助气球能心算三位数的加减法。不过在心算的同时，他手上仍不停地拨弄气球，每个孩子都有自己最喜欢的玩具，他也不例外，气球就是他最贴心的玩具。

　　他在公园的林间跑着，他母亲在后面一边追，一边哼着小曲。母子嬉戏了一段时间，都感觉有点累，然后，面对面地坐在地上休息。母亲从包里取出一只精致的口琴放在嘴上，左右推移，林间立即回响起悠扬的琴声。(细致描绘。)

　　他瞪大眼睛，准备伸手向母亲要口琴，却又舍不得放飞气球。左右为难之际，母亲停了吹奏,朝他不住地发笑。在短短的几秒钟内,他做了选择,松开手,扑向母亲,索要她手中的口琴。气球在风中飘啊飘,倏地掠过树梢,飞向蓝天。

这一天,他学会了吹奏口琴,悠悠琴声响遍树林,这琴声也在他人生路上回响。从此,他懂得了选择,第一次知道该舍弃的应大胆舍弃,该抓住的要毫不犹豫抓住。打这以后,他真正地走进音乐,并沉迷其间。(⑤⑥⑦三小节详细叙述第一次放飞气球,既照应文题,又为后文舍弃音乐,选择经济学的毅然决然作铺垫。)

在乔治·华盛顿中学毕业后,他考进著名的纽约米利亚音乐学院,正可谓如鱼得水。但是,学业尚未过半,他发现自己在这方面很难有长进,对音乐产生了厌倦。与此同时,他对数学和经济产生了浓厚的兴趣。犹豫不决的时候,他想起了8岁那年在郊外放飞气球的情景,脑子里总浮现那几只飞向蓝天的气球。冥冥之中,那几只气球给他暗示,也给他力量,他毅然决然地退了学,进入纽约大学商学院学习,开发自己另一份天赋。1948年,他获得经济学学士学位。两年后,他又以最优秀的成绩获得经济学硕士学位,并到哥伦比亚大学深造。在哥伦比亚大学,他遇见他一生第一位伟大的良师益友,后来在尼克松执政时出任美国联邦储备委员会主席的亚瑟·博恩斯教授。(以时间为序,有详有略地展开叙述。)

由于他家中贫困,无力支付大学的费用,被迫中途退学。他的学业就这么拖着,这一拖就是近三十年。漫长的人生路上,他铭记放飞气球的教训,放弃了其他的东西,一心一意地关注经济,一刻也不放松对自己钟情的经济学的研究。(以"气球"为线,穿结全篇,前呼后应,浑然一体。)

<u>工夫不负有心人。</u>(通俗化语言,朴实中蕴含赞叹之情。)1977年,51岁高龄的他终于戴上了哥伦比亚大学的博士帽。十年后,他被里根总统任命为美国联邦储备委员会主席,成了一位重量级人物。

他就是艾伦·格林斯潘。

我们的手中拿着许多"气球",比如名利、财富、权势、地位、爱情等等,但是,为了达到我们更远大的目标,充分实现我们的人生价值,必须放飞手中的气球,一心一意去追求。人生有尽,精力有限,只有放弃,才能腾出更多时间去创造,从而赢得成功。这个时候,不管手中的气球有多漂亮、多迷人,都要有放飞的决心。(发表议论,点明中心,升华主题。)

读后悟语

　　作者讲述了一位经济学家，从童年到老年，一生中关于"舍弃"的故事。"音乐与经济"虽不能涵盖格林斯潘的一生，却是决定他生命航向的关键，抓住人物最突出、最重要的一点为切入口，从一个角度来集中选材，叙一个人的生平，充分展示了主人公最令人钦佩的一面。而且以"气球"形象地阐释"舍弃与成功"的人生哲理，明白晓畅，通俗易懂！

吞书长大

王安忆

在我最大量读书的时候，书都是囫囵吞枣般地吞下去。那是在"文化大革命"的开初阶段，学校停课，无所事事，主要就是读书。（"大量读书""主要就是读书"怎么会是"囫囵吞枣"？设置悬念。）

这些书多是从失去管理的图书馆流失出来，还有废品收购站散失出来。（用词准确）这时候，废品收购站堆满了书籍，是人们扫"四旧"清扫出去的。所有的这些书，都是辗转借来，时间相当紧急，只能在各人手中停留一两天，甚至一个夜晚。所以，我是在一个晚上读一本《牛虻》，一个白天读完《安娜·卡列尼娜》，像著名侦探小说《甲壳虫杀人案》，只看了个开头就被下家拿走了。（特殊的年代，飞一般地读书，作家就是这样孕育出来的！）

还有一些书，在手里停留的时间相当长，似乎已经被遗忘了，可这又多是缺头少尾的。比如陀思妥耶夫斯基的《被污辱和被损害的》，我到后来才知道它的书名和作者，因它只剩下大半本了，可这半本我都读得烂熟。其中那乞讨的老祖父对小孙女的一句话被我视为名句："你要向所有的人要饭吃，不要向一个人要饭吃。"再有一本书影响也很大，就是罗曼·罗兰的《约翰·克利斯朵夫》第一本，包括了前三卷，那可真是迷死我了。尤其是克利斯朵夫和弥娜的初恋，甜蜜而伤感，特别适合青春期的自恋情结；到了萨皮娜和阿达，事情就变得有些严酷了，要留待长大以后再去反刍。

还有一本记忆犹深的书，就是狄更斯的《远大前程》，但不是亲眼阅读的，而是听一位邻居妇女讲述的。她一边看着书一边讲给我们这些小孩子听。等我以后自己读到了这本书后，便十分惊异一模一样的情节竟然有着如此不同的格调。（"听书"与"读书"一字之

77

差,相差万里。)前者完全是一个世俗的言情故事,而译作欧式的文字却使之染上一层"五四"文化的知识分子色彩。那个年代实是并不那么荒芜,只是杂和乱,缺乏系统和秩序,我们的精神就这样崎岖地生长着。

多和少

我看书,有时候要多,四周都是书,各种各样。看,其实是只能看其中的一本,但是有这么多书在身边,人就有富足的心情,有些吃着碗里的看着锅里的意思。而且,越是多的书,越是要仔细地看,慢慢地看,一字一句,就像个富翁,却十分的吝啬。心底是贪婪的,还是耽于享受。(独特的感受,细腻的情怀。)这样多的书簇拥着,全在我的所有之中,伸手打开一本,就有字句跳入眼中。为了吃透这些字句,我时常拿一支铅笔,做着校对的工作,将错字别字勾出来改正,同时也做编辑的工作,将照我看来不够好的句子,纠正一下。(你看书时,会这样做吗?)但因是有这样多的书供享用,就难免三心二意了,常常不能看完一本,就伸手向另一本。而压在比较底下和离我比较远的,或者是不那么合我口味的一本,基本永远不会碰到它。所以,有时候我又要少,少到什么程度?只有一本书。

这就需要有环境帮忙了,总是离家在外的时候,身边只带一本书,看,是它,不看,也是它。有一回,我到乡下亲戚家养病,整一个月,就只带一本书。

施蛰存老编的《晚明二十家小品》。这样的闲情,在平日的繁忙中,以及我的急躁性子,是会觉着不过瘾的,可挡不住只有一本书啊!就只得看,喂喂眼睛。任意翻开一页,往下看。下一回,还是任意翻开一页。("讲方法")这样,似乎也有了选择的余地。并不是所有都看了,有一些却看了几遍,因总是翻到此。还因为这样的散淡文字,看和不看都差不多似的。但多看了,还是有趣味积厚起来。有一篇,徐渭记他的梦,走进一深山,松柏茂密,有一道观,主人迎接,揭开一本簿子,说你并不叫徐渭,你的名字是"晒"。好似小时候听来的神灵故事,听了还想听,不厌其烦,越听越森然。书要少,就只得这样骨头里榨油地看。

在偏僻的地方读书

曾经在一个县城的文化馆阅览室里拾得一本《斯堪那维亚小说集》。是在那样的内省县城和动荡的时期,阅览室已荒废了,封了门。老鼠在书堆里做窝。后窗的栓已拔开了,任何人都可爬进去,拿出一些书来。所以,书所剩不多。于是,这本书就给我一个冷僻的印象,斯堪那维亚听起来也冷僻得很。其中的作家均不是常见的那种著名的作家,是陌生的名字,书亦已经很旧。但是,至今还记得书中的一些短篇,大多是写孩子,在贫穷的生长环境里的一些小事,很日常的。比如,有一篇是写一个心情恶劣的孩子非常暴虐地打他的弟弟,而他的弟弟并不记仇,这使他难过,难过的结果是再揍他一顿,又有一篇题目叫《锁》,写一个孩子拿了他的极宝贵的一点钱,决定去商店买一件心爱的东西,结果在营业员逼迫的询问下,窘急地买了一把毫无意义的锁。这些故事看着叫人特别心痛。(抒感受)

又有一回,在小镇上,有个小朋友介绍她最喜欢的一本书,日本黑柳彻子的自传体小说《窗边的小姑娘》。在这个水乡镇上,有无数录像放映间,却没有一间书店。文化站门可罗雀,甚至买不到一份报纸。只有一个杂货小店,出租一些流行杂志,翻阅得破烂不堪。这本书也不知道是从哪里漏出来的,到了这小朋友的手里,也是陈旧的。我很快并且很有兴味地看完了这本书,真是十分有趣。书中的小姑娘是为正统小学开除的,因为她总是不能集中注意力,被街上各种景色人物所吸引,并且不以为错。她被介绍到一所民间的小学,一进去,便被学校生活吸引了。校长是个特别和善而且风趣的人。中午吃盒饭时,他在边上说:现在,吃些山上的吧!于是大家便吃"山上的",木耳什么的。他再说:吃些海里的吧! 大家就吃海带。课程也安排得很活泼。可是,学期中途常有学生生怕追赶不上正规的教学进程,而转学。他们离校的时候,眼泪汪汪难舍难分。这所可爱的小学在战争中关闭了,从此再没有复校。可是它的学生们,却时常在一起聚会,回忆着其间的快乐时光。

在乡间插队落户时,知青间流传着一本普希金作品集,不晓得它走过了多少路程,从多少双手中经过,书页旧极了,可奇迹般地很完整,没有一张缺页。这使它有一种流放者的面目,衣衫褴褛,但精神完好。(独特的比喻)这本书传到我的手中,再没有继续传下去,我让它结束了流浪。普希金的著名的诗篇和小说,在这荒凉的村庄里,不由地染上了离群索居的表情。《暴风雪》里那一个新娘,苦等着她的郎君,结果等来了另一个人,多么奇异的姻缘啊,在大自然布置的戏剧里。

读后悟语

　　选取几个与读书有关的故事,展现作者是怎样在"书"的滋养中丰盈成长的,这样单单写"读书"经历,与一般的自传,是否有些不同?

　　文中提到众多书名,可写法都各有不同。有的只提一下书名,有的引书中某些语句,有的用来介绍自己独特的读书方法,有的简介内容,有的抒发情感,有的引发思考,这种多角度表述同一类的材料的写法,值得借鉴!

赵小兰是这样长大的

李 琦

"做梦也没有想到"

"39年前,当我跟随父母搭船赴美路经自由女神像时,未曾想到今天会被提名出任劳工部长。(引人瞩目的成就)我将致力于开发美国最宝贵的人力资源,确保美国工人在新世纪和全球的经济竞争中立于不败之地……"

1月11日,赵小兰与小布什共同出现在新闻发布会上。小布什在宣布提名后盛赞赵小兰:"她将把受人钦佩的特质带到新职位上。那就是:杰出的行政才能,悲天悯人的胸怀,以及助人建立更美好生活的抱负。"小布什特别指出赵小兰实现了美国梦:"她深信美国梦可以成真。因为她有切身经验。"

赵小兰的父亲赵锡成说,9日下午赵小兰即接获总统当选人小布什的电话,表示有意提名她为劳工部长,之后赵小兰曾数度从华盛顿打电话跟小布什讨论此事。父女两个原商定暂时不接受提名,希望再等更成熟的机会,但在老布什再次举荐的情况下,赵小兰欣然决定接受。

赵锡成坦言,在小布什宣布峰田为运输部长人选的前一天,赵小兰打电话给他,对于失去担任运输部长的机会感到惋惜。赵锡成说,赵小兰和担任参议员的丈夫麦康诺分别在联邦政府的行政和立法部门做事,今后必能相辅相成,为国家奉献。不过,赵小兰的牺牲也不小。赵锡成开玩笑说,他这个大女儿的家境不算富裕,若是与哈佛大学商学院毕业的同学相比,还算是个穷人呢! 而且赵小兰迄今没有生育。

董建华父亲帮他们实现美国梦

赵小兰曾被《华盛顿人》杂志列为美国100位最有影响力的女性,被《新闻周刊》评为21世纪的美国新一代领袖人物,现今更成为首位进入政府内阁的华人。然而,如果没有香港特区行政长官董建华的父亲董浩云提携相助,赵小兰一家未必有机会移居美国,更遑论实现美国梦,取得今天的成就。

多年前,赵小兰的父亲赵锡成是台湾远洋船队中最年轻的船长,他在台湾海事考试中名列第一,当时的香港船业大亨董浩云很欣赏这位年轻人的才华,资助他到美国读书。

三年后,8岁的赵小兰便同母亲朱木兰和两个妹妹从台湾乘船到纽约与赵锡成团聚,一家人在纽约皇后区的一个公寓房间定居下来,这是赵小兰一家实现美国梦的第一步。

1983年是赵小兰继移民美国后另一人生转折点。当年她赢得了在白宫当见习生的机会,专门研究运输事务,并在白宫结识了1996年曾与克林顿竞逐总统职位的共和党参议员多尔的妻子伊丽莎白·多尔。多尔夫人很欣赏她的才华,成了赵小兰日后跻身美国政界的引路人,多尔夫人于1986年委任赵小兰为美国海事管理局的副局长。稍后,赵小兰便被升为运输部副部长。(重要的人生历程)

人家不会给我第二次机会

"我8岁时跟随母亲和两个妹妹从台湾到美国同父亲团聚。在纽约,我进入第117公立中学就读。由于自己不会讲英语,我便将老师写在黑板上的统统抄下来。然后,在夜深时分,当父亲干完当天的第三份工作归家时,我们就坐下来复习白天讲的课程。到我16岁,我的英语已非常熟练,而且各科成绩都挺不错。学年快结束时,别的同学开始谈论暑假中干点什么工作。虽然父亲坚持要孩子把心思放在学习上,我还是恳求他让我找份暑假工作干干。他好歹总算同意了。于是我成了曼哈顿一家图书馆管理员的助手。

第一天,父亲送我到图书馆。临离开前,他笑眯眯地说:"尽你最大的努力干吧,学到尽可能多的东西。"他的话虽然说得很随便,而我听了却十分紧张。我不想出差错,因为我想人家绝不会给我第二次机会。这份工作被证明是一个极好的开端,我获得了最大的发展机会。无论是接电话还是参与研究方案，我总是不厌其烦，毫不马虎，在求助于人前尽量依靠自己。我懂得了勤奋工作、表现出独创性和具有先见之明的重要性，并始终保持头脑清醒，做到小心尽责。对方请我下个假期再回来工作，我愉快地接受了。(具体描述典型事例，表现人物独立、勤勉、尽责等优秀品质。)

"三十多年前踏上美国国土时，我对这个陌生的国度一无所知。然而，我却继续以优秀的成绩念完了中学，并先后毕业于蒙特霍协奥克学院和哈佛商学院。现在，我认识到父亲当初对我讲的是何等正确：你有责任发展自己的天赋，你只要埋头苦干就没有办不到的事。"

我曾做女侍

看着赵小兰长大的表姨华文蒂说，小兰从小就养成了吃苦耐劳的习惯。大学刚毕业到父亲的船务公司实习，父亲特别给她做一些高难度的工作，赵小兰总是千方百计把工作做完做好。她到美国联合慈善基金会当主席时，为了让同仁们有重新整顿的决心，自己把年薪从四十几万减为十九万，且规定大家出差只能搭乘经济舱。经过五年努力，联合慈善基金会转亏为盈，当她离开这一机构时，董事会成员自掏腰包，发给她三十万元奖金，却被她婉拒了。赵小兰今天立身美国政坛最高阶层，那种不亢不卑、带有适度的矜持与尊贵的气质，来自她那特殊的家庭教育。

赵小兰的父亲赵锡成很好客，每有客人来，六个女儿只要在家，一定会出来招呼。她们以非常恭敬的态度为客人奉茶，脸上总是带着真诚的笑容。尤其令人难以相信的是，当赵家宴客时，几个女儿不仅不上桌，而且还得守在客人身后，为大家上菜、斟酒。(家庭的熏陶)

有客人不解地问赵小兰的母亲朱木兰，她说："不错，我们是教她们做女侍(waitress)，但那何尝不是一种训练?"

孩子们料理自己的内务，每天上闹钟起床，赶校车上学，回家由姐姐带头，自动自发地念书，她们还得分担家里的琐事。

每天早晨，她们要出去检查游泳池的设备，捞掉水上的脏东西。到了周末，则要整理那占地两英亩的院子，把杂草和蒲公英拔掉。赵小兰家门前长达120英尺的车道的柏油

83

路面竟然是几个姐妹在父亲指挥下自己铺成的。赵小兰曾经在《我的事业与人生》那篇文章里说:"那时我们不见得喜欢,如今想来,大家一起工作,一起交谈,很能领会父亲良苦的用心了。"

赵家虽然富裕,孩子却多半进的是公立高中,在外面的花费,不论大小,都要拿收据回家报账。赵小兰念大学时还向政府贷款,靠暑假打工还钱。这不表示她的父母小气,而是因为他们要求子女独立、负责,把钱花在当用的地方。

赵小兰能打高尔夫球、骑马、溜冰,更弹得一手好琴。父母对孩子说:"我们虽然俭省,但你们要学东西,绝对不省。只是既然说要学,就有责任学好!"

赵小兰获得了成功,她自己的说法是:"只要真正认真去做,一个人的努力和才能就会得到社会的承认。"(点明中心,收束全文)

读后悟语

本文用人物最引人瞩目的成就引入文章,倒叙的手法,引发读者阅读的兴趣。

再现人物成长历程,可概括介绍,可具体叙述,可借他人之口侧面描写,多方面,多角度展现人物风采。

人物的个性格,可直接描写人物的典型故事,让人物本身的言行"说话",可从人物所受的社会、家庭的熏陶感染入手烘托,平易的语言,平凡的故事,甚至毫无秘籍可言的成功因素,却能引发读者深深的思考。

学 生 作 品

伟大的人并不是能够改变物质的人，而是能够改变我们心境的人。

——[美]爱默生

一蓑烟雨任平生

孙大鹏

当我写下你的名字,笔尖便挂上了金色的梦,宛如春天迷蒙的小雨,落在我心灵的荷塘;当我写下你的名字,你便是窗外簇锦的丁香,欢笑中送来缕缕芬芳,沉思中却隔不断郁郁忧伤。

你是仕途上的弃儿,却是文学路上的宠儿。你便是你啊,一代文豪——苏轼!

你的一生,成也文学,败也文学。

你8岁时随眉山道士张易简入学堂,大一些时因受父亲苏洵的影响,喜欢读书,并从典籍中博采儒、道、释三家之精华,于是,"入世"与"出世"两种思想在你的主观世界中交织存在着。你主张进取革新,又不愿急功近利;你喜欢结交旧党,又不愿一成不变,这便定下了你"几多风雨几多愁"的仕途情感基调。但由于你博览古今,由于你坎坷辛酸的人生经历,你才得以成为一代文豪,才有那"大江东去浪淘尽"的千古佳句,才有那"千古文章四大家,一门词客三父子"的美名。

回首你的一生,几起几落,而你却宠辱不惊。贬百越之地居然以"日啖荔枝三百颗"为乐,甘愿一辈子作岭南人。路途遇雨,同行者皆觉狼狈,唯你语出惊人;"一蓑烟雨任平生。"此番泰然,何种胸襟?至于江上青风,山间明月,耳得之为声,目遇之成色,天之万物皆为你所享有,更可见你的旷达之心了。(作者旁征博引,诗词名句顺手拈来,并将它们融会贯通,使自己的文章神采飞扬。)

然而,你也有寸寸柔肠。你的词中有不少是婉约词,于委婉细腻之柔情中,更显淳厚真挚。在明月夜,在小轩窗前,似看到了亡妻,便"十年生死两茫茫",说不出一句话,唯泪千行。此外,在《水龙吟》中,你又将杨花幻化成绵绵情思的小小精灵,飘荡在村旁路边,最后落入池中化作浮萍,"细看来,不是杨花,点点是离人泪"。但这并不是你的真正本质,因为你是雄鹰,你只属于蓝天。

作为豪放派的代表人物,你把酒问青天与苍穹举杯畅饮,这酒里有你一生浓得化不开的失意;幸而江山雄奇为之注入一丝刚毅,让你一饮气魄永在,失望却不绝望。

"时光收了风流,太悠悠,自古沧桑人事悲秋。聚散泪,孩子气,一波收,灭灭生生何必在心头。"

也许,我的这首词里所浓缩的,就是你的"一蓑烟雨任平生"吧!(文章最后以一阕词来总结苏轼的一生,新颖别致,又照应了题目,给人以美的享受,引用一句话来评价它,就是"好的结尾,有如咀嚼干果,令人回味再三"。)

同学分析

短短的一篇小文,要品评苏轼的一生,从生活际遇、人生态度到文学创作确实不容易。作者抓住了苏轼人生与诗文中最具特色也最值得称道的一点——宠辱不惊的人生态度,作为组织整篇文章的线索,由此串起了一篇论苏轼的美文,讲述了苏轼的人生经历,文学创作道路和精神气质。值得注意的是,作者并没有分门别类地来谈论,而是在苏轼的文学创作中看其人生,在人生中看其文学,二者互现,这种方式灵活而有诗意。

也许是作者秉承了苏轼清新婉约和豪情万丈的灵气,文章也令人觉得有东坡遗风。文章诗情画意并茂,读之俨然有东坡先生那种"回首向来萧瑟处,也无风雨也无晴"的恬适坦然。最后作者自填的一道词富有创意,一生荣辱化烟雨,如飞鸿踏雪泥,不复计东西。

教师点评

　　本文成功之处在于优美的语言和作者广博的知识。语言是思想的外衣，郭沫若曾把作家的语言比作"雕刻家手里的软泥，画家手里的颜料"。本文的语言之妙表现在三个地方：①形象生动。"当我写下你的名字，笔尖便挂上了金色梦，宛如春天迷蒙的小雨，落在我心灵的荷塘；当我写下你的名字，你便是窗外簇锦的丁香，欢笑中送来的缕缕芬芳，沉思中却隔不断郁郁忧伤。"细腻的描写和想象结合起来，有一种立体的形象感。②蕴藉丰厚。"你把酒问青天与苍穹举杯畅饮，这酒里有你一生浓得化不开的失意；幸而江山雄奇为之注入一丝刚毅，让你一饮气魄永在，失望却不绝望。"③深邃厚重。"你主张进取革新，又不愿急功近利；你喜欢结交旧党，又不愿一成不变，这便定下了你'几多风雨几多愁'的仕途情感基调。""但由于你博览古今，由于你坎坷辛酸的人生经历，你才得以成为一代文豪，才有那'大江东去浪淘尽'的千古佳句，才有那'千古文章四大家，一门词客三父子'的美名。"等，处处闪烁着理性的灵光。知识的广博也是本文的一大亮点。文中借用了苏轼的若干诗句，恰到好处地表现出他在仕途上的落魄与文学上的张扬，怎能不打动读者的心呢？

　　尝试动动笔：《读苏轼》

与鲁迅对话

吴浩

某日,闲着无事,随手翻起《鲁迅杂文集》,先生的深邃令我难悟,令我疲惫,竟沉沉睡去。

恍惚间,眼前飘来一道白影,一中年男子随风而至。此人脸颊消瘦,发如钢针,一双锐利的眼睛,闪着智慧的光。(肖像描写,突出鲁迅先生的性格。)我正发愣,忽觉此人好面熟,似在哪儿见过,仔细一看,是鲁迅先生。面对心仪已久的大师,我不觉有些紧张,倒是先生和蔼,首先发话:"你这位年轻人,怎能在看书的时候睡觉?"我脸一红,没有话说,先生在一旁坐下,说:"我这次来,想接触一下新时代的青年,在这儿见到你,我们倒可好好地聊聊。"我与这位伟大的文学大师的谈话开始了。"当年,先生诅咒那吃人的社会,让青年推翻那吃人的宴席,毁掉厨房,不再做奴隶。而今,时代变了,只是那本性的东西似乎还没有消除。"

"此话怎讲?"

"据说某职业高中为整肃纪律,在教室、寝室安装了监视器。不少学生家长认为此举有侵犯隐私之嫌,已提出了不满和诉讼。但校方律师却将此事说成是替学生着想。监视的是群体,且是公共场所,不存在侵犯隐私之说。更有甚者,某些学生为此大唱赞歌,说此举可以促进学习,还说了没有监视器怎能读书?您看,学生已将自己的权利漠视如此……您说这是为什么?"

我凝视着先生,只见他双唇紧闭,眉头紧锁,似乎在思索些什么,猛地,他的眼睛似要喷出火来,可最后还是摇了摇头说:"没想到,奴役人们的这把枷锁还是没有被彻底打碎。这律师倒也可笑,目的好难道便可证明行为的正确?此后有人犯罪,大喊其是为别人好,是否可以免罪?"(神态描写,再现一位"战士"的神韵。)

我听后,想笑,却又觉得很沉重。

"还有呢?"先生发话了。

"近日,巴蜀鬼才魏明伦提出加强儿童文学创作之议。"

"那个鬼才,挺有见识,说下去。"

"魏老师讲我国青少年的偶像是小燕子什么的,而日本儿童却有一休——智慧之化身,排球女将——顽强之精魂等。照此下去,我们的下一代怎能立于不败之地?"

"这很对,小燕子固然有可爱活泼之一面,但她对历史的无知简直到了可笑的程度,而我们需要的是有知识、有理想、有健全人格的一代。"

"先生一席话,令我醒悟。想想那些奥特曼、柯南、宇宙骑士等卡通片,有些还充斥着一些污秽之物,我们必会受到不良的精神影响。"

"你看过?"先生笑着问。

"看……看过。"我支吾着回答。

"那也不用怕。正如以前我所说的,要批判吸收。最重要的是,我们也应该有自己的儿童文学作家。不然,就真成人家的精神奴隶了。你看过这么多,至今没被俘虏,好样的!"先生赞许地拍了拍我的肩膀,"还有呢,再说下去。"

先生的笑容和鼓励,使我激动不已,我感慨地问:"先生对出国之事如何看?"

"出国是好事,我们可以吸引许多先进的东西,化为己用,但若为了某些理由则不一定——你为何如此问?"

"我最近看了一篇文章,说出国热急剧升温,连先生曾执教过的北大学子也纷纷考托福,企盼在国外找个环境好、待遇高的地方工作、生活。您看,这是否有媚外之态,这是否变成了金钱的奴隶?"

先生微微点头,似乎默认了我的看法,说:"其实你我都有奴性,我当年写的是引起疗救的注意,希望新的青年可以丢掉奴性。可这是几千年的思想禁锢所遗留下来的,绝非一朝一夕可以完成。好,我要走了,很高兴和你谈话。这样吧,我送你几个字,以作留念。"(探讨新时代的青年的思想与追求,作者并没有摆出空洞的架子来说教,而是通过对话,结合自己生活中的体验、感受来说,真实之中有深度,给人启发,自然而然地在读者心中引发共鸣。)

"先生!"我似乎醒过来,先生已飘然而去;但见手心处"张扬精神,务去奴性"八个字清晰可见……

(本文想象奇特,角度新颖,立意深刻,有理有据,这样的文章,即使是虚构,也同样能打动人,说服人。)

同学分析

文章选择与鲁迅先生对话这种方式来表达自己对时事的看法,写法比较新颖。这就要求作者要综合运用叙述描写议论等多种表达方式,文章对鲁迅先生的形象刻画源于对鲁迅作品及相关资料的了解,形神基本到位。

当然,选择与鲁迅先生对话只是文章的外壳,继承鲁迅先生直面人生,向权势说真话的精神,针砭时弊才是文章的目的所在。文章提出了三个议题:学校安监视器监控学生,当今学生精神世界贫乏,学生出国热。行文中巧妙地在安排与鲁迅先生对话中表达了自己对这些现实问题的看法。这种关注生活,热爱思考的精神在作文中非常重要,它是一篇文章的灵魂,是文字得以不朽的安身立命所在。

教师点评

本文的成功在于内容的独特。文章让鲁迅先生作为故事的主人公,让读者站到鲁迅的角度看待当今的某些社会不良现象,这本身就是一次成功的"换位"。作者在写作时,对鲁迅先生的神态、语言的描摹也很传神。文中作者与鲁迅先生探讨的三大问题,反映出作者对现实社会问题的关注。而文中记叙的文字有条理,议论的文字有深度,也反映出了作者思想的穿透力。一个学生,只有当他有"思想"的意识时,只有当他具有理性的怀疑与批判精神时,他才会有充实的内心,才会有探索热情,他才能始终充满活力,他才会真正认识到世界的奇妙。

尝试动动笔:《与__对话》

自 传

李若天

我看不清我自己,我时时沉浸于自我之中。回想我所经历过的日子,犹如夜的海里闪烁着一些星光,我还没有摆脱黑暗,然而我确实在追逐着光明。(比喻精巧,新颖别致)

我的小学是在浑浑噩噩中度过,思想是空虚的,被强加了很多东西。点燃我思想里第一盏明灯的是我的舅舅和外公:就像克利斯朵夫一样。他们曾经不厌其烦地向我介绍朱自清这些名家的文章,为我自己都痛恨的作文伏案修改,从那个炎热的夏天开始,我才首次感到自己被赋予生命、情感和一些思考。随后,我开始热爱文学,我有了一个热爱,与那种一切都是一种色调的生活是截然不同的。我读了一本又一本的名著,而且从中获得了很多精神力量。我希望诗意地栖居,可是当我看到初中班上那种冷漠甚至欺诈的景象时,我彷徨了。(本文的作者用细腻的笔触写自己的一段生活经历,平常又真实。)

我的第二盏灯由《约翰·克利斯朵夫》点燃。我在理想与现实混合的痛苦之中祈求强者的帮助,他却恰恰把我的心直接引向宇宙,超出了世界上的尘俗。我改造着我的性格,努力使它坚强隐忍,使它在痛苦面前傲然挺立。(综合运用记叙、议论等表达方式,将自己的心理过程写得清楚透彻。)

在我的负担最繁重的时刻,我曾幸运地点起了第三盏明灯,那就是我对这个世界本质的探索。我用自己的思想建立起自己的哲学,我对争持、杀戮、欺瞒怀有深深的怜悯,但是它并不使我迷茫,因为我相信万物终归于和谐。

(三个比喻,三盏明灯,三段人生路。这是作者对生活的深切感悟和发自内心的见解。)

我进入高中以来又重新感到了一种空虚。我寻找着我的第四盏明灯,我曾经那样激动地看着我的思想被照亮,如今又能不能呢?眼前的黑暗蓦地又笼住了我的心灵。然而我相信,它们终会被燃起,伸向宇宙,伸向永恒。当它们全部被点亮,那就是光明。

同学分析

这是一篇很独特的自传。独特之处不在于他写了一篇关注个体思想成长的文章,而在于他把这一文章称为"自传"。他提醒着我们:专注于我们的内心吧,世界观与价值观的成长是最重要的自我完善,那里有最值得我们珍爱和警醒的东西。单就这一点来说,这一视角已经足以让本文脱颖而出。传记文学这一历史悠久的体裁因为其中的某些作品随意杜撰、无中生有而留下骂名,纪实性与文学性是这一体裁自身的深刻矛盾,专注于自我内心世界的《自传》似乎对这一矛盾采取了规避的态度。《自传》里没有多少具体的事件,却交织着极其复杂的情绪:文学点燃了"我"的第一盏明灯,我却发现文学作品中的高尚与无私无法解释现实生活中的冷漠和欺诈;接下来,约翰·克利斯朵夫的坚强隐忍为"我"的为人处世树立了崇高的标尺;第三盏明灯点燃,作者深入到了世界的本质;之后的空虚是由于思想的停滞,"我"仍然在寻找、在探索……自省的意识伴随着作者的成长过程,这在人类被纷繁芜杂的外部世界所包围、所浸润的时代里显得尤为珍贵。

教师点评

每个人都有自己独特的成长经历,不一定非得轰轰烈烈才值得入文。作者的这份成长自述就可算得上是一篇成功的习作。全文文笔流畅,具有半议论半抒情的特点。作者精心构思的文章中有深邃、理性的逻辑思辨,而没有枯燥、生硬的说理,写出了自己独特的个性。读完全文,我们也感受到作者的文笔功底和才思文采都是令人称道的。

尝试动动笔:《成长》

画家的一生

罗 冲

这是关于田园———一位出生于20世纪70年代的著名画家的人生故事。(开门见山,简洁凝练)

公元1989年

(用跳跃的时间为小标题,串起"画家"的一生。)

田园生性热爱大自然,擅长描绘大自然的美。17岁这一年,他在全国大赛上以一幅《田园》一举夺魁,在美术界奠定了山水画家的重要地位。

《田园》简介:一块风水宝地——背山面水的一块翠绿的土地。山是青的,云雾缭绕,树林深处有一群嬉戏的白鸟;水是绿的,倒映着青青的山和安详的村舍,与那蓝蓝的天空相映成趣。在这之间便是一片田园。在各种庄稼簇拥下,一群小屋舒适地躺着,炊烟袅袅……连着这山这水的一条小河清澈见底,中间几点红,是鱼,河边几点花花绿绿是勤劳的姑娘在洗衣服。(以清新而充满生机的色彩,突出"田园"风光之美。)

公元2015年

从《田园》以后,田园经过了许多失败和挫折。他继续从事山水画创作,尽管他的画技提高了很多,但他的画却一年比一年难以让人接受。这一年他终于有所作为,以一幅《生命》夺得全国绘画一等奖。这是他改变画法之后的新作。从此,他被评论家称为"现实主义画家"。（请注意加点的词句,作者遣词之功可见一斑。）

《生命》简介:乌蓝乌蓝的天空连着远处地平线上黑压压的一群分不清轮廓的建筑物,一大片光秃秃的沙地躺在那里,死一般沉寂。

与之形成鲜明对比的是一株带着青色的小草,在灰色的空气里伸着它那稚嫩的叶片,就像一双小胳臂在空中寻求着什么。小胳臂的上空,灰灰的底色上有一点呈水珠形的微蓝色,颜色很淡,若有若无像是一点幻象……(色彩的变化与前文形成鲜明对比。)

公元2024

田园已经老了,但他的画笔却没有老。曾有一段时间,他因为创作源泉的枯竭而没有画,他为此白了头。而在这一年,他的《回忆》又引起美术界的轰动。他因此而获得"印象派画家"的称号。

《回忆》简介:这是一幅构图与《田园》有相似之处的作品。不同的是整幅画用了比较模糊、抽象的笔法,以绿色为主体色调的画面给人一种亦真亦幻如诗如梦的美感。(请注意:相似的作品,不一样的描述。)

公元2042年

田园越来越没有创作的灵感,这使这位老画家心灵受到极大的折磨。终于在这一年,他走到了生命的尽头。临终前,他抱着那幅《田园》喃喃自语:"……那时……真好……'(言有尽,意无穷。)

公元……

同学分析

这是一部幻想作品。作者试图通过一位见证21世纪工业文明的老画家对上一个世纪芳草鲜美的田园景象的赞美与怀念,含蓄地表达了人类应该保护环境、回归自然的严肃主题。文章以田园在三个阶段创作的三幅画为线索展开,这三幅画是不同历史阶段里面的人类与自然关系的写照,是人类生存状态的真实图景。田园获得的三个称号(山水画家、现实主义画家、印象派画家)极具讽刺意义,讥讽的矛头指向对自己面临的生存危机一无所知的人类。这一设置煞费苦心,是文章的一个亮点。本文的构思颇具新意,主题健康、结构清晰,立足现实、大胆构想,语言优美、余韵悠远。

教师点评

　　本文以不够八百字的精短篇幅,讲述一位画家一生的故事,读来令人耳目一新,拍手称绝!作者精"选"了"山水画家——现实主义画家——印象派画家"几个重要时期,似乎在叙述画家创作生命的发展轨迹,而透过《田园》—《生命》—《回忆》的画面,我们分明看到作者含蓄地揭示"地球生命的变更"。本文借给画家作传,实乃为环保摇旗,主题表现角度新颖,构思巧妙!

　　这是一篇很有创意的想象作文,对于我们为真人真事立传时,如何在尺幅之内展示一个人生命长河的风貌,相信你读完此篇,一定会茅塞顿开!

沐浴和平的阳光

　　战争是人类社会特有的现象,是阶级社会里产生的怪物,所以在一定程度上,战争也是人类的耻辱,反映了人类不理智不冷静的一面,但令人遗憾的是,人类的历史充满着大大小小的战争。在战火的洗礼中,在生死的考验下,人性经受着最严峻的考验,也得到最彻底的展现,战争文学因此而熠熠生辉。这里选录的仅仅是战争文学的冰山一角,但我们仍然可以在和平阳光的沐浴下,细细地读,认真地读,借此去回望历史、品味现在、思索将来。

　　翻翻《现代汉语大词典》,对"战争"的定义:是民族、国家、阶级或政治集团之间的武装斗争;是政治的继续,是流血的政治,是解决政治矛盾的最高的斗争形式。对此定义,有很多疑惑:为什么是"最高"的形式? "最高级"还是"最无奈"?细读战争历史,细思历史战争,你可以为"战争"下一个让人接受的定义吗?

名 篇 赏 析

　　我无论做什么,始终在想着,只要我的精力允许我的话,我就要首先为我的祖国服务。

——[俄]巴甫洛夫

西线无战事(节选)

[德]埃里希·玛丽亚·雷马克*

李清华译

夜幕又降临了。我们由于心情紧张而变得麻木。这是一种致命性的紧张，它像一把有缺口的小刀顺着我们的脊髓在刮着。 我们的腿不听使唤，两只手颤抖着，身体成了一张薄薄的皮，绷在被艰难地克制着的疯狂上面，绷在毫无阻挡地突然爆发出来而又没完没了的吼叫上面。(这些比喻句应该好好体验一下，你有过这样的感受吗?细读细思。)我们再也没有皮肉和肌肉了，由于害怕发生什么预想不到的事情，我们已经不敢相互对视。于是我们咬紧牙关，心想:那就会过去的，那就会过去的，也许我们会脱离险境。("也许"可以去掉吗?)

附近一下子已没有了爆炸。炮击仍在继续，但是都打在后面，我们的战壕安全无事了。我们大家抓起手榴弹，把它们扔到掩蔽壕前面，并且跳了出去。密集的连珠炮火已经停止，取而代之的是猛烈的掩护炮火，它就在我们后面。开始进攻了。

没有哪个人会相信，在这片被炸得坑坑洼洼的不毛之地上还会有人;但是现在，到处都有钢盔从战壕里露出来，离我们五十米远的地方，一挺机关枪已经架设起来，立即哒哒哒地进行扫射。

铁丝网已被打得支离破碎。然而它们多少总还是造成一些障碍。我们看到冲锋的敌

---

*雷马克是20世纪享有世界声誉的德国作家，《西线无战事》1928年发表，是他的成名作品。

人过来了。我们的炮兵部队开火了。机关枪哒哒哒地扫射着，步枪啪啪地响着。他们从那边往这里靠近。海埃和克罗普开始扔手榴弹。他们尽可能快地把手榴弹扔了出去，我们递给他们的手榴弹，柄上的引爆线都已拉开。海埃能扔六十米远，克罗普五十米，这都检验过，这点很重要。敌人从那边过来，在奔跑中是没有什么作为的，只有到达离这边三十米处才能干出点什么。(许多的"他们"、"我们"，重复吗?这样写有什么作用?)

我们一看就认出那些扭歪的脸和扁平的钢盔，那都是法国人。他们到达残存的铁丝网时，遭受的损失已很明显。他们一整个行列都被我们旁边那挺机关枪撂倒了；后来我们的机关枪多次出现卡壳，他们就靠得更近了。

我看见他们中间有一个人跌到封锁线上的铁蒺藜里去了，他的脸高高地抬起。他的身体慢慢地往下倒，一双手仍然垂挂着，仿佛要祈祷似的。随后他的身体完全倒下去，只有被击中的一双手连同胳臂的残留部分仍挂在铁丝上。

当我们正要撤退的那一瞬间，前面有三张脸从地上抬了起来。在一顶钢盔下，露出一撮黑乎乎的山羊胡子和两只眼睛，眼睛紧紧地盯着我。我举起一只手，但是我甩不到这对异样的眼睛上；在疯狂的一瞬间，整个战役宛如一个马戏团在我周围飞快地旋转，唯独这对眼睛却一动也不动，随后那边那个头就伸了上来，然后是一只手，一个动作，而我的手榴弹就飞过去，飞了进去。(这两段的句子仿佛电影里的快慢镜头，默默读一读，细细想一想。)

我们跑回来，把封锁线上的铁蒺藜拉到战壕里，把引爆线已经拉开的手榴弹扔到我们后面，它们可以保证我们在火力掩护下顺利撤退。下一个阵地的机关枪已经开火了。

我们已经变成危险的野兽。我们不是在战斗，而是为了免遭消灭而在保卫自己。我们扔出手榴弹不是对付人；关于人，我们在这一瞬间知道些什么呢！死神在那里举着双手、戴着钢盔跟在我们后面追逐，三天来我们才第一次可以看到死神的脸，我们也是三天来第一次对他进行抵抗，我们怀着疯狂的愤怒，不再束手无策地躺在断头台上等待，我们能够破坏和杀戮，不仅拯救自己，而且进行报复。("我们"真的得到"拯救"了吗?)

我们蜷伏在每一个角落里，蜷伏在每一个装着带刺铁丝网的鹿砦后面，我们在奔跑之前，把一捆捆炸药抛到正在冲过来的敌人脚下。手榴弹爆炸的响声猛烈地冲击着我们的胳臂和腿，我们像猫一样低着头、缩着身子跑着，我们被这种声波淹没，这种声波在支撑我们，使我们变得残酷，变成拦路行劫的强盗，变成杀人凶手，变成我眼里的那种魔鬼；

这种声波使我们在恐惧、愤怒和求生时增强了许多倍的力量,它使我们寻求拯救,并通过战斗而争得拯救。即使是你的父亲和他们那边的人一道冲来,你也会毫不犹豫地把手榴弹对着他的胸脯扔过去! (注意这一段中冷静客观的心理分析。)

前面的几条战壕已经放弃了。那还是战壕吗?它们已被炮火毁了,荡然无存——只留下战壕的零星断片,由通道连起来的洞,一窝窝的弹坑,除此没有别的。但是那边敌人的伤亡人数在增加。他们没有估计到会有如此顽强的抵抗。

将近中午了。太阳火辣辣地晒着,汗水刺得我们眼睛直痛,我们用衣袖把它擦去,有时还带着血。第一条保存得好一些的战壕出现在我们眼前。那里已经驻扎着部队,正准备反攻,他们允许我们加入。我们的炮兵开始猛烈地轰击,挡住了敌军的进攻。

我们后面的队伍停住了。他们前进不得。进攻已被我们的炮兵粉碎了。我们等待着。炮火延伸到一百多米远,我们又冲向前。在我身旁,有一个二等兵的脑袋被打了下来。鲜血像喷泉一样从他的颈子里喷射出来,而他还跑了好几步。

还没到真正肉搏的时候,敌人只好退回去。我们又来到我们被打得七零八落的战壕,越过这里向前开过去。

啊,我们掉头了! 我们来到掩蔽得很好的后备部队阵地,我们真想爬进去,躲在那里——然而我们不得不掉转过身子,又投入恐怖中去。如若我们在那一瞬间不是机械般行动的人,那么我们就会继续躺着,精疲力竭,毫无意志。但是我们又被拖着一道前进,毫无意志,野蛮和愤怒却几近疯狂,我们要杀戮,因为那边那些人现在就是我们的死敌,他们的步枪和手榴弹对准着我们,如果我们不消灭他们,那么他们就会消灭我们! 这片褐色的土地,这片四分五裂、支离破碎的褐色土地,在太阳的照射下闪烁着油光,这片土地就是始终昏昏沉沉地机械般行动的人的背景,我们的喘息如同钟表发条在格格响,我们的嘴唇干燥,我们的脑袋比夜里狂饮后还要混乱——就这样,我们跟跟跄跄地向前走,而令人痛苦地、强有力地钻进我们被筛过、被打得全是窟窿的灵魂里的,是这样一幅图景:闪烁着油光的褐色土地和抽搐着的、垂死的士兵,他们躺在那里,仿佛必须如此,当我们从他们身上跳过去时,他们就抓住我们的腿,同时嚎叫起来。

我们已经丧失相互之间的一切感情,当别人的形象落入我们追猎的视线时,我们几乎不能控制自己。我们是毫无感受和感情的死人,这样的死人,由于玩了一个诡计,运用了一种冒险的魔法,竟然能够奔跑,能够杀戮。(十八九岁的"我们"以及同样年轻的"敌人",战争把他们变成了"死人"。)

一个年轻的法国兵落在队伍后面,我们赶上了他,他就举起双手,一只手里还握着左轮手枪——谁也不知道,他是想开枪呢,还是想投降?——铁锹猛击下去,就把他的脸劈开了。第二个法国兵看到了,试图继续逃跑,一把枪刺随即咔的一声插入他的脊背。他往上跳,两条胳臂伸开,嘴巴张得大大地号叫着;他跌跌撞撞地跑开,那把枪刺还在他脊背上颤动着。第三个法国兵把步枪扔掉,蹲下来,一双手捂住眼睛。于是他就和其他几个俘虏留了下来,运送伤员。(战争的双方是以杀戮为目的、为准则的。杀人不用偿命,这是人性的变异还是人性的残忍?)

突然间,我们在追击时冲入敌人的阵地。

我们紧跟在撤退的敌人后面,所以我们成功地几乎是同时到达了那边。因此,我们所受的损失就很小。一挺机关枪嗒嗒地狂吼,但是一颗手榴弹就把它解决了。然而,短短几秒钟的时间也完全够使我们五个人腹部中弹。卡特用卡枪柄把一个未受伤的机关枪手的脸打得稀巴烂。其他的人,在他们尚未把手榴弹拿出来时,我们就把他们刺死。随后,我们就贪婪地喝着用来冷却机关枪的水。

到处都有钢丝钳在发出喀喀的响声,到处都有木板扑通扑通地响着被搁到铁丝网上,我们穿过狭窄的通道跳进了战壕。海埃用他的铁锹把一个身材魁伟的法国兵的脖颈劈开,扔出他的第一颗手榴弹;我们俯身在一堵胸墙后面,躲了几秒钟;后来我们前面那段笔直的战壕已经变成空荡荡的了。接下来的一颗手榴弹咝咝地响着斜飞到那个角落上,扫清了道路;我们在跑过去时把集束手榴弹投入掩蔽壕里,大地在震颤着,响起爆裂声,烟雾腾腾,有人在呻吟;我们跌跌撞撞地跨过滑溜溜的人肉碎片和一具具软绵绵的躯体;我跌进一个裂开的肚子里,那肚子上还搁着一顶崭新的、干干净净的军官帽子。

读后悟语

1998年与学生一起学习《谁是最可爱的人》,借了反映志愿军事迹的通讯集《谁是最可爱的人》推荐给学生看。学生们都被书中的爱国主义和英雄精神所感动,情绪激昂。只有学生小璞下课后表达了不同的意见:战争太血腥太残忍了! 许多年过去,再一次细读《西线无战事》时,我的心颤动着。当年小璞的神情和话语从记忆深处翻起,已不记得当时怎么反驳和引导他的,记得的只是他那双晶亮如星、纯洁似水的眼睛。小璞,也许今天,我们可以重新谈谈,关于战争,关于英雄。

作品中,普通士兵的身份,第一人称的叙述方式,战场上19岁青年的所为所见所思所感与残酷战争的进行有机结合起来,文牍式的冷峻句子像纪录片一样忠实于自然却又扣人心弦,让读者看到了"战壕的真实"。

生活本是真实而丰富的,我们提笔写作时,也应该冷静观察、细致思索自己所处的生活环境,不夸大,不虚假,不编造,用自己的笔真实、自然、简洁地写出自己亲历的事,相信自会有许多让人感动、信服的地方。

蛮子大妈(节选)

[法]吉·德·莫泊桑[*]

普法之间已经正式宣战的时候,小蛮子的年纪正是33岁,他从军去了,留下他母亲单独住在家里。我们并不很替她叫屈,因为她有钱,大家都晓得。(像在讲故事,平静自然的开头,轻轻引出故事的主人公。)

她单独一个留在这所房子里了,那是掉在树林子边上并且和村子相隔很远的。她并不害怕,此外,她的气性和那父子两个是一般无二的;一个严气正性的老太太,又长又瘦,不常露笑容,人也绝不敢和她闹着耍。并且农家妇人们素来是不大笑的;在乡下,笑是男人们的事情! 因为生活是晦暗没有光彩的,所以她们的心境都窄,都打不开。男人们在小酒店里,学得了一点儿热闹的快活劲儿, 他们家里的伙伴却始终板起一副严肃的面孔。她们脸上的筋肉还没有学惯那种笑的动作。

这位蛮子大妈在她的茅顶房子里继续过着平常生活,不久,茅顶上已经盖上雪了。

---

*在19世纪法国文坛的璀璨星空中被誉为"短篇小说之王"的莫泊桑,无疑是一颗闪烁着奇特光彩的明星。他的长篇小说《一生》《漂亮朋友》跻身于世界长篇名著之林,而他的短篇小说更是世界文学宝库中的瑰宝,对后世产生了极大影响。莫泊桑创作了350多部中短篇小说,题材极其丰富多彩,在揭露上层统治者及其毒化下的社会风气的同时,对被侮辱损害的小人物寄予了深切同情。其主题大致可归纳为三个方面:一是讽刺虚荣心和拜金主义,如《项链》《我的叔叔于勒》;二是描写劳动人民的悲惨遭遇,赞颂正直、淳朴、宽厚的品格,如《归来》;三是描写普法战争,反映法国人民爱国情绪,如《羊脂球》。

每周，她到村子里走一次，买点面包和牛肉以后就仍旧回家。当时大众说是外面有狼，她出来的时候总背着枪，她儿子的枪，锈了的，并且枪托也是被手磨坏了的。这个高个儿的蛮子大妈看起来是古怪的，她微微地偻着背，在雪里慢慢地跨着大步走，头上戴着一顶黑的帽子，紧紧包住一头永没被人见过的白头发，枪杆子却伸得比帽子高。(偏远乡村的社会环境，平凡普通的农家妇人形象，似乎很遥远的战争。)

某一天，普鲁士的队伍到了。有人把他们分派给居民去供养，人数的多寡是根据各家的贫富做标准的。大家都晓得这个老太婆有钱，她家里派了四个。那是四个胖胖的少年人，皮肤是金黄的，胡子是金黄的，眼珠是蓝的，尽管他们已经熬受了许多辛苦，却依旧是富于脂肪的，并且虽然他们到了这个被征服的国度，脾气却也都不刁。这样没人统率地住在老太太家里，他们都充分地表示对她关心，极力设法替她省钱，教她省力。早上，有人看见他们四个人穿着衫衣绕着那口井梳洗，那就是说，在冰雪未消的日子里用井水来洗他们那种北欧汉子的白里透红的肌肉，而蛮子大妈这时候却往来不息，预备去煮菜羹。后来，有人看见他们替她打扫厨房了，揩玻璃了，劈木柴了，削马铃薯了，洗衣裳了，料理家务的日常工作了，俨然是四个好儿子绕着他们的妈。(这似乎与我们在媒体和记录中看到的侵华日军形象不同，为什么会有这种差异呢?)

但是她却不住地记挂她自己的那一个，这个老太太，记挂她自己的那一个瘦而且长的，弯钩鼻子的，棕色眼睛的，嘴上盖着黑黑的两撇浓髭须的。每天，她必定向每个住在她家里的兵问：

"你们可晓得法国第二十三边防镇守团开到哪儿去了?我的儿子在那一团里。"

他们用德国口音说着不规则的法国话回答："不晓得，一点不晓得。"后来，明白她的忧愁和牵挂了，他们也有妈在家里，他们就对她报答了许多小的照顾。她也很疼爱她这四个敌人：因为乡下人都不大有爱国主义的憎恨，这种憎恨仅仅是属于高等人士的。至于微末的人们，因为本来贫穷而又被新的负担压得透不过气来，所以他们出的钱最多；因为素来被人列在数目之内，所以他们成群地被人屠杀而且真的做了炮灰；因为都是最弱小和最没有抵抗力的，所以他们终于最为悲惨地受到战争的残酷祸殃；有了这类情形，他们所以都不大了解种种好战的狂热，不大了解那种激动人心的光荣以及那些号称具有政治性的策略；这些策略在半年之间，每每使得交战国的双方无论谁胜谁败，都同样变成精疲力竭的。(作者有关"乡下人"的爱国主义和战争的议论你同意吗?为什么?)

当日地方上的人谈到蛮子大妈家里那四个德国兵，总说道："那是四个找着了安身之所的。"

谁知有一天早上，那老太太恰巧独自一个人待在家里的时候，远远地望见了平原里，有一个人正向着她家里走过来。不久，她认出那个人了，那就是担任分送信件的乡村邮差。他拿出一张折好了的纸头交给她，于是她从自己的眼镜盒子里，取出了那副为了缝纫而用的老花眼镜，随后她就读下去：

蛮子太太，这件信是带一个坏的消息给您的，您的儿子威克多，昨天被一颗炮弹打死了，差不多成了两段。我那时候正在跟前，因为我们在连里头是贴紧着的，他从前对我谈到您，意思就是他倘若遇了什么不幸，我最好当天告诉您。

我从他衣袋里头取出了他那只表，预备将来打完了仗的时候带给您。

现在我友谊地向您致敬。

第二十三边防镇守团

二等兵黎伏启

这封信是三星期以前写的。(貌似平静的生活里，突如其来的噩耗。)

她看了并没有哭。她呆呆地待着没有动弹，很受了打击，连感觉力都弄迟钝了，以至于并不伤心。她暗自想道："威克多现在被人打死了。"随后她的眼泪渐渐升到眼眶里了，悲伤侵入她的心里了。各种心事，难堪的，使人痛苦的，一件一件回到她的头脑里了。她以后抱不着他了，她的孩子，她那长个儿孩子，是永远抱不着的了，保安警察打死了老子，普鲁士人又打死了儿子……他被炮弹打成了两段，现在她仿佛看见那件事了，那件叫人战栗的事了：脑袋是垂下的，眼睛是张开的，咬着自己两大撇髭须的尖子，像他从前生气的时候常做的一样。

他的尸首是怎样被人拾掇的，在出了事以后？从前，她丈夫的尸首连着额头当中那粒枪子被人送回来，那么好儿子的，会不会也有人这样办？但是这时候，她听见一阵嘈杂的说话声音了。正是那几个普鲁士人从村子里走回来，她很快地把信藏在衣袋里，并且得到房间去仔仔细细擦干了眼睛，用平日一般的神气安安稳稳接待了他们。

他们四个人全是笑呵呵的，高兴的，因为他们带了一只肥的兔子回来，这无疑是偷来的。后来他们对着这个老太太做了个手势，表示大家就可以吃点儿好东西。

她立刻动手预备午饭了；但是到了要宰兔子的时候，她却失掉了勇气。然而宰兔在她生平这并不是第一次！那四个兵的中间，有一个在兔子耳后头一拳打死了它。

那东西一死，她从它的皮里面剥出了鲜红的肉体；但是她望见了糊在自己手上的血，那种叫她感到渐渐地冷却又渐渐凝住的温暖的血，自己竟从头到脚都发抖了；后来她始终看见她那个打成两段的长个儿孩子，他也是浑身鲜红的，正同那个依然微微抽搐的兔子一样。(是可怕的联想，却又是可怕的真实。母亲心中的痛苦悲伤你能体会吗?)

她和那四个兵同桌吃饭了，但是她却吃不下，甚至于一口也吃不下。他们狼吞虎咽般吃着兔子并没有注意她，她一声不响地从旁边瞧着他们，一面打好了一个主意，然而她满脸那样的稳定的神情，叫他们什么也察觉不到。

忽然，她问："我连你们的姓名都不晓得，然而我们在一块儿又已经一个月了。"他们费了大事才懂得她的意思，于是各人说了各人的姓名，这办法是不能叫她满足的；她叫他们在一张纸上写出来，并写上他们家庭的通信处，末了，她在自己的大鼻梁上面架起了眼镜，仔细瞧着那篇不认得的字儿，然后把纸折好搁在自己的衣袋里，盖着那封给她儿子报丧的信。(细节描写后隐含的深意，你注意到了吗?)

饭吃完了，她向那些兵说：

"我来给你们做事。"

于是她搬了许多干草搁在他们睡的那层阁楼上。

他们望见这种工作不免诧异起来，她对他们说明这样可以不会那么冷；于是他们就帮着她搬了。他们把那些成束的干草堆到房子的茅顶那样高，结果他们做成了一间四面都围着草墙的寝室，又暖又香，他们可以很舒服地在那里睡。

吃夜饭的时候，他们中间的一个瞧见蛮子大妈还是一点东西也不吃，因此竟担忧了。她承认了自己的肌肉有些酸痛。随后她燃起一炉好火给自己烘着；那四个德国人都踏上那条每晚给他们使用的梯子，爬到他们的寝室里了。

那块做楼门用的四方木板一下盖好了以后，她就抽去了上楼的梯子，随后她悄悄地打开了那张通到外面的房门，接着又搬进了好些束麦秸塞在厨房里，她赤着脚在雪里一往一来地走，从容得叫旁人什么也听不见，她不时细听着那四个睡熟了的士兵的鼾声，响亮而长短并不一律。

等到她判断自己的种种准备已经充分以后，就取了一束麦秸扔在壁炉里。它燃了以后，她再把它分开放在另外无数束的麦秸上边，随后她重新走到门外向里瞧着。

不过几秒钟,一阵强烈的火光照明了那所茅顶房子的内部,随后那简直是一大堆骇人的灰火了,一座烧绯得红的巨大的焖炉了,焖炉里的光从那个窄小的窗口里窜出来,对着地上的积雪投出了一阵耀眼的光亮。

随后,一阵狂叫的声音从屋顶上传出来,随后,那竟是一阵由好些道人声集成的喧嚷,一阵由于告急发狂令人伤心刺耳的呼号构成的喧嚷。随后,那块做楼门的四方木板往下面一坍一阵旋风样的火焰冲上了阁楼,烧穿了茅顶,如同一个巨大非常的火焰一般升到了天空;最后,那所茅顶房子整个儿着了火。

房子里面,除了火力的爆炸、墙壁的崩裂和栋梁的坠落以外,什么声音也没有了。屋顶陡然下陷了,于是这所房子烧得通红的空架子,就在一阵黑烟里面向空中射出一大簇火星。

雪白的原野被火光照得像一幅染上了红色的银布似的发光。

一阵钟声大远处开始响着。

蛮子大妈在她那所毁了的房子跟前站着不动,手里握着她的枪,她儿子的那一杆,用意就是害怕那四个兵中间有人逃出来。

等到她看见事情已经结束,她就向火里扔了她的枪。枪声响了一下。

许多人都到了,有些是农人,有些是德国军人。

他们看见了这个妇人坐在一段锯平了的树桩儿上,安静的,并且是满意的。(蛮子大妈为什么不逃走呢?)

一个德国军官,满口法国话说得像法国人一样好,他问她:"您家里那些兵到哪儿去了?"她伸起那条瘦的胳膊向着那堆正在熄灭的红灰,末了用一种洪亮的声音回答。"在那里面!"

大家团团地围住了她。

那个普鲁士人问:

"这场火是怎么燃起来的?"

"是我放的。"

大家都不相信她,以为这场大祸陡然叫她变成了痴子。后来,大家正都围住了她并且听她说话,她就把这件事情从头说到尾,从收到那封信一直说到听见那些同着茅顶房子一齐被烧的人的最后叫唤。凡是她料到的以及她做过的事,她简直没有忘记一点。

等到说完,她就从衣袋里取了两张纸,并且为了要对着那点儿余火的微光来分辨这两张纸,她又戴起了她的眼镜,随后她拿起一张,口里说道:"这张是给威克多报丧的。"又拿起另外一张,偏着脑袋向那堆残火一指:"这一张,是他们的姓名,可以照着去写信通知他们家里。"她从从容容把这张白纸交给了军官,他这时候正抓住她的双肩,而她却接着说:

"您将来要写起这件事的来由,要告诉他们的父母说这是我干的。我在娘家的名姓是威克多娃·西蒙,到了夫家旁人叫我蛮子大妈。请您不要忘了。"

这军官用德国话发了口令。有人抓住了她,把她推到了那堵还是火热的墙边。随后,十二个兵迅速地在她对面排好了队,相距约二十公尺。她绝不移动。她早已明白了;她专心等候。(大妈早已明白了什么?是杀人偿命的结局?还是战争的残忍?)

一道口令喊过了,立刻一长串枪声跟着响了。响完之后,又来了一声迟放的单响。这个老婆子并没有倒在地下。她是弯着身躯的,如同有人斩了她的双腿。那德国军官走到她的跟前了。她几乎被人斩成了两段,并且在她那只痉挛不住的手里,依然握着那一页满是血迹的报丧的信。

读后悟语

一般都认为法国民族比较浪漫,印象中多有巴黎的香水、时装和南方葡萄酒、沙滩。其实历史上,法国人经历的战争也很多,与英国的、德国(普鲁士)的战争都不少。他们的战争小说,成为世界经典的也很多,尤其是短篇的战争小说,很多值得我们细读。

写文章必须有材料,但要写出好文章还须对材料进行取舍、剪裁。对此,苏轼认为要"博观而约取,厚积而薄发",袁枚也说要"着意原资妙选材"。其实生活中许多事情都各有关联,要表现出明确的中心,选取生活中最佳的材料应是许多同学写作前要认真考虑的问题。

这篇小说取材于普法战争,却没有直接描写普法战争的进行,只是截取偏远乡村一普通农妇的行动,通过精巧的布局结构、典型的情节细节,冷静含情的叙事以及行云流水般的自然文笔,反映了平民百姓到伟大英雄的转变,表达了法国普通民众朴实的爱国感情。这给我们的写作,尤其是大事大写却总流于空泛的写作,提供了很好的大事小写的楷模。

第一堂课(节选《四世同堂》)

老舍*

铃声,对于一个做惯了的教员,有时候很好听,有时候很不悦耳。瑞宣向来不讨厌铃声,因为他只要决定上课,他必定已经把应教的功课或该发还的卷子准备得好好的。他不怕学生质问。所以也不怕铃声。今天,他可是怕听那个管辖着全校的人的行动的铃声,像一个受死刑的囚犯怕那绑赴刑场的号声或鼓声似的。他一向镇定,就是十年前他首次上课堂讲书的时节,他的手也没有发颤。现在,他的手在袖口里颤起来。(本段有两处的对比,渲染了老师的反常与害怕,他害怕什么?)

铃声响了。他迷迷糊糊地往外走,脚好像踩在棉花上。他似乎不晓得往哪里走呢。凭着几年的习惯,他的脚把他领到讲堂上去。低着头,他进了课堂。屋里极静,他只能听到自己的心跳。上了讲台,把颤动着的右手放在讲桌上,他慢慢地抬起头来。学生们坐得很齐,一致地竖直了背,扬着脸,在看。他们的脸都是白的,没有任何表情,像是石头刻的。一点辣味儿堵塞住他的嗓子,他咳了两声。泪开始在他的眼眶里转。(你能听见他的心跳吗?你的眼泪流下吗?细读一读,默想一想。)

他应当安慰他们,但是怎样安慰呢?他应当鼓舞起他们的爱国心,告诉他们抵抗敌人,但是他自己怎么还在这里装聋卖傻的教书,而不到战场上去呢?他应当劝告他们忍

---

*老舍,原名舒庆春,字舍予,北京满族人。中短篇小说都不乏佳作,尤以长篇小说最有影响,与茅盾、巴金齐名为现代长篇小说大家。上世纪50年代更以一批话剧作品蜚声文坛,曾被授予"人民艺术家"称号。

耐,但是怎么忍耐呢?他可以教他们忍受亡国的耻辱吗?(悲愤、忧伤、自责、惶惑……真正的苦痛可以说明白吗?)

把左手也放在桌上,支持着他的身体,他用极大的力量张开了口。他的声音,好像一根细鱼刺似的横在了喉中。张了几次嘴,他并没说出话来。他希望学生们问他点什么。可是,学生们没有任何动作;除了有几个年纪较大的把泪在脸上流成很长很亮的道子,没有人出声。城亡了,民族的春花也都变成了木头。(国破山河在,城春草木深。感时花溅泪,恨别鸟惊心!)

糊里糊涂的,他从嗓子里挤出两句话来:"明天上课。今天,今天,不上了!"

学生们的眼睛开始活动,似乎都希望他说点与国事有关的消息或意见。他也很想说,好使他们或者能够得着一点点安慰。可是,他说不出来。真正的苦痛是说不出来的!(人物的心理与作者的议论有机结合。什么东西在追着他呢?)狠了狠心, 他走下了讲台。大家的眼失望地追着他。极快的,他走到了屋门;他听到屋中有人叹气。他迈门槛,没迈利落,几乎绊了一跤。屋里开始有人活动,声音很微,像是偷手摸脚的那样起立和往外走呢。他长吸了一口气,没再到休息室去,没等和别的班的学生会面。他一气跑回家中,像有个什么鬼追着似的。

 **读后悟语**

1840年,第一次鸦片战争打开了中国近代史的大门,其后的百多年里,我们祖国承受了多次的侵略战争,五千年来积蓄的巨大财富几乎被掠夺殆尽,古老民族尝尽了满目凄凉。但过后的历史上,并没有足够分量的文学作品能真实全面反映我们民族所遭受的苦难并对战争进行认真彻底的反思。战争已经远离了我们这个民族半个多世纪,但如果今天的我们不认真反思历史的教训、不牢记历史的耻辱,战争离我们并不遥远。

老舍认为"心理分析与描写工细是当代文艺的特色",在自己的创作中他自觉地追求这一点,小说中充满了深刻入微而不平冗死板的心理分析的精彩片段,如上面所选的文段。它描写了北平被日本侵略者占领后,祁瑞宣老师上第一节课的情景。与都德《最后一课》比,选段从教师角度来叙写,但没有用第一人称,虽然关于祁老师心理描写即他的所见所感占了大部分,却与作者以第三者的客观评价如开头对铃声的议论、中间对师生反应的评价巧妙融合。使我们深深感受到了北平人在侵略者统治下灵魂遭受凌迟的痛苦、屈辱、折磨甚至惶惑。反思我们的习作中心理描写的生硬刻板甚至缺失,我们需要学习改进的应该还有许多许多。

孩子与老人

[南斯拉夫]伊凡·参卡尔

孩子们有个习惯,喜欢在睡觉前聊一会儿天。他们坐在宽阔的炉顶上,彼此谈着心里想到的一切。暮色从污黑的窗口往里窥视,眼里充满着各种各样的梦;沉默的暗影从各个角落里袅袅上升,随身带着奇怪的童话。

孩子们想到什么就讲什么,可是他们所想到的,都是些美丽的故事,故事里不是谈太阳和它的温暖,就是讲爱情和梦想交织成的希望。他们的将来仅仅是个又长又愉快的假日;在他们的圣诞节和复活节之间,是没有灰的星期三的——宗教的一个忏悔日,过去有撒灰在忏悔者头上的习惯。在华丽的幕帘后面的某个地方,生命正在泛滥奔放,默默地闪烁着,在一簇簇光华之间闪来闪去。他们说的话,是似懂非懂的悄言低语;他们的故事既没有开头,也没有鲜明的形象;他们的童话从来没有结尾。有时候四个孩子同时说话,可是谁也不会打扰谁;他们全都神魂颠倒地凝视着天上那簇神异的、可爱的光华;在这样的背景下,每一句话就是音乐,每一个故事自有美丽的结局。(孩子的世界是这样吗?想想童年,再看看周围的孩子,你对孩子的世界怎样评价描述呢?)

孩子们长得那么相像,在朦胧的暮色中,谁也分辨不出哪个是汤塞克——四个里面最小的一个,或者哪个是他们最大的妹妹——十岁的路丝卡。他们都有同样纤小的脸庞,有同样睁得大大的、富于幻想的大眼睛。

可是那一天晚上,忽然从国外飞来了某种神秘的东西,它举起粗暴的手,伸到天上的光华之中,又无情地击下来,在假日、故事和童话中间一阵乱打,绿衣人带来了信息,说爸爸已经在意大利"倒下了"。是的,爸爸已经战死了,一种新的、奇怪的、毫无办法控制的神秘东西已经踏入了他们的道路:它耸立在那里,又高又大,可是却没有脸,没有眼睛,没有嘴唇。它在什么地方都不合适,不管在教堂门口或者街上的热闹生活中也好,在炉子上朦胧暮色中也好,或者甚至在他们的童话中也好。它既不显得有丝毫快乐,却也不显得有什么悲哀,因为它是死的;它既没有眼睛可以显露表情,也没有嘴可以用言语说出它是从哪里来的,为什么来。在这个巨大的幻象前面,思想也怯生生地停住了脚步,没有一点办法,就好像前面拦着一堵黑色的高墙,不能前进一步。那幽灵走近了墙,一声不响地站在那里,瞪眼看着它。(读一读这形象生动的比喻句,没有细致的观察、真切的体会是进不到孩子的世界的。)

"呃,那么现在他到底几时回来呢?"汤塞克迷迷糊糊地问。

路丝卡生气地看了他一眼。

"爸爸已经倒下了,怎么还能回来?"

大家都不作声。四个都在黑色的高墙前站着,没法越过它看到前面。

"我也要去打仗!"七岁大的马佳突然嚷了起来。他好像灵机一动,已经抓住了正确的想法,知道应该说什么话。

"你还太小。"还穿着裙子的四岁大的汤塞克用他那种特有的响亮嗓门劝告说。维尔卡是他们中间个子最小、身体最弱的一个,身上裹着一条她母亲的大肩巾,看上去就她像是一个旅客的行李似的,这时她用一种平静柔和的声音提出一个请求,她的声音就好像从暗影底下冒出来似的:"马佳,告诉我们战争是什么样子的……讲一个故事给我们听!"

于是马佳解释说:"咳,战争就是人们互相残杀,用刀斩,用剑砍,用枪打。你杀死的人越多越好;谁也不会责怪你,因为这是应该如此的。这就是战争。"(战争是这样定义的吗?你能自己定义一下吗?)

"可是他们为了什么要拼命杀人呢?"纤弱的小维尔卡问。

"为了皇帝!"马佳嚷道,接着四个孩子全都默不作声了。远处,出现了一样令人害怕的东西,是耀眼的光圈下一道光芒四射的毫光。他们睁着迷糊的眼睛看着。他们一动也不动,几乎连气也不敢喘;他们好像在教堂里望弥撒。(为什么要有战争?你能回答吗?)

马佳举起一只颤巍巍的手,又指手画脚地说起话来,再一次表示他自己的想法。他所以这样做,也许是为了要赶走那已经笼罩在他们头上的抑郁的沉静。

"我也要去打仗。"他嚷道,"打倒敌人!"

"敌人是什么样儿的?……他头上长角不?"维尔卡出人意料地问,声音很低弱。

"他头上当然长角……要是头上不长角,怎么会是敌人呢?"汤塞克严肃地、几乎是生气地肯定说。连马佳听了他的话也不知道怎样说才好。(汤塞克认为头上长角的是敌人,你能用自己的语言给"敌人"下定义吗?)

"我不相信他头上有角。"最后他慢吞吞地说,接着又顿了顿,不知该怎么说。"他怎么能长角呢?"他说,"他也是人,跟我们一样的人啊!"

路丝卡大声嚷了一下,提出愤怒的抗议,随即沉吟不语了,可是过了一会儿又加了一句:"只是他没有灵魂!"

汤塞克想了很久,又说:

"一个人在战争里倒下是什么样子的?他是不是往后倒?"(好奇是孩子的天性,但这里好奇反衬了战争的残酷。)

"这句话的意思是他们伤害了他……把他杀死了。"马佳镇静地解释说。

"爸爸答应我回来时候要把枪带来!"

"他要是倒下了,怎么还能带枪回来呢?"路丝卡愤愤地反驳说。

"那么他们已经把爸爸杀死了?"

"是的,杀死了!"

八只年轻的、睁得大大的眼睛含着满眶热泪,恐怖地往黑暗里瞪着——瞪着某个神秘的东西,这东西不管是心也好,脑也好,都是没法理解的。(不能理解的除了死亡,还有什么?)

同一个时候,他们的祖父和祖母都在屋前的长凳上坐着。夕阳发出最后的茶色的光芒,穿过暗黑的叶丛,照射到花园里。黄昏很静。只有他们年轻的母亲在照料牛羊,从牲畜棚里传来一阵阵伤心的、哽咽的、断断续续的饮泣声。("夜久语声绝,独闻泣幽咽。"战争造成的悲伤是全世界人民共有的。)

两个老人紧挨着坐在一起,佝偻着身子,彼此握着手,就像好多年前那样。他们瞪着无泪的眼睛,默默无言地凝视着即将消逝的夕阳。(即将消逝的仅仅只有夕阳吗?)

读后悟语

　　古诗云"一将功成万骨枯",将帅英雄的战争传记我们知道很多,但战争灾难最终的承受者还是人民。什么是死亡?为什么要战争?其实对死亡与战争的困惑不仅存在于童声稚语中,只是理智与冷静从来都是我们每个人甚至人类全力追求的理想。

　　细读此文,相信你一定感慨于幼子的无知和单纯,但那的确是孩子的世界、孩子的语言,它因真实而可信,因精微而传神。回顾我们学生的习作,有多少表现的是他们眼中的真正的世界?运用的是真正的他们自己的语言?当某些评论界大加赞赏并津津乐道于韩寒式的少年老成时,当孩子逐渐丧失了自己视野,嘴巴也长在了漫天飞舞的信息时尚上时,我们的世界是不是过于浮躁和单一了呢?用自己的心想自己的事,用自己的嘴说自己的话,或许,这是参卡尔此文给我们写作的另一个思考。

　　伊凡·参卡尔(1876—1918),南斯拉夫小说家、戏剧家,代表作中篇小说《老管家耶尔奈》。他的作品具有伟大的艺术价值和独特风格,纯朴自然,长于心理描写,文笔精微而情调委婉,被南斯拉夫文学评论界称为"参卡尔式表现手法"。

不能过去的往事

潘 军

　　1988年夏天，我从北京参加一个会议回来，乘的是软卧。那趟车于傍晚时分由北京站开出，将于翌日中年抵达合肥。时值酷暑季节，软卧车厢配有空调，让人感觉还是很舒服的。我是下铺，对面是一个老人。他的衣着很简朴，模样像个老农。我便有些奇怪，那年月坐软卧是要凭什么特殊证明的。心想这老人大概有什么人在北京，否则进不了这种车厢的。在老人的上铺是一个戴眼镜的、长相斯文的青年。这个青年人一上车就躺在床上看书，好像还是本英文书。那个老人呢，原先也是躺下的，却一直沉默着。(简朴的像农民的老人和斯文的看英文的青年，集中在舒服的软卧车厢，有反差，有疑问。)这样过了半个小时之后，我便觉得有些寂寞了，想主动和那个青年说起话来。我就问他，到哪里?他说:合肥。我感觉他不是到合肥，就又问是出差还是旅游，他说:上学。他说他是从日本来的，到中国科技大学当访问者。而且，他笑容可掬地表示自己的汉语水平有限，汉语说得不好，问我能否与他用英语交谈? (笑容可掬的日本访问学者，你遇见了，会怎样对待他?)我说:那就更不行了。我的那点英语早就还给老师了。青年听了我这句话表情有些尴尬。我这点幽默显然没有听懂。但在这时，对面那个老者似乎是下意识地插了句:你们最好谁都别说。(为什么不能说话?)听口音他是安徽人。说完，这老人就沉着脸去了车厢外，以后就一直坐在狭窄的过道上。这让我有些不悦。列车是公共场所，旅行中的交流应该是很正常的事，想这老头也真是太古怪了。不过，即使老人不说什么，我们这个包厢也照样是沉闷的。(为什么沉闷?仅仅是因为大家都不讲话吗?)日本青年后来还是看书，那位老人也还是坐在外面。我虽然进进出出，却因为无人交谈而十分无聊。不久列车停靠在天津，老人下车站了一会儿,顺便从月台上买当地的特产。夜渐深了,我感到有些疲乏,就随便找了张报纸躺下看,没多久也就睡去。等我醒来,列车已经抵达了济南。我走出来,看见老人又在月台上买特产。过了一会儿,老人回到车厢,把那些特产集中到一只折叠的旅行袋里,又坐回过道上。他的床铺还是整齐的样子,说明他一夜未睡。我无话找话地问道:几点了?老人便亮出藏在衬衫下的一块"劳力士"手表,说:刚过一点。我着实有些吃惊,无法对老人的身份做出判断,但我的好奇心更加强烈了。(老人为什么不休息呢?作者的好奇心你有吗?)我想我应该趁着他情绪好的时候同他聊上几句,就问:你是从北京探亲回来?老人说:我路过北京,回安徽舒城老家探亲。我是从那边来的。

我这才明白,他是位"台胞"。或许从前是国民党老兵吧?我没敢问,只说:有很多年没回来了吧?老人说:四十年了。列车在这一刻开动了,灯光忽明忽暗地照在老人的脸上,但我还是能看到他的表情显得很复杂。("少小离家老大回,乡音无改鬓毛衰",老人复杂的心理你能用语言描述吗?你的心颤动了吗?)他沉默了,我也不便再多问什么。列车在漆黑的原野上奔驰着,发出的声音却异常空洞而悠远。老人打了一个哈欠,我便说:你去睡吧,到合肥还有十个小时呢。老人摇摇头,用很低沉的声音说:我头上睡着一个日本人,我不能睡在日本人的下面。我心里剧烈一颤:原来是这样! 这件事已经过去十多年了,却完整地保存在我的记忆里,一点颜色也没有褪去。很多次,它都从记忆的深处泛起。(十几年过去了,作者完整地记得这件事;十几年后,你还能记得吗?)

 **读后悟语**

尽管在一定程度上,我承认日本民族有许多值得我们学习的优点,但一直都不太喜欢这个民族,因为是看着《小兵张嘎》类电影长大的一代,更因为近现代史上日本民族在中国屠杀与抢掠的残酷。小时候,看到列宁一句话:"忘记过去,就意味着背叛。"始终相信,日军侵华的往事是不能过去的,只是为什么它总需要有提醒才能记忆呢?如文中的"我",需要老兵的提醒。如果老兵那代人也成了往事,谁来做我们灵魂与良知的守护者?行文并没有直接揭示文章的主旨,只是娓娓地叙事,一如我们貌似平静的生活,漆黑昏倦

的夜行列车上,沉默老兵的不卧不眠怪现象开始并不突出,直到老兵用低沉的声音将谜底揭示,我们的心灵才随作者开始颤动!开始反思!古人说文似看山喜不平,本文在写作技巧上最突出的就是悬念设置了。为了这个悬念,作品不断借宾衬主、铺垫渲染、巧设呼应,尺水兴波令人回味。但我们中学生的不少习作,多是看开头就知道结尾,都说是因为现今生活太忙碌,容不得婉转曲折,但如果作文主旨的设置一味直露浅显,没有悬念,也很容易让读者失去探究回味的兴趣呢!

请把我埋得浅一些

南 北

一战时期,在一座纳粹集中营里,关押着很多犹太人,他们大多是妇女和儿童。他们遭受着纳粹无情的折磨和杀害,人数在不断减少。(关于纳粹集中营的事情,你知道多少?可以找找相关资料了解一下吗?)

有一个天真活泼的小女孩,(集中营中天真活泼的孩子有多少呢?)和她的母亲一起被关押在集中营里。一天,她的母亲和另一些妇女被纳粹士兵带走了,从此,再也没有回到她的身边。人们知道,她们肯定是被杀害了。因为每天都有人被杀害,死亡的阴影笼罩着每一个人,人们谁也不知道自己是否能活到第二天。但当小女孩问大人们她的妈妈哪里去了,为什么这么久了还不回来时,大人们沉默着流泪了,后来实在不能不回答时,就对小女孩说,你的妈妈去寻找你的爸爸了,不久就会回来的。(多么美丽而凄楚的谎言!但是,它只是谎言吗?)小女孩相信了,她不再哭泣和询问,而是唱起妈妈教给她的许多儿歌,一首接一首地唱着,像轻风一样在阴沉的集中营里吹拂。她还不时爬上囚室的小窗,向外张望着,希望看到妈妈从远处走来。(作者说孩子的歌像轻风,你认为像什么?)

小女孩没有等到妈妈回来,就在一天清晨,纳粹士兵用刺刀驱赶着,将她和数万名犹太人逼上了刑场。刑场上早就挖好了很大的深坑,他们将一起被活活埋葬在这里。人们沉默着,死亡是如此真实地逼近着每一个生命。面对死亡,人们在恐惧中发不出任何声音。

人们一个接一个地被纳粹士兵残酷地推下深坑。当一个纳粹士兵到这个小女孩跟前,伸手要将她推进深坑中去的时候,小女孩睁大漂亮的眼睛对纳粹士兵说:"刽子手叔叔,(该喊他叔叔吗?如果不,喊他什么好?)请你把我埋得浅一点好吗?要不,等我妈妈来找我的时候，就找不到了。"纳粹士兵伸出的手僵在那里,刑场上顿时响起一片抽泣声,接着是一阵愤怒的呼喊…… ("请你把我埋得浅一点好吗?"我会记住这句纯真的请求,你呢?)

人们最后谁也没能逃出纳粹的魔掌。但小女孩纯真无邪的话语却撞痛了人们的心,让人们在死亡之前找回了人性的尊严和力量。

暴力真的能摧毁一切?不,在天真无邪的爱和人性面前,暴力让暴力者看了自己的丑恶和渺小。刽子手们在这颗爱的童心面前颤抖着,因为他们也看到了自己的结局。(结尾的议论你认为如何?你会怎样结尾?试着写一写。)

读后悟语

本文中,恶魔般的冷酷杀戮与天使般的纯洁请求形成强烈对比,僵化了暴力者的手臂,震撼着读者的心灵。残酷的死亡威胁遮掩不住小女孩对母亲的思念,遮掩不住孩子的天真善良,遮掩不住人性中熠熠夺目的光亮。平和的叙事后激起的冲荡、感动,再一次为人类揭示了那个浅显深刻的永恒道理:世界需要爱,世界需要和平。

相信我们每个人看了这篇文章都会长时间记住那个小女孩的话:"叔叔,请你把我埋得浅一点好吗?"由此,也会长时间记住那场屠杀的罪恶。严格说,这篇文章有许多不足,开头与结尾都过于平凡甚至有些浅直,但我们的心灵仍然被深深撞击,因为小女孩的那句话像天上最亮的星星,照亮了我们灵魂最深处的柔情。其实,我们有的优秀习作也都有许多优点,可轻轻看过后,总难留下可以回味的亮点。也许,身为中学生,我们实在很难成就字字珠玑句句经典的文章,但扪心而问,写作时,我们有否精心去推敲锻造一些甚至一句话的亮点呢?

南京大屠杀史实不容否认(节选)

张益锦

1937年12月13日,侵华日军攻陷南京。在以后长达6个星期的时间内,日军对我无辜市民和放下武器的中国士兵进行了惨绝人寰的大屠杀,遇难者达 30多万人。其中被集体射杀并毁尸灭迹的达19万多人,被零散屠杀,尸体经慈善团体掩埋的达15万多人。日军采用了枪杀、刀砍、割腹、肢解、水溺、火烧等屠杀手段。昔日的六朝古都到处是残垣断壁,一片腥风血雨。日军的野蛮暴行为人类文明史所罕见,中国人民的生命财产遭到了空前的劫难。(多么惊人的数字! 你能想象数字后我无辜市民和士兵面临的残酷吗?)

然而,长期以来在日本有少数右翼势力一直企图抹杀这段铁一般的历史事实。最近,日本众议员石原慎太郎对美国某杂志的谈话就是一个最新的例证。石原称:"中国方面应该(就南京大屠杀的事实)提出证据,我不认为发生过所谓的大屠杀。"并说"如果真有那种破天荒的(大屠杀这种)事情,当时的外国随军记者为何没有报道呢?"曾经震惊中外的南京大屠杀果真是无据可查的"谎言"吗?果真是没有目击者的报道吗?否! 下面这些事实不仅雄辩地证实了日本军国主义者53年前在南京犯下的暴行,而且证明散布谎言和闭眼不看现实的正是石原之流。(静静地想一想,持这种观点的仅仅是石原等少数人吗?)

1948年出席远东国际军事法庭的证人伍长德是南京汉中门外集体大屠杀的幸存者。他曾回忆说:"26年(民国)12月15日,中岛部队在南京难民区司法院用12挺机枪将2000名中国军警、百姓等押送汉中门。每一行列分别用绳圈捆绕住,赶至城外,用机枪扫射,已死者及受伤未死者,被日军用木柴、汽油焚烧之。"幸存者梁廷芳、白增荣在日军射杀时,携手投江,幸免于难。梁曾于1946年6月出席远东军事法庭作证,历时2个月。此后梁、白二人又联名向南京审判战犯军事法庭详细报告了这次集体大屠杀。南京中山码头集体大屠杀的幸存者徐进,曾于1946年1月26日给当时的国民政府主席行辕秘书处的呈文中,翔实记述了屠杀经过。据1984年调查,经历过南京大屠杀,现仍健在的幸存者和见证人就有1756人。对50多年来,幸存者们在各种场合,以各种形式提出的有关日军在南京大屠杀的无数证据怎么能视而不见,充耳不闻呢?(慢慢地读,因为每一个数据、每一句话后都浸透中华民族苦难的泪水与鲜血!)

所谓"当时的外国随军记者为何没有报道",也是明知故问。当时在日军攻城战和以后的大屠杀中,日本战地记者都作了报道。如《东京日日新闻》记者浅海一男等就报道了日军第16师团中岛部队少尉军官向进敏明和野田岩进行的屠杀中国人比赛。该报分别以"百人斩大战"、"百人斩超纪录"为题予以刊载,并刊登了向进和野田的照片;称他们为"皇军"的"英雄"。当时在东京出版的英文版《日本报知者》也报道了日军在南京的所谓"战绩"。为了防止日军暴行流传于世,日本当局曾限制刊登南京大屠杀的文章。前板俊之根据《出版警察报》统计,被禁的有关文章1938年头3个月就达182篇。不仅日本记者,当时在华的美国《纽约时报》(生活)杂志以及英国的《曼彻斯特卫报》等报刊记者也据实发表了大量有关南京大屠杀的报道和照片。(这段史实你清楚吗? 相关的照片你见过吗?)

战后,在日本陆续发现的旧军人"手记""日记""报告"、照片等,更为日军南京大屠杀提供了铁证。1984年8月4日,日本《朝日新闻》报道,在日本宫崎县杵北乡村一农家,发现了一本参与南京大屠杀的日军都城23团一名上等兵的日记, 记载了日军在南京杀人取乐、解闷的令人发指的暴行,(日军)"把无辜的支那人抓来,或活埋,或推入火中,或用木棒打死,或采用其他残酷手段加以杀害";"今天,我们又把无辜的中国人推倒,猛打到半死状态时,又把他们推到壕沟,从头上点火,把他们折磨死"。当时参加攻占南京的日军工兵外贺关次在他的日记中记述道:"1937年12月13日,33联队一个大队转入攻击,一面接近举着白旗的敌军,一面继续射击。在南京南门车站,工兵队的小伙子们刺死了70多个中国士兵⋯⋯其中还有痛苦呻吟的,他们就给他补上一刺刀。"(杀人是为了取乐、为了解闷! 多么可怕,令人发指的选择!)被称为屠夫的日军第6师团中将师团长谷寿夫关于攻占南京的"军状报告",已作为其旧著《机密日俄战史》战后版的附录公布。第16师团第30旅少将旅团长佐佐木的作战记录《南京攻略》,已在《一个军人的自传》增补新版中,证明了下关、太平门、紫金山等地大屠杀的事实。第13师团第103旅少将旅团长山田的记录也已发现,它证明了南京草鞋峡大屠杀的事实。

　　以上中国幸存者提出的证言和日本及其他国家记者的记载以及日本侵略军的记录,都充分证明了日本在侵华战争中的的确确进行了一场震惊中外的南京大屠杀。任何人的谎言和诡辩都抹杀不了中国人民用血和泪铸成的历史。(血泪浇铸的历史不只这一处,侵华日军的屠杀也不只发生在南京。你能去查找资料吗?)

　　我们注意到,持有类似石原这样观点的人在日本只是极少数,他们代表不了广大日本人民的意愿。在南京的"侵华日军南京大屠杀遇难同胞纪念馆"开馆后,至今已接待了来自日本各地、各界的参观者达4万多人次。很多人在这里了解到了南京大屠杀的历史真相,受到很大震动。他们对死难的30多万中国人表示忏悔和反省。(请注意数字相对比,4万多参观的日本人,30多万死难的中国人,现今 2亿的日本国民。)他们在这里栽种下和平之树,表达"日中誓不再战"的决心。一位当年侵华日军士兵在留言中写道,"南京大屠杀是真实的历史事实。对侵略中国我感到悔恨,对中国人民的宽大胸怀,我表示真诚的感谢。"他站在现场一再对观众表示"认罪道歉"。一些日本青年学生看了展览,对他们前辈的所作所为感到耻辱。他们认为,"要承认这些历史事实,认真进行反省"。

　　历史是不能篡改的。如何对待历史是一个十分严肃的问题。故意歪曲、掩盖历史,往往就是重蹈历史覆辙的开始。(如何对待历史呢?要反思的仅仅是日本人吗?)

读后悟语

　　一手执笔,一手托头,对着纸张苦思冥想,半天写不出几个字来,好一幅学生写作。其实,写文章不能只靠脑中一点材料,有时也要多翻翻各类书籍,引用一下相关的资料来充实自己的作品。作为"侵华日军南京大屠杀遇难同胞纪念馆"馆长,作者掌握了丰富的史实,在本文列举了诸多的史例来证明南京大屠杀是史实,不容任何人否认。

　　二战以来,日本国内对自己战争罪行总有诸多的辩解、诸多的否认。实际上,日军在战争中的屠杀抢掠,其规模之大,其残酷性之烈,在整个世界近现代史上,也是罕见的。前段时间,日本前首相小泉再次参拜靖国神社,又遭到亚洲国家的反对,小泉却认为他不能理解东亚人民反对他参拜的情感。对此,受难的中国人民似乎有着异乎寻常的平静与大度,缺少愤怒控诉的激情,反应远不如其他国家强烈,这是泱泱大国的儒家风度还是温良恭俭让的民族传统?我们都知道,不能认真深入反思历史的民族是不能进步的。在我们要求小泉们反思的同时,对于历史,对于现实,我们民族应该反思些什么呢?

学 生 作 品

铁窗明月恨悠悠,无限苍生无限仇。
个人生死何足论,岂能遗恨在千秋。

——余文涵

战争的记忆

佚 名

　　24世纪中期，人类终于可以移植记忆。(开篇点出24世纪，记忆可以移植，行文立刻进入假想。)科学家挑选了一组经过特别训练的试验人员，对他们做各种记忆移植的测试。经测试认定为最佳心理素质的小铁被指定作"战争"记忆的受体，他将接受一次严峻的考验。

　　小铁睁开眼，这里是安静的病房，护士正在为他做血压、心跳的记录。床头新摘的紫罗兰还带着晶莹的露珠，窗外阳光明媚，鸟儿在丛林中欢快地鸣叫。(你想过这句景物描写在这里的作用吗?)

　　小铁靠在窗上，有点累，闭上了眼。忽然，他看见一个身披铠甲，满头满脑全是鲜血的古代士兵向他扑来。"啊"，小铁马上睁开眼，定了定神，他知道，这是输入他脑中信息起作用了。

　　"轰隆隆"，耳边仿佛响起了阵阵战鼓声，这又是哪一场战争?哦，想起来了，这是崤山之战。当年秦穆公不听劝诫执意攻郑，结果秦军大败，血流成河。多少年后，秦穆公对着崤山累累白骨痛哭流涕，又能唤回多少英魂?(由叙述转议论，自然紧凑，你能做到吗?)

　　咦，那又是什么?哦，是十字军东征，那基督教的大旗猎猎，在主的名义下，多少无辜百姓命归黄泉;那是一战中的索姆河战役，英军首次使用坦克，多少血肉之躯被绞成肉泥。

　　(由中国到外国，由古代到现代，战争始终是悲剧。你认为呢?)

　　小铁被惊出一身冷汗，他恐惧地睁大眼睛，四处张望了一会儿。病房静悄悄的，窗外的鸟鸣不知什么时候结束了,太阳热辣辣地照着大地。他站起身来想到外面走走。

　　一出病房,看到走廊里一盏飞机式的灯悬在头上,小铁的脑袋再次"轰"的一下,无数记忆再次涌来。飞机盘旋着,接着就是炸弹爆炸声,房屋倒塌,人们尖叫着四下里逃散,小孩的哭声充斥于耳。"二战"中无数城市化为废墟,无家可归的人们到处流浪。即使到了20世纪末,这样的悲剧仍在继续上演。

　　几天来,小铁的脑子萦绕的全是几个世纪来一场又一场的战争悲剧,而且记忆的演示仿佛永无止境。难道人类从来就没有停止过战争吗?小铁被这个问题的答案震惊了。翻开报纸,依然有各种关于战争的报道,在世界的某个角落,战争正在升级,各种现代军事设备在战场就位。

　　小铁忽然有一个想法,要给那些制造战争的人,那些军火商作一个记忆移植手术,要让他们知道战争的痛苦,让他们放下武器! 对,马上去找科学家,小铁跳起来。(找到科学家的结果如何呢?作者不写了,给读者想象。这种干净利落的结尾在你的作文里可以找到吗?)

同学分析

　　如果记忆可以移植,文中的"小铁"愿意请科学家把关于战争的记忆移植到"制造战争的人,那些军火商"的头脑中去,让他们知道战争的痛苦,从此世界和平。

　　站在24世纪的高度回望先秦崤山之战,回望十字军东征,回望第一次、第二次世界大战,回望20世纪末硝烟四起的世界,的确是一场恐怖的梦魇。本文在这场梦魇的描写当中,显示出作者广博的历史文化知识和良好的学科知识迁移的能力。现实越是可怕,愿望就越是显得美好。作者巧妙地运用了这一对比,达到了预期的效果。然而,作者可能没有想到,只给"那些制造战争的人,那些军火商"移植战争的记忆,恐怕也难以根除战争。战争伴随着人类的出生成长,恐怕也将随着人类的消亡而消亡。"根除战争"的愿望因其难以实现甚至是无法实现而带上海市蜃楼般的色彩,显得越发美好。这恐怕是本文作者始料未及的。

教师点评

　　这是1999年高考优秀作文。开篇用一句话交代背景，紧扣题旨；以战争记忆为中心，由古到今组织材料，想象丰富有序；最后以一个想法自然做结，表达对战争的憎恶和对和平的热爱。文章立意好、文字活，但最成功之处还在于小作者构思的巧妙。反战文章可有很多表叙角度，本文选择大事大写，这对中学生来说原本不易，但作者以假想的记忆移植试验为突破，顺理成章地将自己的历史知识融入其中，再加上恰当议论点题，一篇优秀作文就展现在面前了。

　　写文章好比盖房子，材料齐全了，更要斟酌，有好构思才能动工。有同学动笔前很少想构思，习惯提笔就写，边写边改，甚至写到一半推翻重写，实在事倍功半。都知道良好开端是成功的一半，认真的构思也可算写作的好开端呢！

燃烧的心

——读《伊则吉尔老婆子》有感

周燕宏

"'我们走吧！'丹柯嚷着，高高举起他那颗燃烧的心，给人们照亮道路，自己领头向前奔去。"(直接引用原文开头，点题点中心。你的作文试过这样吗?)

这是前苏联著名作家高尔基的短篇小说《伊则吉尔老婆子》中的一段。作品中的英雄丹柯，"为了人们烧掉自己的心死去，并不要一点酬报"，甚至在他倒下去以后，勇敢的心还在他的尸首旁边燃烧，指引着人们冲破那无边的黑暗，奔向自由的土地。

丹柯高举着自己那颗燃烧的心的形象，不禁使我想起了老山前线的勇士们。他们何其相似啊! 年轻的排雷英雄刘全录为坚守祖国的南大门，献出了自己的双眼，左臂和右腿；"英雄硬六连"副指导员谢关友，一位年轻的父亲，把对自己不满八个月的儿子的满腔父爱，化为一封催人泪下、促人感奋的遗书；坚守李海欣高地的勇士们，面对着炮火、焦土和凶残的顽敌，"宁可赴万死，不留他日羞"……(你知道老山前线的英雄事迹吗?他们和丹柯的相似点在哪里?)

丹柯为了人们，无私地奉献出一颗燃烧的心，当他看见了横在自己面前的广大草原时，"他快乐地望着这自由的土地，骄傲地笑起来，随后他倒下来——死了。"丹柯懂得人生价值。那么，我们的勇士呢，他们懂得生命的价值吗?

有人向战士们提出了这样一个问题:愿意生存，还是死亡?我们的战士毫不犹豫地回答:生存。是啊，人活在世上，哪个人不想多看看大千世界的绚丽色彩，有谁会无缘无故地选择死亡呢?那么，又是什么力量推动他们在战场上冷静地面对死神的呢?一个刚刚从前线下来的年仅17岁的小战士说:"很简单。我死了,后方的青年就会活得更美好;我母亲流泪,其他人的母亲就不会流泪。"啊,老山的勇士们,为了千万家人的团圆,为了千万家人的幸福,他们奉献出了一颗颗燃烧的心,他们像丹柯一样懂得自己的人生价值。(生命因死亡的存在而显得珍贵,死亡因生命的延续而显得壮烈。)

　　丹柯和老山勇士,他们都为人民献出自己燃烧的心,但他们的命运又不尽相同。丹柯那颗燃烧的心曾照亮森林,吓退黑暗,最后却被它所照亮的人踩熄于脚下。可老山勇士的心却被人民爱护备至地高高举起,继续燃烧着,永远照亮前进的道路。在南京,迪斯科舞曲在前线战士深情的演讲面前失去了吸引力;在上海,工读学校的失足青年在前线战士深情的演讲面前失声痛哭;在浙江,千百名大学生在前线战士深情的演讲面前激动地高呼:"大学生理解你们!"从城市到乡村,从工厂到学校,老山勇士燃烧的心,使多少热情的心产生共鸣,蒙尘的心受到洗涤,麻木的心开始苏醒,负伤的心重新愈合,空虚的心得到充实。(反复朗读这个排比句,可以吗?)

　　有个青年这样说:"再也不能只用埋怨的口吻和事不关己的态度来看待生活了,要用行动来报答前线将士的鲜血和生命!"这难道仅仅是一个青年的心灵悸动和震颤吗?(用设问来转折,好在哪里?)不,不!这是一代青年共同的心声。它召唤我们青年奋起,召唤整个中华民族奋起!

　　——这才是老山勇士的人生价值的全部,是丹柯所不能比拟的。

　　奥斯特洛夫斯基曾说过:"人的一生可能燃烧,也可能腐朽,我愿意燃烧。"(引用这句名言结尾,你可以找到替换的吗?)愿我们都像丹柯一样,不,都像老山勇士一样,在充分的燃烧中获取最大的人生价值。(如果这篇文章不提老山英雄,只就丹柯一个人进行感想,在内容、深度上会有什么变化呢?)

 同学分析

　　在本文中,《伊则吉尔老婆子》中的英雄丹柯与老山前线的战士因为同样具有一颗"燃烧的心"而产生关联。丹柯是《伊则吉尔老婆子》三个小故事中一个,也是整篇小说的精神旨归。作者很好地理解了小说，抓住了小说颂扬无私奉献、不怕牺牲的集体主义精神的主题，由虚构的小说到当下的现实，脉络连贯清晰。在文章的末尾，这种燃烧自己，照亮别人的英雄情操化为一般人也可以具有的"燃烧自己以获取最大的人生价值"的理想，是对小说主题的合理阐释。

因此，"燃烧的心"在本文中有了两层含义，一方面，它代表无私和奉献，与自私和狭隘相对；另一方面，它代表着青春和热血，与平庸和堕落相对。遗憾的是，本文的作者似乎没有分辨出这两个层次的含义。因此，本文表面上看来排山倒海，势不可挡，然而，作者未必清楚自己笔下"燃烧的心"的概念，随思绪所至，信笔写来，时而颂扬奉献，时而赞美青春，缺少应用层次感。这不能不说是本文的一个缺憾。

教师点评

本文最大的特点就是将原材料与所感的内容融为一体，穿插进行。同时作者还将"老山勇士"与"丹柯"相比，指出老山勇士的伟大之处。围绕中心叙述，并在主题上反复升华。结尾引用名言，再次总结性的点明文章中心。

很多学生怕写作文有字数要求，因为他实在写不长。其实，单就一人一事一物来看，学生也很难写出足够长度的文章来。像《燃烧的心》这篇习作，如果仅仅就丹柯来写，可写的并不多，时代感也不强，但作者巧妙拓展，将老山勇士写入，与丹柯进行类比，文章可议可写的就有很多了。这为我们写作提供一个思路：将人物或者事例进行类比的拓展，不仅可以充实习作的内容，还可以增强习作的厚度。

怀念父亲

刘 爵

我是今年才知道每年6月的第二个星期天是"父亲节",想到"父亲节",想到已经去了的老爸,他那威严而又慈祥的面容浮现在我的眼前,久久地停留在我的脑海里。(点明是回忆、怀念父亲。)

我老爸1937年下半年参加革命,1939年参加八路军正规部队,在连队带兵打仗,一直打到抗美援朝战争的结束,身上较大的伤疤就有6处,大的有茶杯口那么大,还深深的陷进皮肤里面。(父亲的革命历史与战绩。)

老爸爱干净,喜欢洗澡,每次总喊我给他搓后背。一到这时候,他总说,在战争年代,几个月、半年不能洗一次澡是常事,衣服也没得换的,身上虱子抱团。小时候每次给老爸搓后背,一边听他讲故事一边默默地数着他身上的枪疤,一个、二个、三个……每到这时候,老爸脸上就露出胜利者的笑容,说,这个伤是在什么战役留的……(在儿子看来,父亲是胜利者,为什么?)

老爸是一野的,部队改编前是西北野战军,最早是陕甘宁边区兵团,是负责保卫延安中央直属机关。"七七卢沟桥"事变,小鬼子打到河北,打到我的老家保定,当时我老爸还在保定中学读书,在党的领导下,一个个热血青年毅然走上了抗日的道路。

老爸苦大仇深,我爷爷、奶奶,老家很多乡亲都死在小鬼子的刀枪下。那年,小鬼子进村,硬让我爷爷去给他们挑水,一个鬼子用刺刀戳着我爷爷的后背,八格八格的,就把我爷爷押到水井边。爷爷怕,乘鬼子不留意,就往青纱帐里跑,但跑不过子弹。老爸在青纱帐里怒火冲天,当晚悄悄地溜进村,血气方刚的老爸用杀猪刀杀了一个鬼子哨兵,提着鬼子头就直奔敌后武工队。两年后,老爸越战越勇,入党,当上敌后武工队的小队长,根据上级的指示,带了他领导的敌后武工队,转入八路军正规部队。

这还是后来,我跟妈妈回老家才知道的。(父亲的英雄事迹为什么不早告诉孩子。)

那天,妈妈带我和弟弟去邻村看一个长辈,刚进村,突然从旁边冲出来一个满头白发的老奶奶,哭着,就跪在我妈妈跟前,硬拉着我妈的手,让我妈妈还她的儿子。我和弟弟小,闹不清楚是怎么回事。我们也没有在老家住过,老奶奶的儿子和我们有什么关系呢?后来,妈妈就说,你爸爸那年,一下子从周围几个村子里带出去100多个小伙子参加八路军,现在活着的,怕没有几个了,都死在战场上了。

可不是,我给老爸搓背,他就说,一个伤疤就是一条命,6个伤疤就等于我死了6回。老爸后来退了下来,开始真有点难舍难分。后来他说,想想那些长眠在祖国大地上朝夕相处,那些刚才还活蹦乱跳,一场战斗下来就"光荣"的战友们,我们活着的人还有什么放不下的呢!(父亲的话也值得我们深思。)

妈妈当兵晚,是解放战争刚开始当的兵。她也经常说,男人们都在前面打仗,女人们就在后面拼命的救治伤号。一场仗下来,女人们就问,他还活着吗?听到前线下来的人说,还活着,人就松了一口气,继续埋头拼命地救治从前线抬下来的伤员。有的一打听,说自己的男人"光荣"了,人立马就瘫了,旁边的人就赶紧掐人中。

老爸当了一辈子兵,打了十几年的仗,从士兵到将军,大大小小一个战役接着一个战役,他总说,就只6个伤疤疤。老爸前年去了,走得很安详,身上覆盖着党旗,脸上是胜利者的微笑,带着红领章、红帽徽,还有他生前爱不释手的德国造8倍望远镜,走了,去马克思那里报到去了!(总结父亲的一生。再次强调父亲那"胜利者的微笑"。)

同学分析

"我"的父亲还活在这篇文章里。

"讲故事"是怀念的最好方式,一段一段,仿佛顺手拈来的片断,都是父亲当年的点点滴滴,经过精心安排,顺序地呈现在读者面前。父亲年轻时的血气方刚,"退下来"以后的豁达豪爽,渗在简洁质朴的语句中。这种平稳、从容,略带感伤而又透着几乎难以察觉的自豪劲儿的叙述语气是《怀念父亲》最为可贵的地方,显示出作者良好的驾驭文字、表达情感的能力。这是一部唯有拥有恬静、克制、成熟的心灵的人才能创造出来的作品。

最后一段是本文最为出彩的地方。"老爸……走了,去马克思那里报到去了!"乍一看,很难理解为什么这里出现一个很不和谐的感叹号,仿佛对父亲的死感到欢欣鼓舞。仔细琢磨,方才明白作者之深意。以父亲之视死如归,以父亲之高爽豁达,以父亲之举重若轻,"死亡"也是一件爽快的事情。

教师点评

从小学到中学,记人的作文写过很多,其中父母亲人更是学生们常写的对象,但能达到这篇水平的不多。这篇文章的成功之处不少,语言的平和含蓄,叙述的流畅生动,选材的精致恰当,情感的深沉克制,等等。这些优点在许多同学的习作中也能找到。但本文的父亲形象远不同于我们常见的爱子情深的父亲。这个儿子看到的不仅仅是父子情,他笔下的父亲是个大写的人,是从一定社会背景下走出来的父亲,言行都承载着历史痕迹。

人是隶属于社会的,不同时代、不同背景的人折射着社会历史的不同光芒,除去人性中永恒的一面,人更多展示的是个性,带有时代和社会共性的个性。明白了这点,扩大写作的视野,把人切实放到他所处的社会中去描述,就不会再有十年不变、千人如一的人物形象了。

读《鸦片战争》偶感

曾 鸿

鸦片战争,鸦片战争,仅仅这四个简单的字,就使中国人经历了一个时代的耻辱。这是《鸦片战争》给我最大的感受,是一种悲伤,是一种愤怒,是一种自强的欲望。(开篇直接点题,排比句抒发了小作者看书后的感受,感染力强。)

以往的繁荣,以往的强盛,在这个中华民族五千年历史上最黑暗的年代里,都化为乌有,从强占到"租借",那是中华民族任人宰割的时代。乌烟笼罩着整个中国,"他们"、"她们"却在那写字台上不断地签约;而他们,却在刀刃上搏斗。(用蕴涵强烈情感的语句对比概括所读书的内容。)

沉睡的雄狮啊! 你为何不站起来呢?难道你就真忍心丢下你的孩儿们不管吗?难道你就情愿做一只病猫吗?(直接的质问,显示了作者的悲愤。)

从太平天国到义和团,从甲午战争到八国联军,从林则徐到邓世昌。那一行行字迹,一幕幕的画面,那一个个的年号,那一张张的条约,都在讲述着一个时代的故事,那个故事是悲惨的,也是雄壮的,他鼓励着我们永远向侵略者斗争。只可惜,我不在那个年代。(为什么"可惜我不在那个年代"?)

如今,时隔一百年。天下早已太平,中国人民也站起来了。沉睡一百年的雄狮,终于醒了。离乡背井的国民们,也团聚了。如今,国家富强了,人民富裕了,世界成了我们的舞台。还有什么,不值得我们骄傲呢?(回应上文"沉睡的雄狮"。)

不,有。中国人民不应该忘记,一百年的耻辱,"马关"、"南京",旅顺大连,香港澳门,还有台湾,这些都是不可抹去的耻辱。历史的教训是刻骨铭心的,我们当永不忘记。

不错,我们要深刻记住:落后就要挨打。五千年以来,哪一个祖先,哪一个朝代,无不都是在警告着我们?自学不才,外交失败,鸦片战争;内忧外患,安内不成,东北沦陷。这一切,都活生生地告诉我们:要想摆脱挨打的局面,就只有自强。古人云:自强足立于天下。一个人是这样,一个国家一个民族更是这样。

民族生命的进程,子孙后代的延续:愿我们都能用真诚唤醒愚昧。让我们为祖国献上自己的一份力,永保华夏民族自强不息! (注意这两段中小作者的自然转承。)

同学分析

初一的学生看鸦片战争,字里行间洋溢着年轻人的激情。少年人看历史,最可贵的是这一份激情。在光荣与梦想中看见希望,在质问与敲打中看见教训。这一篇典型的读后感,基本上脱离了文本,充溢着自由驰骋的思想片断。光荣与耻辱,历史与未来,大是大非,大喜大悲,在独白与对话式的文字中发生猛烈的冲撞,如果在那个年代,这当是一首雄壮的战歌。

战歌常用排比、反复以蓄势;战歌常用短句以鼓舞士气;战歌常用反问设问以引起听众之注意;战歌常用第二人称呼告抒情以敲击战士之心灵。《<读鸦片战争>偶感》具备以上各要素,因此说,这可以是一首雄壮的战歌。然而,读后感本应具有之不可重复的私人性却难寻踪影。论至此,似可作如下揣测:《读<鸦片战争>偶感》基于《鸦片战争》而生,其主题、其抒情基调与后者一般无二,两者共生于同一平面,那么,新的思想、别样的声音、个体的心灵在哪里?

然而,少年人看历史,最可贵的是这一份激情。

137

教师点评

　　严格说，这不是一篇非常优秀的习作，如果我们按辞章、理据等要求来细细推敲。但无论是粗读还是细读，它都能感动我们，因为其中洋溢着深厚的爱国主义情感。列宁说：爱国主义就是千百年来巩固起来的对自己的祖国的一种最深厚的感情。这种感情集中地表现为民族自尊心和民族自信心；表现为人们为争取自己祖国的独立富强而英勇献身的奋斗精神。

　　鸦片战争是中国人心头永远的痛，但现实生活中关注并了解它的人并不多，尤其是现在的中小学生——和平富裕生活中长大的一代。这位小作者应该是个例外，他很喜欢读历史书籍，并常常思考中华民族的盛衰与自己的关系。他的爱国激情常令作为老师的我们激动又惭愧，同学都很喜欢他。而这篇习作是他爱国情感最直接的体现。对比当下大多数学生习作中私己缠绕的恩怨，这种"身在校园，胸怀祖国，放眼天下"的文章应该是值得推荐和倡导的了。

品味诗词的魅力

从认识汉字到现在，你一定读了不少诗词吧?也背诵了不少诗词吧?

但是,你读懂诗词的意思了吗?你可知道诗词背后的故事吗? 你能感受到诗词所传达出来的精神吗?本辑将带你踏上古典文学的道路,撷几朵诗词花瓣,品味一番诗词的魅力。

诗词,滋养着一代又一代炎黄子孙。这一中华民族文学的精粹样式,凸现了民族智慧,涵养了民族精神,丰富了民族文化,形成了民族性格,是我们祖国一笔宝贵的精神财富。

在"品味诗词的魅力"这一辑的作品中,既有当代名家功力深厚的诗词赏析作品,又有不为人知的诗词爱好者的诗词解读文章,还有一些全国作文大赛中涌现出来的学生作品,这些作品或者思想深刻,或者见解独特,或者文笔流畅,向我们立体式地展示了古典诗词的独特魅力。

追随文明的足迹

名 篇 赏 析

读史使人明智，读诗使人灵秀，数学使人周密，物理学使人深刻，伦理学使人庄重，逻辑与修辞使人善辩。

——[英]培根

苦闷的寄托

袁行霈

花间一壶酒,独酌无相亲。

举杯邀明月,对影成三人。

月既不解饮①,影徒随我身。

暂伴月将影②,行乐须及春。

我歌月徘徊,我舞影零乱。

醒时同交欢,醉后各分散。

永结无情游,相期邈云汉③。

①解,理解。　②将,偕。　③邈,高。

这首诗突出写一个"独"字。李白有抱负,有才能,想做一番事业,但是既得不到统治者的赏识和支持,也找不到多少知音和朋友。所以他常常陷入孤独的包围之中,感到苦闷、彷徨。从他的诗里,我们可以听到一个孤独的灵魂的呼喊,这喊声里有对那个不合理的社会的抗议,也有对自由与解放的渴望,那股不可遏制的力量真是足以"惊风雨"而"泣鬼神"的。(开篇总写。深入地阐释一个"独"字,有先声夺人之势。)

开头两句"花间一壶酒,独酌无相亲",已点出"独"字。爱喝酒的人一般是不喜欢独自一个人喝闷酒的,他们愿意有一二知己边聊边饮,把心里积存已久的话倾诉出来。尤其是当美景良辰,月下花间,更希望有亲近的伴侣和自己一起分享风景的优美和酒味的醇香。李白写这首诗的时候正是这种心情,但是他有酒无亲,一肚子话没处可说,只好"举杯邀明月,对影成三人",邀请明月和自己的身影来做伴了。这两句是从陶渊明的《杂诗)中化出来的,陶诗说:"欲言无予和,挥杯劝孤影。"不过那只是"两人",李白多邀了一个明月,所以是"对影成三人"了。(串讲夹叙夹议,或引或评,淋漓透彻。)

　　然而,明月是不会喝酒的,影子也只会默默地跟随着自己而已。"月既不解饮,影徒随我身"。结果还只能是自己一个人独酌。但是有这样两个伴侣究竟是好的,"暂伴月将影,行乐须及春",暂且在月和影的伴随下,及时地行乐吧! 下面接着写歌舞行乐的情形:"我歌月徘徊;我舞影零乱。醒时同交欢,醉后各分散。""月徘徊",是说月被我的歌声感动了,总在我身边徘徊着不肯离去。"影零乱",是说影也随着自己的身体做出各种不很规矩的舞姿。这时,诗人和他们已达到感情交融的地步了。所以接下来说:"醒时同交欢,醉后各分散。"趁醒着的时候三人结交成好朋友,醉后不免要各自分散了。但李白是舍不得和他们分散的,最后两句说:"永结无情游,相期邈云汉。""无情"是不沾染世情的意思,"无情游"是超出于一般世俗关系的交游。李白认为这种摆脱了利害关系的交往,才是最纯洁的最真诚的。他在人间找不到这种友谊,便只好和月亮和影子相约,希望同他们永远结下无情之游,并在高高的天上相会。"云汉",就是银河,这里泛指远离尘世的天界。这两句诗虽然表现了出世思想,但李白的这种思想并不完全是消极的,就其对社会上人与人之间庸俗关系的厌恶与否定而言,应当说是含有深刻的积极意义的。

　　这首诗虽然说"对影成三人",主要还是寄情于明月。(由此句引出下文,插入李白爱月写月的历程,看似闲笔,却有深意。)李白从小就喜欢明月,《古朗月行》说:"小时不识月,呼作白玉盘。又疑瑶台镜,飞在青云端。"在幼小的李白的心灵里,明月已经是光明皎洁的象征了。他常常借助明月寄托自己的理想,热切地追求她。《把酒问月》一开头就说:"青天有月来几时,我今停杯一问之。人攀明月不可得,月行却与人相随。"在《宣州谢朓楼饯别校书叔云》这首诗里也说:"俱怀逸兴壮思飞,欲上青天揽明月。"他想攀明月,又想揽明月,都表现了他对于光明的向往。正因为他厌恶社会的黑暗与污浊,追求光明与纯洁,所以才对明月寄托了那么深厚的感情,以致连他的死也有传说,说他是醉后入水中捉月而死的。明月又常常使李白回忆起他的故乡。青年时代他在四川时曾游历过峨眉山,峨眉山月给他留下深刻的印象。他写过一首《峨眉山月歌》,其中说"峨眉山月半轮秋,影入平羌江水流",很为人所传诵。他晚年在武昌又写过一首《峨眉山月歌》,是为一位四川和尚到长安去而写了送行的。诗里说他在三峡时看到明月就想起峨眉,峨眉山月万里相随,陪伴他来到黄鹤楼;如今又遇到你这峨眉来的客人,那轮峨眉山月一定会送你到长安的;

最后他希望这位蜀僧'一振高名满帝都，归时还弄峨眉月"。明月是如此的引起李白的乡情，所以在那首著名的《静夜思》中，才会说"举头望明月，低头思故乡"，一看到明月就想起峨眉，想起家乡四川来了。明月，对于李白又是一个亲密的朋友。《梦游天姥吟留别》里说："我欲因之梦吴越，一夜飞渡镜湖月。湖月照我影，送我至剡溪。"在另一首题目叫《下终南山过斛斯山人宿置酒》的诗里，他又说："暮从碧山下，山月随人归。"简直是以儿童的天真在看月的。更有意思的是，当他听到王昌龄左迁龙标的消息后，写了一首诗寄给王昌龄，诗里说："我寄愁心与明月，随君直到夜郎西。"在李白的想象里，明月可以带着他的愁心，跟随王昌龄一直走到边远的地方。

当我们知道了明月对李白有这样多的意义，也就容易理解为什么在《月下独酌》这首诗里李白对明月寄予那样深厚的情谊。"举杯邀明月，对影成三人"，"永结无情游，相期邈云汉"，李白从小就与之结为伴侣的，象征着光明、纯洁的，常常使李白思念起故乡的月亮，是值得李白对她一往情深的。(因追逐水中月亮而落水溺死，这是后人赋予李白离世的美丽传说，由此可见"李白对她一往情深"。)孤高、桀骜而又天真的伟大诗人李白，也完全配得上做明月的朋友。

读后悟语

月亮，这个宇宙中的精灵，曾经赋予了许多文学家以灵感和想象。举头望月亮，有人读到了离别后的团圆，有人读到了团圆后的离别，有人读到了盼望的幸福，有人读到了思念的忧愁，而在李白这首《月下独酌》中，我们读到的却是诗人的孤独与苦闷。

这篇当代名家袁行霈先生的解读文章，以李白为经，以月亮为纬，既有具体的解字析句，又有概括的归纳整理，交织出了一幅月与诗的绚丽图画。

一行行的诗句，在作者的解读中，幻化成了一个个鲜活的画面。

一幕幕的场景，在作者的解读中，衍生出了一句句灵魂的呼喊。

在作者的解读文字中，我们感受到了"有酒无亲，一肚子话没处可说"的郁闷李白，感受到了"月与影的伴随下，及时地行乐"的醉酒李白，感受到了一个"对社会上人与人之间庸俗关系的厌恶与否定"的愤世李白。我们仿佛看到熟悉的李白从历史的尘垢中翩跹走来,我们似乎又与李白的孤高、桀骜和天真融合在一起了。

李白是爱月的,作者由此及彼,充分打开丰富的收藏,如数家珍,把李白的写月诗句作了一个精彩的展览,向读者描绘出了一生爱月的李白形象,诗句与诗人水乳交融般展现在了读者的眼前。

"几家能有一絇丝"

——说王安石的《促织》诗

吴小如

金屏翠幔与秋宜，

得此年年醉不知。

只向贫家促机杼①，

几家能有一絇丝②。

①机杼(zhù)，织布机。　②絇(qú)，通行本作"钩"，今从大德本、嘉靖本。一絇：一缕。

《促织》是王安石写的反映农民生活的一首诗，这首七言绝句是从唐代新乐府作家之一李绅的《悯农》二首发展来的。(振叶求声，扬波探源，谈宋代的诗，先从唐代论起，落笔不凡。)

李绅的《悯农》二首都是五绝，用对比手法写贫富悬殊，反映了严重的阶级对立，而残酷的阶级压迫也就不言而喻了。"四海无闲田，农夫犹饿死"；"谁知盘中餐，粒粒皆辛苦"，以具体而鲜明的对照手法，刻画出尖锐的社会矛盾，是古典诗歌中有力的投枪和匕首。后来如孟郊的《织妇词》："如何织纨素，身着褴褛衣"。郑谷的《偶书》："不会(不理解)苍苍主何事，忍饥多是力耕人。"写得虽也相当沉痛，却总觉得不及李绅的诗感人深切。其关键乃在于：一、用于对比的两个极端的形象不够鲜明；二、作者总忍不住要站出来说话，结果反而减弱了诗歌的感染力。到了宋代，梅尧臣的《陶者》是这一类短诗中的代表作：

145

陶尽门前土,屋上无片瓦;

十指不沾泥,鳞鳞居大厦。

钱钟书先生在《宋诗选注》中评此诗为"不加论断、简辣深刻"。这"不加论断",反倒容易更有力地打动读者。与梅尧臣同时的还有一个不大出名的张俞,他的《蚕妇》却比较有名:

昨日到城郭,归来泪满巾;

遍身罗绮者,非是养蚕人。

吕祖谦:《宋文鉴》卷二十六

问题倒不在于落前人窠臼,主要是把蚕妇写得只有悲哀而无愤怒,就显得力量有些单薄了。这类诗到了王安石的《促织》却有了较大发展。

从主题看,这首诗同孟郊、张俞所反映的内容是相近的;而且作者本人也站出来表了态,似乎没有什么新意。但内容虽同而手法互异;尽管都是站出来表态,王安石却出之以嬉笑怒骂,是锋芒毕露的写法。这就显得爱憎分明,感情强烈多了。(文章至此方写到《促织》诗的特色,为下文铺开张本。)

从具体描写看,前两句和后两句显然是以对比手法写贫富悬殊;但就李壁的笺注看,却不易把上下文统一起来。前两句注云:"古诗:长安醉眠客,岂知秋雁来。即此意。"后二句注云:"唐张乔诗:念尔无机自有情,迎寒辛苦弄梭声,椒房金屋何曾识?偏向贫家壁下鸣。"注得并非不切。但张乔对蟋蟀是表同情的,而王安石则予促织以贬词,仅有"只向"二字,便把蟋蟀写成乘人之危或幸灾乐祸的家伙,而作者对贫家的同情,对富家的愤慨都明确地表现出来了。这正是王安石此诗的独到处。然而关键还在对前两句怎样理解。

我的体会是:第一句的"金屏翠幔"是同末句的'一缚丝'形成鲜明对照的。屏风上的图案是丝织成的,帷幔的质地也是丝的,都是耗费了劳动妇女无数心血的产物。可是富贵人家"得此"甚易,并且用来作为遮风挡寒的工具,那些醉生梦死的老爷们年复一年安于这种舒适的处境之中,完全感觉不到秋天寒冷的威胁。偏偏就在这个季节,无情的蟋蟀(即促织)却向贫家鸣叫不已,催促他们赶快劳动,却不想想穷苦人家多少门户连"一缚丝"也没有,让他们拿什么去织呢?"金屏翠幔"和"一缚丝"不仅是成品和原料的对比,而且是生活的豪奢与贫瘠的对比,是物质的珍贵与寒碜的对比,甚至在数量上也是悬殊的。

(经作者这样分析后,你是否也觉得《促织》不同凡响了呢?)这就比李绅、孟郊、梅尧臣、张俞诸人之作的内容丰富多了。何况在对比之中还加上个蟋蟀做媒介,在嗔怪它无端"促机杼"的语气中,实际却把矛头指向了豪门贵族,这就更使读者感到深刻痛切却又觉得含蓄不尽。因此我认为这首诗确乎不同凡响了。

 **读后悟语**

　　悯农诗似乎永远比不上爱情诗让文人们青睐,但好的悯农诗却如一道闪亮的电光,划破黑寂的苍穹,直击统治者的灵魂,给历史长河洒下几粒盐,留给后人深沉的回味。王安石的《促织》就是这样的一首悯农诗。

　　古诗词专家吴小如教授用简洁深刻的笔调阐释了这首诗的魅力。文章欲说王安石,却先宕开一笔,说李绅,话孟郊,带郑谷,引梅尧臣,评张俞,尽幅千里而裁剪适当,纵横对比又切中肯綮,顺势而下;点评王安石的《促织》,堪称大家手笔。

　　好诗应该是内容与形式的完美统一。作者在解读的过程中,着力把诗的深刻含义揭示出来,除了在对比中显现外,还抓住了关键字,"只向"、"金屏翠幔"、"一绚丝"看似简单,实则大有深意,看了这样的剖析,我们不得不惊叹作者眼光的独到和挖掘的力度。《促织》是王安石的"嬉笑怒骂",又是"锋气毕露的手法",更是一道精致的绝句品读美味。

《满庭芳》赏读

周汝昌

山抹微云，天连衰草，画角声断谯门。暂停征棹，聊共引离尊。多少蓬莱旧事，空回首，烟霭纷纷。斜阳外，寒鸦万点，流水绕孤村。

销魂当此际，香囊暗解，罗带轻分。谩赢得青楼，薄幸名存。此去何时见也，襟袖上，空惹啼痕。伤情处，高城望断，灯火已黄昏。

有不少词调，开头两句八个字，便是一幅工致美妙的对联。（欲说本首词，先宕开一笔，像是评书人的楔子，饶有兴味。）宋代名家，大抵皆向此等处见功夫，逞文采。诸如"作冷欺花，将烟困柳"，"叠鼓夜寒，垂灯春浅"……一时也举他不尽。这好比名角出台，绣帘揭处，一个亮相，风采精神，能把全场"笼罩"住。试看那"欺"字"困"字，"叠"字"垂"字……词人的慧性灵心、情肠意匠，早已颖秀葩呈，动人心目。

然而，要论个中高手，我意终推秦郎。比如他的笔下"碧水惊秋，黄云凝暮"，何等神笔！至于这首《满庭芳》的起拍开端："山抹微云，天连衰草"，更是雅俗共赏，只此一个出场，便博得满堂碰头彩，掌声雷动——真好看煞人！（其言极好；语言文白兼用，别有韵味。）

这两句端的好在何处？

大家先就看上了那"抹"字。好一个"山抹微云"！"抹"得奇，新鲜，别有意趣！

"抹"又为何便如此新奇别致，博得喝彩呢？

须看他字用得妙，有人说是文也而通画理。

抹者何也？就是用另一个颜色，掩去了原来的底色之谓。所以，唐德宗在贞元时阅考卷，遇有词理不通的，他便"浓笔抹之至尾"(煞是痛快)！至于古代女流，则时时要"涂脂抹粉"，罗虬写的"一抹浓红傍脸斜"，老杜说的"晓妆随手抹"，都是佳例，其实亦即用脂红别色以掩素面本容之义。

如此说来，秦郎所指，原即山掩微云，应无误会。

但是如果他写下的真是"山掩微云"四个大字，那就风流顿减，而意致无多了。学词者宜向此处细心体味。同是这位词人，他在一首诗中却说："林梢一抹青如画，知是淮流转处山。"同样成为名句。看来，他确实是有意地运用绘画的笔法而将它写入了诗词，人说他"通画理"，可增一层印证。他善用"抹"字，一写林外之山痕，一写山间之云迹，手法俱是诗中之画，画中之诗，其致一也。只单看此词开头四个字，宛然一幅"横云断岭"图。

<u>出句如彼，且看他对句用何字相敌？他道是："天连衰草。"</u>(过渡自然，吸引读者。)

于此，便有人嫌这"连"字太平易了，觉得还要"特殊"一点才好，想来想去，想出一个"黏"字来，想起"黏"字来的人，起码是南宋人了，他自以为这样才"炼字"警策。大家见他如此写天际四垂，远与地平相"接"，好像"黏合"了一样，用心选辞，都不同俗常，果然也是值得击节赞赏？

我却不敢苟同这个对字法。

何以不取"黏"字呢？盖少游时当北宋，那期间，词的风格还是大方家数一派路子，尚无十分刁钻古怪的炼字法。再者，上文已然着重说明：秦郎所以选用"抹"并且用得好，全在用画入词，看似精巧，实亦信手拈来，自然成趣。他断不肯为了"敌"那个"抹"字，苦思焦虑，最后认上一个"黏"，以为"独得之秘"——那就是自从南宋才有的词风，时代特征是不能错乱的。"黏"字之病在于，太雕琢——也就显得太穿凿，太用力——也就显得太吃力。艺术是不以此等为最高境界的。况且，"黏"也与我们的民族画理不相贴切，我们的诗人赋手，可以写出"野旷天低"，"水天相接"。这自然也符合西洋透视学；但他们还不致也不肯用一个天和地像是黏合在一起这样的"修辞格"，因为画里没有这样的概念。这其间的分际，是需要仔细审辨体会的；大抵在选字工夫上，北宋词人宁肯失之"出"，而南宋词人则有意失之"入"。后者的末流，就陷入尖新、小巧一路，专门在一二字眼上做扭捏的工夫；如果以这种眼光去认秦郎，那就南其辕而剑北其辙了。(就是否用"黏"字，作者不惜笔墨，深入剖析，揭示得淋漓尽致，值得学习。)

以上是从艺术角度上讲根本道理。注释家似乎也无人指出：少游此处暗用寇准的

"倚楼无语欲销魂,长空黯淡连芳草"的那个"连"字。岂能乱改他字乎?

说了半日,难道这个精彩的出场,好就好在一个"抹"字上吗?少游在这个字上享了盛名,那自是当然而且已然,不但他的令婿在大街上遭了点意外事故时,大叫"我乃山抹微云学士之女婿是也!"就连东坡,也要说一句"山抹微云秦学士,露花倒影柳屯田"。可见其脍炙之一斑。然而,这一联八字的好处,却不会"死"在这一两个字眼上。要体会这一首词通体的情景和气氛,上来的这八个字已然起了一个笔罩全局的作用。

"山抹微云",非写其高,写其远也。它与"天连衰草",同是极目天涯的意思——这其实才是为了惜别伤怀的主旨,而摄其神理。懂了此理,也不妨直接就说极目天涯就是主旨。然而,又需看他一个山被云遮,便勾勒出一片暮霭苍茫的境界;一个衰草连天,便点明了满地秋容惨淡的气象:整个情怀,皆由此八个字里面透发,而"弥漫"。学词者于此不知着眼,翻向一二小字上去玩弄,或把少游说成是一只解"写景"和"炼字"的浅人,岂不是见小而失大乎。

八字既明,下面全可迎刃而解了:画角一句,加倍点明时间。盖古代傍晚,城楼吹角,所以报时,正如姜白石所谓:"正黄昏,清角吹寒,都在空城。"正写那个时间。"暂停"两句,才点出赋别、饯送之本事——词笔至此,能事略尽,于是无往不收,为文必转,便有回首前尘、低回往事的三句,稍稍控提,微微唱叹。妙在"烟霭纷纷"四字,虚实双关,前后相顾。——何以言虚实?言前后?试看纷纷之烟霭,直承"微云",脉络晓然,乃实有之物色也,而昨日前欢,此时却忆,则也正如烟云暮霭,分明如在,而又迷茫怅惘,全费追寻了。此则虚也。双关之趣,笔墨之灵,允称一绝。(前面详谈,此处略写,安排得当。)

词笔至此,至臻妙境,而加一推宕,含情欲见,而无用多申,只将极目天涯的情怀,放在眼前景色之间——就又引出了那三句使千古读者叹为绝唱的"斜阳外,寒鸦万点,流水绕孤村"。又全似画境,又觉画境亦所难到。叹为高手名笔,岂虚誉哉!(对千古名句的解读,深得其味。)

词人为何要在上片歌拍之处着此"画"笔?有人以为与正文全"不相干"。真的吗?其实"相干"得很。莫把它看作败笔泛墨,凑句闲文。你一定读过元人马致远的名曲《天净沙》:"枯藤老树昏鸦,小桥流水人家,古道西风瘦马。夕阳西下,断肠人在天涯。"人人称赏击节,果然名不虚传。但是,不一定都悟到马君暗从秦郎脱化而来。少游写此,全在神理,泯其语言:盖谓,天色既暮,归禽思宿,人岂不然?流水孤村,人家是处,歌哭于斯,亦乐生也。

而自家一身微官浅落,去国离群,又成游子,临歧帐饮,哪不执手硬咽乎?

我很小时候,初知读词,便被它迷上了! 着迷的重要一处,就是这归鸦万点,流水孤村,真是说不出的美! 调美、音美、境美、笔美。神驰情往,如入画中。后来才明白,词人此际心情十分痛苦,他不是死死刻画这一痛苦的心情,却将它写成了一种极美的境界,令人称奇叫绝。这大约就是我因大诗人大词人的灵心慧性、绝艳惊才的道理了吧?<u>我常说:"少游这首《满庭芳》,只需着重讲解赏析它的上半片,后半无须婆婆妈妈,逐句饶舌,那样转为乏味。(赏析独特,不人云亦云。)</u>万事不必"平均对待",艺术更是如此。倘昧此理,又岂止笨伯之讥而已。如今只有两点该当一说:

一是青楼薄幸。尽人皆知,此是用"杜郎俊赏"的典故:杜牧之,官满十年,弃而自便,一身轻净,亦万分感慨,不屑正笔稍涉官场一字,只借"闲情"写下了那篇有名的"十年一觉扬州梦,赢得青楼薄幸名"! 其词意怨甚,愤甚, 亦谑甚矣!而后人不解,竟以小杜为"冶游子"。人之识广,不亦远乎。少游之 感慨,又过乎牧主之感慨。少游有一首《梦扬州》,其中正也说是"离情正乱, 频梦扬州",是追忆"㩦酒为花,十载因谁淹留?"忘却此义,讲讲"写景""炼字",以为即是懂了少游词,所失不亦多乎哉。

二是结尾。好一个"高城望断"。"望断"二字是我从一开头就讲了的那个道理,词的上片整个没有离开这两个字。到煞拍处,总收一笔,轻轻点破,颊上三毫,信添神采。而灯火黄昏,正由山有微云——到"纷纷烟霭"(渐重渐晚)——到满城灯火,一步一步,层次递近,井然不紊,而惜别停杯,流连难舍,维舟不发……也就尽在"不写而写"之中了。

作词不离情景二字,境超而情至,笔高而韵美,涵咏不尽,令人往复低回, 方是佳篇,雕绘满眼,意纤笔薄,乍见动目,再寻索然。少游所以为高,盖如此才真是词人之词,而非文人之词、学人之词……所谓当行本色,即此是矣。

有人也曾指出,秦淮海,古之伤心人也。其语良是。他的词,读去乍觉和婉,细按方知情伤,令人有凄然不欢之感。此词结处,点明"伤情处",又不啻是他一部词集的总括。我在初中时,音乐课教唱一首词,使我十几岁的小小心灵为之动魂摇魄——

西城杨柳弄春柔,动离忧,泪难收。犹记多情,曾为系归舟。

碧野朱桥当日事——人不见,水空流! ……

每一吟诵,追忆歌声,辄不胜情,"声音之道,感人深矣",古人的话,是有体会的。然而今日思来,令秦郎如此长怀不忘、字字伤情的,其即《满庭芳》所咏之人之事乎?

读后悟语

　　这篇解读文章的作者是当代红学家、古典诗词专家周汝昌,真是读得意气风发,读得酣畅淋漓,读得妙趣横生,读得赏心悦目,非大家不能如此妙文,其特点有三:

　　一、语言文白兼用,涉笔成趣,像评书人一样活泼,又如拉家常般亲切。这样的赏析语言,通俗又不失典雅,富有激情却又充满理性,读完之后,仿佛聆听了一堂绝妙精彩的诗词鉴赏课,轻松自由,获益良多,真有点恋恋不舍。

　　二、评点丝丝入扣,慧眼独具,能见人之未见,发人之未发,常有惊人之评令人叫绝。这首《满庭芳》赢得人们赞赏,自然各有不同的解读。本文作者围绕上片,尽情阐释,而下片则片语带过,非有独特见解不能作此处理。至于那些不准确的分析,作者也是揆情度理,作了令人信服的说明。

　　三、引用信手拈来,贴切自然,仿佛畅游于诗词海洋,取舍自如。作为古典诗词专家,其良好的诗词素养,非同一般,在赏析中借用,在借用中比较,在比较中辨别,作者运用恰当,"行当于所当行,止当于所当止"。

香冢葬花

曹雪芹

宝玉因不见了林黛玉，便知她是躲了别处去了，想了一想，索性迟两日，等她的气消一消再去也罢了。因低头看见许多凤仙、石榴等各色落花，锦重重地落了一地，因叹道："这是她心里生了气，也不收拾这花儿了。待我送了去，明儿再问她。"说着，只见宝钗约着她们往外头去。宝玉道："我就来。"说毕，等她二人去远了，便把那花兜了起来，登山渡水，过柳穿花，一直奔了那日同林黛玉葬桃花的去处。犹未转过山坡，只听山坡那边有呜咽之声，一行数落着，哭得好不伤感。宝玉心中想道："这不知是哪房里的丫头，受了委屈，跑到这个地方来哭。"一面想，一面刹住脚步，听她哭道是：

花谢花飞飞满天，红消香断有谁怜？

游丝软系飘春榭，落絮轻沾扑绣帘。

闺中女儿惜春暮，愁绪满怀无释处，

手把花锄出绣帘，忍踏落花来复去。

柳丝榆荚自芳菲，不管桃飘与李飞。

桃李明年能再发，明年闺中知有谁？

三月香巢已垒成，梁间燕子太无情。

明媚鲜妍能几时，一朝漂泊难寻觅。

花开易见落难寻，阶前闷杀葬花人。

独倚花锄泪暗洒，洒上空枝见血痕。

(洒上空枝见血痕：传说湘妃哭舜，泣血染竹枝成斑。所以黛玉号"潇湘妃子"。传说蜀帝化杜鹃鸟,啼血染花枝,花即杜鹃花。)

杜鹃无语正黄昏,荷锄归去掩重门。

青灯照壁人初睡,冷雨敲窗被未温。

怪奴底事倍伤神,半为怜春半恼春:

(奴:女子自称;底:何,什么。)

怜春忽至恼忽去,至又无言去不闻。

昨宵庭外悲歌发,知是花魂与鸟魂?

花魂鸟魂总难留,鸟自无言花自羞。

愿奴胁下生双翼,随花飞到天尽头。

天尽头,何处有香丘?

未若锦囊收艳骨,一抔净土掩风流。

(一抔(póu)净土:指花冢。抔,掬。一抔,一捧。一抔土,代指坟墓。)

质本洁来还洁去,强于污淖陷渠沟。

尔今死去侬收葬,未卜侬身何日丧?

侬今葬花人笑痴,他年葬侬知是谁?

试看春残花渐落,便是红颜老死时。

一朝春尽红颜老,花落人亡两不知。

(这就是《红楼梦》有名的《葬花词》,它和另一名篇《芙蓉女儿诔》一样,是作者出力摹写的文字,情真意切,感人肺腑。)

宝玉听了,不觉痴倒。

话说林黛玉只因昨夜晴雯不开门一事,错疑在宝玉身上。至次日,又可巧遇见饯花之期,正是一腔无明正未发泄,又勾起伤春愁思,因把些残花落瓣去掩埋,由不得感花伤己,哭了几声,便随口念了几句。不想宝玉在山坡上听见是黛玉之声,先不过点头感叹;次后听到"侬今葬花人笑痴,他年葬侬知是谁","一朝春尽颜老,花落人亡两不知"等句,不觉恸倒山坡之上,怀里兜的落花撒了一地。试想林黛玉的花颜月貌,将来亦到无可寻觅之时,宁不心碎肠断!既黛玉终归无可寻觅之时,推之于他人,如宝钗、香菱、袭人等,亦可到无可寻觅之时矣。宝钗等终归无可寻觅之时,则自己又安在哉?且自身尚不知何在何往,则斯处、斯园、斯花、斯柳,又不知当属谁姓矣!因此,一而二,二而三,反复推求了去,

真不知此时此际欲为何等蠢物,杳无所知,逃大造,出尘网,使可解释这段悲伤。(大造创造万物的宇宙。)正是:

　　花影不离身左右,鸟声只在耳东西。

　　那黛玉正悲伤,忽听山坡上也有悲声,心下想道:"人人都笑我有些痴病,难道还有一个痴子不成?"想着,抬头一看,见是宝玉。林黛玉看见,便道:"啐!我当是谁,原来是这个狠心短命的……"刚说到"短命"二字,又把口掩住,长叹了一声,自己抽身便走了。(省略号用得好,此处无语胜有语,给读者留下了巨大的猜想空间。)

　　这里宝玉悲恸了一回,见黛玉去了,便知黛玉看见他躲开了,自己也觉无味,抖抖土起来,下山寻归旧路,往怡红院来。可巧看见林黛玉在前头走,连忙赶上去说道:"你且站住。我知你不理我,我只说一句话,从今以后撂开手。"林黛玉回头,见是宝玉,待要不见他,听他说"只说一句话,从此撂开手",这话里有文章,少不得停住说道:"有一句话,请说来。"宝玉笑道:"两句话,说了你听不听?"黛玉听说,回头就走。宝玉在身后面叹道:"既有今日,何必当初!"林黛玉听见这话,由不得站住,回头道:"当初怎么样?今日怎么样?"宝玉叹道:"当初姑娘来了,哪不是我陪着玩笑?凭我心爱的,姑娘要,就拿去;我爱吃的,听见姑娘也爱吃,连忙干干净净收着等姑娘吃。一桌子吃饭,一床上睡觉。丫头们想不到的,我怕姑娘生气,我替丫头们想到了。我心里想着:姊妹们从小儿长大,亲也罢,热也罢,和气到了头,才见得比人好。如今谁承望姑娘人大心大,不把我放在眼里,倒把外四路的什么宝姐姐、凤姐姐的放在心坎上,倒贼三日不理四日不见的。(外四路的外来的人。这里指血缘关系较疏远的亲戚。)我又没个亲兄弟、新姊妹。——虽然有两个,你难道不知道是和我隔母的?我也和你是独出,只怕同我的心一样。谁知我是白操了这个心,弄得我有冤无处诉!"说着,不觉滴下眼泪来。

　　黛玉耳内听了这话,眼内见了这情景,心内不觉灰了大半,也不觉滴下泪来,低头不语。宝玉见她这般情景,遂又说道:"我也知道我如今不好了,但只凭着怎么不好,万不敢在妹妹跟前有错处。便有一二分错处,你倒是或教导我,戒我下次,或骂我两句,打我两下,我都不灰心。谁知你总不理我,叫我摸不着头脑,少魂失魄,不知怎么样才是。就便死了,也是个屈死鬼,任凭高僧高道忏悔,也不能超升,还得你申明了缘故,我才得托生呢!"黛玉听了这话,不觉将昨晚的事都忘在九霄云外了,便说道:"你既这么说,昨儿为什么我去了,你不叫丫头开门?"宝玉诧异道:"这话从哪里说起?我要是这样,立刻就死了！"林黛玉啐道："大清早死呀活的，也不忌讳！你说有呢就有，没有就没有，起什么誓呢。"宝玉道："实在没有见你去。就是宝姐姐坐了一坐，就出来了。"林黛玉想了一想，笑道："想必是你丫头们懒得动，丧声歪气的也是有的。"宝玉道："想必是这个缘故。等我回去问了是谁，教训教训她们就好了。"黛玉道："你的那些姑娘们也该教训教训，只是论理我不该说。今儿得罪了我的事小，倘或明儿宝姑娘来，什么贝姑娘来，也得罪了，事情岂不大了！"说着抿着嘴笑。宝玉听了，又是咬牙，又是笑。

读后悟语

这篇文字选自《红楼梦》第二十七、八回，其中最出色的就是黛玉的《葬花词》，这首古体诗是在人之生命与花之生命相碰撞之后产生的不朽诗篇，由此我们可以窥见《红楼梦》的精湛艺术。

全诗从"花谢花飞飞满天"开始，以"花落人亡两不知"结束，通过黛玉一边葬花，一边哭吟出来，语言近乎口语化，却字字含情，句句见泪，或是双关比照，或是自问自答，或是感时伤世，或是怨天尤人，或是愤世嫉俗，或是冷嘲热讽……写尽了葬花的辛酸与凄凉。

宠辱不惊，看庭前花开花落。

去留无意，望天上云卷云舒。

这是一份对生活的闲适与旷达，是大彻大悟后对自然的陶醉，然而，对于一个沉醉自然的性情中人来说，大千世界，万事万物，"一枝一叶总关情"。《葬花词》是林黛玉感叹身世遭遇的全部哀音的代表，全诗以花喻人，借花写人，哀的是花残，惜的是颜老；叹的是花谢，喻的是人亡；写的是花世花悲，说的是人世人悲，情景交融，物我合一，凄清冷峻，"念之断人肠"。

致初学诗词的青年朋友

刘　征

你说，你决定学习诗词，希望能有所成就，问津于我。我赞赏你的决心，相信你学必有成。俗话说，老马识途，却从未千里，老经验的用处是有限的，姑妄言之。(第二人称，亲切自然。所谓大家，都是平等谦逊的。)

古人说，诗有别才，非关学也。别才，大约指敏于形象思维的禀赋。却又说，不学就作不成诗。可见有好的禀赋也要济之以学。在诗词的背后有个又悠久又博大的传统，在几千年的史程中，产生了许多顶天立地的巨匠，许多光耀古今的杰作，酿成了丰富多彩、炉火纯青的诗歌艺术。当代诗词是继前人之踵武向前走。好比走路，前人已走了一百里，我们的起点是一百零一里；好比登山，前人已登上一千米，我们的起点是一千零一米，难度很大。(连用两个比喻，道理浅显化，抽象具体化。)当代青年很少人熟悉这个传统，更增加了难度，明知山有虎，偏向虎山行，你是好样的。

首先是继承传统，要继承就要学习，多读书。通过读书学习，深入其内，涵泳其中，得览其百宝之精英，得尝其百味之甘美，知其精要，感其神韵，否则，继承不过是一句空话。继承，不是对传统只作学院式研究，只赞好剑，不用来劈刺；也不是把传统当崇拜的偶像，泥古不化，亦步亦趋。而是在熟悉传统的基础上用当代的眼光加以审视，有所吸取，有所弘扬，有所扬弃，有所变易，这就进入了创造、革新和发展。强调继承而拒绝发展，强调发展而鄙薄继承，都是片面的。

"传统既然那么好，照猫画虎犹恐不及，为什么还要谈发展呢？"道理很简单，传统已为陈迹，写的是老辈子的事物，老辈子的思想感情。古今有许多相同相通之处。也有多方面的明显的差异。拿女性的服饰来说,凤钗、螺髻、红袖、罗带都不见了。写现代女性,让时髦的小姐们穿戴上这些东西,岂不是天大的笑话?所以必须用旧瓶装新酒,不消说那瓶也不妨有所变化。时下许多古典式建筑,不用土木而用钢筋水泥,即是一例。"传统已经达到不可逾越的高峰,不可能再图发展。"这种说法似是而非。一种艺术形式只要仍适合反映时代生活,就能够存在和发展。发展的结果,将形成自己时代的高峰。不是要超越前人,而是创造自己。五四以来诗词在逆境中生存和发展的事实,说明诗词仍然能够反映时代风云,抒写时代心声,发展仍有广阔的天地。老一辈革命家毛泽东、陈毅等的作品,文学家鲁迅、郁达夫、田汉等的作品已对诗词的发展作出重大贡献,其中一部分作品的艺术成就已在中国诗史上树起不可取代的丰碑。只是有些人囿于偏见,只承认诗人的个体成就,不愿意由此审视当代诗词的命运罢了。

再说写。读是一种借鉴,借鉴不能代替写作实践,学习写作的基本途径是动笔,多多动笔。不要过分依赖写作方法之类,那只是一种辅助手段,运用不当,反而不利。(这是承接前面的"首先是继承传统"而来的,层次清晰,过渡自然。)

多写有两个目的。一是为了发现自己的长处。尝试多种文体,不拘一格。自己写什么顺手,初学者往往不自知,经过实践才能发现。再是培养对诗的敏感和写诗的习惯。一般说,作者感受外界的刺激,引发内心的冲动,如鲠在喉,非吐不快,是动笔的最佳时刻。但初学者不能只等这种时刻的到来,要强迫自己练笔,日课一诗也不算多。写多了,才能机敏地感到诗的存在,一时不动笔就技痒,感到生活中缺点什么。

学习写诗,一开头就有个态度问题。有的人以诗为玩具,写诗是为了游戏,热衷于文字技巧的小趣味。有的人写诗为了表现脱离现实的"内心宇宙",醉心于某种难以捉摸的呓语。都是不足取的。

第一,要认定诗源于生活。这本来是不容置辩的道理,近些年有人给搞乱了。如植物布叶开花结果必须植根于土壤,文学必须植根于生活。生活是广阔无垠的,人生的悲欢离合,社会的盛衰荣枯,自然的风雨阴晴,古今的沧桑变迁,如此等等都可以入诗。海阔凭鱼跃,诗人完全可以享受创作自由,在生活的大海里游泳。至于所谓"内心宇宙",不管多么神奇奥秘,都不过是现实生活的折射。镜花水月,无花,镜中不可能有花容;无月,水中不可能有月影。

政治是众人之事,也就是大众的生活,是生活中的大事。一些政治题材,如歌颂光明、抨击黑暗、颂扬英雄、鞭笞丑类等,绝不应遭诗人的冷眼。试看我国悠久的诗史,如果抽去这类诗,便如同铁打的汉子抽去脊梁,成了软体动物。写政治性的重大题材,同表现自我、显示个性不是对立的,是完全相融的。屈原的《离骚》是地道的政治诗,是有关楚国兴亡的重大题材,但那诗篇,从内容到形式都是诗人自我的充分表现,洋溢着强烈的个性。古今只有一篇《离骚》,后世的仿制品,无一能与之相比。倘若诗人热衷于自己的政治理想,那诗是从他血管里流出的,就完全不存在政治与自我的矛盾;只有说空话说假话,那就写诗也好文也好都会失掉自我,作品变成毫无生气的纸人纸马。

第二,要采取严肃的创作态度。诗作为一种艺术,毫无疑问是有赏心悦目的功能的。"清歌一曲,皓月千里","小红低唱我吹箫",诗歌始终与音乐有不解之缘,就是丢掉原来的乐谱,还可以诉诸吟咏。但这种娱乐非比一般,是给人以诗 美的享受,令人喜,令人悲,令人慨叹,令人怨怒,令人拍案叫绝,令人手舞足蹈。这是一切好诗所共有的,不是"玩诗"玩出来的。

"文章,经国之大业,不朽之盛事",说的虽然不错,却过于堂皇,使人望而却步。"诗是吾家事",杜甫说得好,习诗就应该把诗当做事业,以振兴中华诗词为己任,抱舍我其谁的态度,万勿视诗如麻将。我赞成白居易关于诗歌创作的主张,但他也写了大量的闲适诗。这类诗恰好反映白氏生活和思想的另一面。人是复杂的,"唯歌生民病"与闲适诗合起来,才是一个完整的白居易。我想,你已经懂得我的意思,我主张主流与多样相结合,严肃与轻松相结合,不主张单一化。东坡说:"人生有味是清欢。"真正理解人生之味。深悲与大喜,幽怨与清欢,构成人生的万花筒。

唠叨了这许多,有几句对你有用吗?如果有,我就很满意了。归根到底,希望在青年人身上,青年是中华诗词的未来,努力啊!(前面是循循善诱谆谆教诲,这里是热情鼓励殷切期望,一声"努力啊!",寄寓多少期待啊。)

读后悟语

　　一个深谙诗词之道的学者,一位饱含热情的语文教育家——刘征,用自己真诚的心灵写就了这封给当代青年朋友的信。

古典诗词是中国传统文化的瑰宝,它需要一代接一代的中华儿女去传承,去创造,作者围绕这一话题,铺纸展笔,循循善诱,娓娓而谈,既闪烁着学者的理性光辉,又富有聊天式的亲切温和,读之如沐春风,获益匪浅。

读了这篇文章,你有学习古诗词的热情与冲动吗?试着去读去写,你必会领略到让人回味无穷的艺术魅力的。

小令中的天籁

—《天净沙·秋思》

黄 克

枯藤老树昏鸦，

小桥流水人家，

古道西风瘦马，

夕阳西下，

断肠人在天涯。

这是一篇著名的散曲作品，曾被王国维视为"元人小令之最佳者"。小令只有短短五句，二十八字。题名《秋思》，但全篇却无一语道及其所"思"的内容。它只是排列一些孤零零的景物，并点明这些景物正是小令主人公"思"之寄寓所在。(这首元曲的地位确实不一般，且内容独特。)需要的是借助于读者的理解和想象，把景物与主人公之间的内在联系一一挖掘出来，然后才能最终达到对作者"秋思"内容的认识。

在作者铺染的一系列景物中，首先出现的形象是枯萎的蔓藤和僵老的古树，显示了毫无生机的萧瑟气象。这时，一只昏鸦——无精打采的乌鸦飞入画面，呀呀地叫噪着，扑打着翅膀，跌落在光秃秃的树枝上。这就在已经十分败落的背景上又涂抹了一笔凄厉的色调。

但是，随着画面的延伸，却出现了"小桥流水人家"这样极为明净的景色。潺潺的流水、纤巧的小桥、温暖的茅屋，一切都是十分的安谧，就连那户人家的欢声笑语也如闻似见。(赏析诗词需要想象。此处可见作者的想象力很强)。犹如"柳暗花明又一村"，于历经

161

昏暗之后，展示了一派勃勃生机。

按照我国传统的艺术表现手法，"以乐景写哀，以哀景写乐，一倍增其哀乐"（《李笠翁曲话》），那么，"枯藤老树昏鸦"点染出来的"哀景"，正与"小桥流水人家"展示出来的"乐景"形成极为鲜明的对照。不过，因为二者平列，仅此二句尚难以判断作者这种对照的用心，究竟是欲一倍增其哀，抑或一倍增其乐？这只有在下文推出闻见此景的主人公之后，才能得到正确的答案。

"古道西风瘦马"，冒着凛冽的西风，一匹筋疲力尽的瘦马在荒郊古道上踟蹰而行。虽然读者尚不能正面认清主人公的面孔，但透过瘦马的蹒跚形影，马上游子的凄苦之情却已毕现无遗。于是乎，以上所列貌似对立的两组景物，在这位异乡羁旅人的眼底，便全然重叠起来。"枯藤老树昏鸦"，岂不正是自身心境的写照？昏鸦栖落于枯枝与自己的寻觅归宿，处境何其相似！愈见其情绪之悲凉。而出现在另一角落的"小桥流水人家"之所以给他以更有力的吸引，或许他的家乡也是这样的温暖、安适、生意盎然，不过，远在天边，可望而不可即。以这种悲凉的心情来体味这一"乐景"，势必会更添一重悲伤。"古道西风瘦马"，只见他顶风策马而行，一心要尽快离开这一"乐景"，以免沉浸于更深沉的痛苦之中。

值得注意的是，诗人特意点明了驿道年代之"古"，这不仅表明其今日的荒废，更意味着此情此景为古往今来的羁旅中人所共同经验。一个"古"字，把游子的个人凄苦推及古今，足以引起读者的丰富联想和共鸣。而作者本人肯定是联想得最深、共鸣得最强烈的一个。"夕阳西下"，处在日暮途穷，尚未觅得归宿的时刻，作者不由发出悲哀的叹喟："断肠人在天涯！"人生的旅途在于寻求理想的归宿，可是对于这位游子来说，海角天涯，一切却是这样的渺茫；当思及此，怎不令人愁肠寸断呢？在最后一句，一反前文单纯铺叙景物的格局，变成了直抒胸臆。而读者在洞悉其胸襟之后，再来回顾前面铺陈的景物，才能豁然明了和深切感受每一景物都涂有这位天涯沦落人的浓重的感情色彩。

要在短短的二十八字里凝结如此丰富而跌宕的感情，并不是容易的事。为此，作者在语言设计上进行了一番惨淡经营。他把精心选择出来的景物只用特定的名词来标志，而不用半字谓语作说明，正所谓点到而已。进而，他又把九个景物——也就是九个名词平分成三组，每组景物里都有一个活生生的主角，用它来决定一组景物的情调和气氛。枯藤、老树，只有在昏鸦飞落下来的时候，才更显出其败落；小桥、流水，只有与人家连在一起，才更显出其生气；古道、西风，也只有在出现了瘦马之后，才更添其凄凉，这样就构成了一幅幅特色独具的画面。这些画面，表面看起来是孤立的、静止的，彼此之间似乎毫无联系；仅仅通过篇末点题，"断肠人在天涯"，才告诉读者：如上画面乃是游子眼中捕捉到的，它们无一不牵动着游子的心弦。于是，孤立、静止、互不联系的景物，一变而为 提供给读者驰骋想象羁旅之情的典型环境和广阔空间。对立的景色协调起来了，静止的物体浮动起来了，简单的名词也显示了极为丰富的内涵。景景相连，物物含情，情景交融，达于化境，终而脱落出这样一幅游子断肠的完整画卷。纵观这首小令，字字句句皆出自匠心设计、巧意安排，然而全篇却是自然有致、情趣天成，丝毫不落雕琢的痕迹。王国维说它"纯是天籁"，元人周德清在《中原音韵》中称它为"秋思之祖"，得到这样的评语，确实是当之无愧的。(总评全曲，用语准确恰当。)

读后悟语

一首只有二十八字的元曲，引起了无数读者的阅读兴趣，它美在哪里?妙在何处?

文章从艺术的角度作了深刻透彻的解读，其突出的特点就是通过联想勾勒曲中的场景，进而透过场景解释文字背后所含的情感和主旨，从"枯藤老树昏鸦"，到"小桥流水人家"再到"古道西风瘦马"，作者把握住了这九个景物，勾勒出了昏鸦飞落、生气人家和凄凉瘦马三个场景画面，由此而道出这幅游子断肠的完整画卷。

其实，运用联想是诗歌赏析的一个重要方法，它的一般程序是：景物——场景——情感主旨。这就要求首先要从感受诗词中的景物开始，善于运用联想去再现诗词中所描绘的场景，然后体会诗词中所蕴含的思想内容。通过这种方法来品读诗词，可以理解得更为透彻一些。

作者把文章题目取为"小令中的天籁"，一语道出了这首元曲至臻至美的艺术境界。

唐诗"解毒"

张 港

"处处闻啼鸟"的"处处"

"处"读chù时，通释为：地方，是表示方位的。可是在古代诗词中，"处"除了表示方位外，还可以表示时间，译为"时"。

李白《秋浦歌》"不知明镜里，何处得秋霜。""何处"就是"何时"，自然是说：从什么时候有了白发，而绝不是说，从什么地方得来的白发。

韩愈《早春呈水部张十八员外》"最是一年春好处，绝胜烟柳满皇都。""一年春好处"明显是说的时间，就是：一年春好时。

王维《九月九日忆山东兄弟》"遥知兄弟登高处，遍插茱萸少一人。"遥知的不是地点，而是时间。"登高处"应译为：登高的时候，不可译成，登高的地方。

王湾《次北固山下》"海日生残夜，江春入旧年。乡书何处达？归雁洛阳边。""乡书何处达"，不是"乡书"到达什么地方，而是说：乡书什么时候能到达。

柳永《雨霖铃》"方留恋处，兰舟催发。""方留恋处"，就是：难舍难分的时候，"处"就是"时候"并不是"地方"。(举例论证，连用五个。)

仅以上各例就说明，在古诗中读chù的"处"，在多数情况下是表示位置的，但绝不可一概而论，有许多场合是表示时间的。现在的"处处"就是"各个地方"，仅是表示方位的，所以，很容易以今解古。

家喻户晓的孟浩然《春晓》"春眠不觉晓,处处闻啼鸟。夜来风雨声,花落知多少?"许多人以为"处处闻啼鸟"就是:听到到处是鸟叫声。其实,正确的解释应该是,时时听到鸟叫声。

诗人"不觉晓",是因为"夜来风雨声"干扰了睡眠。夜里没有睡好,想睡个早觉又没睡成的原因是"处处闻啼鸟",鸟叫声使他没能好好睡个好觉。"闻啼鸟"是"闻",是听到的,"花落知多少",是诗人的推测,这说明诗人虽然已经醒了,但是并没有外出,甚至没有起床。这个时候,窗外的世界是通过听觉感知的,而不是通过视觉看到的。没有出门的人,只是靠"闻",是很难分辨啼鸟是分布各处还是集中于一树的。因为诗人只是听到"啼鸟"时时不断,而不是知道"啼鸟"的分布情况,所以,"处处闻啼鸟"的"处处",应该解释为"时时",而不可解成"到处"。(这里是道理论证。)

急切想要欣赏春天的诗人,因为"夜",因为"风雨",而没能投入春之中。拂晓了,风雨住了,人却上来了困劲儿。是眯一阵儿,还是出去看春?诗人处于矛盾斗争之中。"再睡一会儿吧",叽叽喳喳;"再躺会儿吧",叽叽喳喳……啼鸟用一阵一阵的春之声,撩拨着诗人,让他想到"花落知多少",让他按捺不住。《春晓》一诗,写的是春对诗人的勾引,诗人禁不住春的诱惑,而不是看春、赏春。(这里用凝练的语言从艺术的角度解读《春晓》。)

后来孟浩然肯定是出门了,肯定是投入春的怀中了,但是,诗已结束,那些全不写了。颂春的诗许许多多,多是对春的直接描绘,孟浩然则只写了听春、想春,于是就高了别人一头。

何处有"杏花村"?

"清明时节雨纷纷,路上行人欲断魂。借问酒家何处有,牧童遥指杏花村。"这是我们从小就背熟了的晚唐诗人杜牧的《清明》诗。读这首诗时,许多人好奇地问:这杏花村在什么地方?有的人认真了,考证起了这杏花村在哪省哪县,竟有了山西、安徽两大流派。更有人依据考证出的杏花村,印证起杜牧的生平。考证得越深入,越是混乱。可是,如果从诗本身来看,根本就没有这么一个"杏花村"。

"借问酒家何处有"之后,被问的牧童,并没有回答"行人",而是用手"指"。可以想象,这个牧童一定是专心于什么,可能是吹着牧笛,可能是牵着风筝,总之是没有多搭理问话的"行人"。(推论合理。) 因为牧童什么也没有告诉"行人",只是用手指了指,并没有说出那村子的名。外乡来的"行人"当然也不可能知道这个村庄的名,况且,"行人"要的是酒,询问村名对他并没有意义。可见,"杏花村"并不是一个村庄的名,只应该是"行人"顺牧童所指看到的一个盛开的杏花围簇的村庄。

有人又要问了:那诗人写这"杏花村"又有什么意义呢?

清明是我国古代的一个重要节日,这天人们的活动有好几个内容:要祭扫先人墓地,要到郊外踏青,在这春风荡漾的日子,孩子们还要玩风筝。在这样的背景下出现了"路上行人"。家中亲人是否安好?先人的墓地是否有人祭扫?"路上行人"心里很苦。

"清明"顾名思义是天气晴朗,我国古代有不少民俗是非常忌讳清明雨的,有"清明晴,万物成","清明前后,夜雨无麦"等俗谚。可是,偏偏这"行人"赶上的是"清明时节雨纷纷",这又给"行人"增加了一层悲苦。

悲苦得无法解脱,所以就有了借酒消愁的想法。可是那个有着酒的村子很"遥",又偏偏开满了杏花,行人之苦主要是苦在"遥",想弄点儿消愁之酒,还得承受雨中之"遥"。那遥远的村庄,又偏偏开满了象征美好的杏花。大家都是在美好之中,这"杏花"与"行人"的处境,形成了巨大的反差,这是在"行人"冷却的心上又添上一层悲苦。看出来了,"行人"之苦是一层一层加上去的,清明——清明雨——遥——杏花,苦——苦——苦——别人幸福。这"杏花村",可以说是浇在"行人"身上最后的最冷的一瓢凉水,是这时候,"行人"才"欲断魂"。(在探究中解读诗歌,见解独特。)

读后悟语

言人所未言需要勇气,发人之未发需要眼光,读完《唐诗"解毒"》,我们似乎能更好地感受到这一点。

容易望文生义的"处处闻啼鸟"中的"处处",经过作者层层深入的论证,原来"处处"就是"时时";容易让人误解的"牧童遥指杏花村",经过作者入情入理的分析,原来"杏花村"是一个杏花围簇的村庄。"世事洞明皆学问",一些常见的事物,如果善于去追问和探讨,往往会有意想不到的收获,诗词亦然。用质疑的眼光审视名句,用探究的方式叩问名篇,是领略古诗魅力的另一种形式,这也是本文的突出特点。

诗歌的解读不应只局限于它的思想内容和艺术形式,倘能将其长时期遗留下来的"毒"解去,亦不失为一种很好的解读方式,它能帮助我们更准确、更完整、更精致地把握到诗歌的要义。

诗词中的"悲秋"情怀

连水兴

秋天是一个令人伤感的季节,秋风萧瑟,草木枯黄,这种悲凉的氛围,正好给多愁善感的中国文人提供了一个抒发内心愁苦的机会。当他们把这种情感融入笔端时,中国的古典诗词里便产生了一种延续了数千年的特殊情感——"悲秋"情怀。

可以说,这种"悲秋"情怀是伴随着中国古典诗词的产生而产生的。在我国最早的一部诗歌总集《诗经》中,就有人把凄清的秋景与伤感的情绪联系起来,构成一种凄迷恍惚,耐人寻味的艺术境界。例如《秦风·蒹葭》就生动地描绘了三幅深秋清晨的图景,用以烘托作者对意中人可望而不可即的无奈和伤感之情。但是,由于《诗经》的作者绝大部分已不可考,我国文学史上第一个伟大诗人屈原便成了"千古言秋之祖"。屈原在《湘夫人》中写道:"帝子降兮北渚,目渺渺兮愁予,嫋嫋兮秋风,洞庭波兮木叶下。"诗人巧妙地把主人公惆怅的心境同这一凄凉的秋景融合在一起。诗中流露出来的这种不可抑制的哀愁伤感之情,显然也是诗人长期遭放逐苦闷心情的自然流露。(《诗经》是中国第一部诗歌总集,是我国诗歌创作的源头。)

然而,真正开创"悲秋"这一在中国文学史上影响深远的主题的人,并不是屈原,而是他的传人——宋玉。宋玉的名篇《九辩》一开头便写道:"悲哉秋之为气也! 萧瑟兮草木摇落而变衰。憭栗兮若在远行,登山临水兮送将归。"文章第一次将秋景萧瑟与失意悲伤之情有机地联系起来,创造了中国古典诗词中常用的"悲伤"形式:采用以秋风、秋物、秋声、秋色为衬托,制造一种萧瑟冷落的气氛,并在这一气氛中抒发幽怨悲哀的情绪。这或许是宋玉对中国古典诗词的一大贡献吧!

　　我查阅了大量有关"悲秋"的诗词,发现中国诗词中的"悲秋"情怀有三种是十分明显的。

　　第一种是悲叹英雄迟暮,人生苦短。秋天万物凋零,似乎意味着生命的终结,这很容易引起那些经历了种种生活艰难或已经年老的诗人内心的共鸣。汉武帝刘彻的《秋风辞》便是一个典型的例子。诗中以"秋风起兮白云飞,草木黄落兮雁南归"为开头,描绘了一幅秋风劲吹,白云翻飞,草木黄落,北雁南归的秋景,最终以"少壮几时兮奈老何"结尾,虽感叹时光易逝,人生苦短,青春不在,但悲伤中仍然带着豪壮。这是英雄人物特有的"悲秋"情怀。

　　第二种是抒发离别之苦。满目苍凉的秋色常常勾起游子思乡的情思,而秋天所特有的几个节日,如七夕、中秋、重阳等,无疑更是秋天中最易引人伤感,惹动归心的时刻。

　　在古典诗词中,秋月几乎成了人们寄托思乡情怀的特定意象,尤其中秋月圆更是举家团圆的象征。然而在这凄冷的季节里,游子们却无法体会到家人团聚的温暖,他们孤身一人,远在异国他乡,只能用手中的笔来倾诉内心的痛苦。在这月圆之际,李白也许正在"举头望明月,低头思故乡"。杜甫发现"露从今夜白,月是故乡明",王建在追问:"今夜月明人尽望,不知秋思落谁家。"而苏东坡只好默默地祝福:"但愿人长久,千里共婵娟。"思乡之情离别之苦在他们的诗中抒发得淋漓尽致。(着重写秋思中的"秋月"。)

　　重阳佳节,是一个思乡情绪最浓烈的时刻。王维——《九月九日忆山东兄弟》道尽了天下离家远行人的共同心声。此时此刻,诗人所在的"异乡"一定也在以他们自己的方式庆贺团聚。然而热闹是他们的,游子只能面对自己的影子独自品尝秋天的冷清寥落。或许诗人此时的一声感叹:"独在异乡为异客,每逢佳节倍思亲。"不经意竟成了千古绝唱。

　　其实,何止是中秋的圆月和重阳的菊花美酒,秋天的梧桐,雁声乃至夕阳的楼台都是古典诗词中常用来表达离别之苦,思乡之情的意象。或许在诗人们的眼中,秋思是无处不在的。

　　游人苦,闺妇更苦。古典诗词中有大量抒发闺妇受离别之苦的文章。寒夜秋宵,却独守闺房;更深夜半,却无法入眠。窗外的牛郎织女七夕尚可相会,闺房中人却连丈夫的生死都无从知道,曹丕的《燕歌行》中写道:"贱妾茕茕守空房,忧来思君不敢忘,不觉泪下沾衣裳。""牵牛织女遥相望,尔独何辜限河梁?"其中愁苦,真令人柔肠寸断。又如陈玉兰《寄夫》云:"夫戍边关妾在吴,西风吹妾妾忧夫。一行书信千行泪,寒到君边衣到无?"感人至深的思妇形象跃然纸上。此外,温子升的《捣衣诗》,沈佺期的《思妇》,李白的《子夜吴歌》等诗，都是描写闺妇伤秋怀人的名篇。(分类解读诗词，引用是常用的方法。)

第三种是抒发征人的伤秋之情。这是一个比较特殊的群体，他们的特殊身份和生活环境，造就了他们独特的"悲秋"情怀。其中既有痛苦、悲愤和无奈的情感，又不失作为军人所特有的英雄豪迈，这是寻常人所无法体会到的。同时由于他们身份、地位以及性格等各方面的不同，这就使他们的"悲秋"情怀多样化。例如：卢纶"蓬鬓哀吟古城下，不堪秋气入金疮"，诉说的是征人生活的艰难困苦；王昌龄"黄昏独坐海风秋，无那金闺万里愁"，表达的是征人怀乡的痛苦。"塞下秋来风景异"，"千嶂里，长烟落日孤城闭"的边塞风光何等开阔，然而范仲淹看到的却是"人不寐，将军白发征夫泪"，"沙场秋点兵"的场景何等壮观，辛弃疾空怀"了却君王天下事"的壮志，到头来却只能感叹"可怜白发生"，从中可以看出，这种"悲秋"情怀不同于简单的感叹。英雄迟暮，人生苦短；也不像游子思乡，闺妇怀人那么绵绵不断，令人柔肠寸断，这是边塞征人所特有的一种"悲秋"情怀。

当然，"悲秋"是一个延续了数千年的话题，其内容远远不止这些。如李白"登舟望秋月，空忆谢将军"，抒发的是怀才不遇的心情；温庭筠"江海相逢客恨多，秋风夜下洞庭波"，写的是离情别恨；李梦阳《秋望》中的"黄尘古渡迷飞挽，白月横空冷战场"，极写古战场萧森苦冷的气氛，暗寓怀古伤今之意。如此种种，便无法详细一一道来了。("伤春"也是一个延续了数千年的话题，你尝试去探究一番吧！)

 **读后悟语**

这是一篇诗意盎然的阅读笔记，也是一篇折射学理的议论小品。

秋天是一个令人伤感的季节，自古以来，中国文人就有一种"悲秋"情结。他们为什么要悲秋？他们怎样悲秋？他们的悲秋情怀都一样吗？

这篇文章以"悲秋"为话题，从"秋天"起笔，继而探讨了中国作品中悲秋情怀的源头，叙述侃侃而谈，言辞摇曳多姿，沿着作者的笔迹，读者像是步入了一个"悲秋"诗花铺就的独特小径，又仿佛在品尝一道丰盛的悲秋大餐。

作者将自古至今的"悲秋"情怀划分为三种，异中有同，同中有异，烛照出作者精致的阅读思考；在每一种的"悲秋"中，辅之以众多的悲秋诗歌，展示了作者丰厚的诗词素养。

名 篇 赏 析

　　书籍是全世界的营养品,生活里没有书籍,就好像大地没有阳光;智慧里没有书籍,就好像鸟儿没有翅膀。

——[英]莎士比亚

读 清 照

黄旭东

我把

人比黄花还瘦的李清照

从宋词里搀扶出来

比身影还长的情绪

在南雁声里

长了又长

几许愁

载不动

添上眉头

搅在心头

(用诗意的手法再现"阅读"。语言简洁,但富有意境美。)

易安居士

一辈子未曾安居

南渡前

从礼教的心口冲出了

"无检操"的词

(见王灼《碧鸡漫志》及晁公武《郡斋读书志》对李清照词的指责。)

南渡后

一叶扁舟

于双溪上避难

(水名。在浙江省,宋代名胜。)

声声慢的离愁

自深闺

生出的一株"绿肥红瘦"

也被秋风卷走

但绿了千年

千年了还红

(点染成趣,耐人寻味。)

同学分析

《读清照》具有鲜明的古典美与现代美。

作者把李清照的作品恰到好处地镶嵌在诗句当中,这些如路标一样的字句,有着极其丰富的语义指向,它们指向他们的领有者——那些千古传颂的作品,以及这些作品背后的广阔天地。一个字可以提挈起整首词,几首词便为我们勾画出一个人的形象。李清照一辈子几十年的孤独与悲愤都浓缩在这三节诗当中。

作品的现代美体现在:一、长句分行,按照语音的自然停顿划分为一个个短句,每一行基本上是一个具有意象上的独立意义的体词或谓词性句法成分。二、声律自由,于不经意间押韵,如"头、后、愁、瘦、走"等。具有不规则的音韵美。

教师点评

　　李清照的一生是一部耐人寻味的大书,阅读这部大书就是一种感悟;李清照的经历是一个曲折离奇的故事,聆听这个故事就是一种陶醉;而这些,都离不开李清照是一个婉约词宗的大家。

　　解读李清照,可以有许多种方式,可以写出长篇大论,《读清照》是独特的一种方式,它只有22行文字。简洁的语言中,融合了李清照的佳词丽句,而裁剪与组合更是天衣无缝。《读清照》,读什么呢?你可以读成是咏史诗,你可以读成是抒情诗,如果你愿意,你甚至可读成是千年后现代文人的心灵独白。

　　这首诗它不只是"黄色还瘦、南雁声里、一叶扁舟、绿肥红瘦"的简单堆积,它堆积出了一份缠绵的意境,它堆积出了一丝惊心的悲凉,它还堆积出了一种穿越风尘的思想。通过朗读,我们可以感受到这一点。

同 行 小 语

马星星

你问我

雪化后是什么

我说

化为水呀

你说

不对——应该化为春

噢 我若有所思

……

(以诗引入文章,颇有味道。)

写下这篇伤感的文字,是在冬雪飘零的高四季节里。横亘面前的底色,是痛彻心扉的无助与凄惶。今夜,独自静坐,亲自听自己的心正被什么东西一分一分地啮噬。

窗外的雪悄悄地下,屋里的灯光也在雪白的撒了一地。(一切景语皆情语。)透过迷蒙着水汽的玻璃,我看见了黑色天幕上流动的浮云。"寂寞如蝶,苍白如纸"是我此时最好的写照吧!

就这么冰凉地坐着吗?就这么无端地忍受着郁闷与苦痛的折磨吗?就这么在不安与焦虑的黑夜中俯身划桨吗?我一遍遍拷问自己,灵性深处的某些暗流在潜意识里涌动着,遥远的1999年的夏天正带着昨日一起重现。对,我需要倾诉,需要思考,我要化为一颗星星,以时空的尺寸去思考我所面对的一切!

......

　　我是在月落乌啼的城外枫桥遇见他的,如同一位奔行在弥漫着不安与迷茫的过去的一个年代的女作家所说:于千万年中遇见所遇之事,于千万人中,在时间的天涯荒野上,不早一步,也不晚一步,恰好遇上了,那也没有别的可说,唯有轻轻送上一句:"噢,你也在这里呀!"

　　江南的古城在夜色里如梁燕飞去的空巢已模糊不清。无边的黯黑夹杂着不怀好意的凉气,在我的身边绕来绕去,久久不愿散开。岸边一丛红红的枫叶,被船上的渔火隐隐地映出,在微风中悄悄地摇曳,像一团跳动的火焰,好深好深的秋啊! (景物描写极富想象力。)"月光真的不能照亮每个人吗?"

　　"或许吧。"

　　回转头,我惊讶于在这他乡之夜,江上孤舟中还有一个与我有相似心情的人。一个惨淡少年的苍白脸色,无疑让我相信这就是我所要找的人——一个先我而来的同路者——一个在一千二百年前落榜的张继。

　　斜倚船舷,一些淡淡的往事袭上心头,久久不能散去。一切不必多说,我们默默无语,默默倾听彼此无声的言语。

　　"这位仁兄,年纪轻轻,不似落魄之人,为何有此雅兴与我张继在这陋船之上赏夜?""实不相瞒,其实我也是落第之人,只不过后来罢了。今年七月的高考我落榜了。和你们不一样,我们的考试人又多,题又难,压力又大,千军万马过独木桥。咳,一不小心,这不,就给摔下来哆! "

　　"噢,原来亦是'同病相怜'之人。十年寒窗,悬梁刺股,到头来也是白忙一场。白首为功名,只怕我张继就是白首,也难为了! "

　　"张大哥,你我相逢于千年之一瞬,实是有缘。这嚣嚣尘世,伤心落魄的士子又何止你我?身如浮萍,只能随风飘散,以你我之力岂能回天? "

　　"小弟,既然你尊我为大哥,我也不再客气了。方才听闻你们盛行高考,不知这高考乃为何物?逼得仁兄遁入今夜枫桥呢?"(对话文白兼用,颇得古白话神韵,亦可见作者的语言功底。)

　　"'问世间高考为何物,直教你我生死相许',说来话长呀!这高考乃是我国级别最高、规模最大的考试。天下寒儒卧薪尝胆,日夜不息,奋战十余年,皆为能入象牙之塔。每年六月七、八、九三天全国统考,除大哥所修诗文之外,计有物理、数学、化学、英语等科,门门张开一百五十分的大口等着我们去塞满它辘辘的饥肠呢! 除去考试本身,更为可怕的是整个社会的合力,实是'千夫所望'呀! 虽说表面上冠冕堂皇,不只一条死胡同,但要真让你碰上了,没准儿你也会傻眼。以前在蜜罐里泡久了,现在冷不丁掉进苦水里,够呛的!"

"不料小弟心中竟有如此多之委屈,今日道出,不知心里可曾快否。干脆,今晚我们就抛却这烦人的功名利禄,来个一醉方休吧。""好,大哥不愧拿得起,放得下,小弟今天就舍命陪君子吧!"

"好!"

借着隐隐的渔火,我和我的张大哥开怀畅饮,纵横古今,指点天下,意兴阑珊之际,忽闻沉稳的钟声划破静夜,贴着水面传来。几声昏鸦,溅落了满天寒意。

"大哥,这是寒山寺钟声吧?"

"对,一般寺庙暮鼓晨钟,这寒山寺独敲夜半钟,用以惊世。"

"惊世之钟,不知能否惊醒我这梦中人呢?"(叙述简洁,文字清新。)

"小弟,有道是酒醉人不醉,我张继虽说无雄才大略、满腹经纶,倒也要奉劝小弟二三句。古人云:天行健,君子自强不息。今日你我落难,此乃痛矣! 然痛之思痛,更应发奋图起,以图东山,岂可沦为碌庸之辈,枉活人世哉?这寒山寺钟声,就算是大哥的一片冰心吧!"

张继微微颔首,沉默片刻,朗声念道:

月落乌啼霜满天

江枫渔火对愁眠

姑苏城外寒山寺

夜半钟声到客船

"好诗好诗。后来之人恐怕真要感谢科举了:这个落第的张继一语道破了我们的某种心情。小弟不才,在此'歪诗'一首,谨做别离。"

我是一颗

一千二百年后的流星

收集了所有愿望和迷茫

无意间

照亮了苏州——在唐朝

如果一定要我形容

我所看见的

我们就看见

好久好久

没有一双温情的手

抑或柔柔的风

吻干他晶莹的泪

(不失为一首好诗。写作中另有创作，更显作者才华。)

"小弟这番深情厚谊，大哥不胜唏嘘。千里搭长棚，在此恭送小弟远行了。咳，还有一事，不知小弟姓甚名谁？"

"我叫星星啊，大哥想我的时候，就向着天边最亮的那颗星大声喊我的名字，我一定能听到的，再见啦！我会永远想念你的，张大哥！"

"珍重。"

我的身子在一点点地飘向星空了，另一个世界催促我快点离开。低下头，是张大哥微笑的眼眸，还有一些事，但没有泪，我们都没有泪，我们，只有雪化之后的春。

夜正长，路也正长，我得加紧脚步。(化用鲁迅名句，发人深省。)

 同学分析

在作者看来，高考与古代的科举考试都有其局限的一面：压抑才情，扭曲人性。因此，作者在历史的时空中才有了和落第才子张继的对话，才成就了这篇文章。

这是一篇诗文造就的美文。作者有意地在文中糅合了古今名家的诗文，因此能渗透浓得化不开的诗意：张爱玲、张继、刘禹锡、雪莱乃至自己赋的诗，尤其是以张继的《枫桥夜泊》为基础进行加工来创造意境,很有创造力。整篇文字充满诗情画意,缠绵悱恻。因为是与唐朝的张继对话,文章中因此有了穿越时空的力量,将历史感和现实感连接起来,读起来新鲜有趣。古今两才子相遇,举杯对酌,互诉衷肠,尽显风流。然而,文章的妙处在于不仅仅是一味地感伤世事,而是分明还流露出希望的,那种雪化为春的希望,那种夜路漫长加紧脚步的进取。

 教师点评

科举应试,光宗耀祖,乃是中国千古读书人梦寐以求的事情。然而,放眼神州大地,东西南北,各朝各代,落第者、失榜者、坎坷者却也大有人在。而在此等人中,唐朝一个不朽的名字——张继,正不知抚慰了多少凄清灰暗的心灵。

本文作者马星星同学提笔写下了一篇《同行小语》,虽已不是科举时代,却也道尽了"独木桥上落水者"的辛酸与茫然,抒写了当代学子"折戟沉沙"的真情与实感。你看作者"寂寞如蝶,苍白如纸",回视自己的足迹,却怎么也挥之不去缥缈神游的遐思。于是,朦胧之中,跨越时空,他与张继邂逅了。"同是天涯沦落人",两个孤独的灵魂说出了属于他们自己的"同行小语"。

文章营造了一种黄昏抑或是阴天的伤感氛围,文字清新冷峻,叙述舒缓有度,无不显示了作者的文笔才情,读来有如品尝一杯浸蕴着淡淡忧愁的香茶。

寻寻觅觅李清照

杨王平

　　我被夹在时间的洪流中，犹如一只身不由己的独木船，虽然前有"古人"，后有"来者"，然而都只是与我擦肩而过，仅留给我一张匆匆忙忙而模糊的脸。在这充满喧嚣的世界里，谁来侧耳倾听一个十七岁女孩的心声？谁来安抚一颗随时都会受伤的心？谁又来成全她的桀骜不驯?(无奈的现实让人想逃离现实，既引出下文，又照应后文。)站在二十世纪的尾巴上，我常幻想能重回古代，让我与古人对话，让那被时间拉长的距离在瞬间消失得无影无踪。我幻想自己的目光扫过历史的角落时扬起的片片尘埃，这种美丽的空虚让我沉醉。"昨夜雨疏风骤，浓睡不消残酒。试问卷帘人，却道海棠依旧，知否?知否?应是绿肥红瘦。"——哦，这是怎样一种醉人的轻愁! 就让我在淡淡的阳光下做梦吧，去相遇那带着淡淡忧愁的易安居士。

　　历史的回程车将我带到了什么地方?零乱的大街上，偶有几声寥落的车马声，由远及近，卷起一阵尘土，又从我身边急急离去。(叙述细致，宛如真境。) 我的身后，是一片灰蒙蒙的民居，中有一处檐角翘得高高的楼宇，那上面，"八咏楼"三字依稀可辨。我茫然着，忽然想起不久前看过的《清照小传》上的话："1134年秋天，李清照写完《金石录后序》，了却了她平生最大也是最后的心愿。此时金兵又南侵，李清照由水路从杭州到婺州，借居在一个姓陈的人家的宅第里"——那么，这该是婺州，该是李清照在战乱中曾客居过的地方了?

　　听从着冥冥中的指引，我推开了李清照的门扉。望那院内，我却失望了，真正是一个最平常的院落! 没有平滑整齐的卵石路，更没有瘦瘦的紫竹林立道旁，倒是有一堆杂物堆在角落里,暗示着凡人生活的繁杂。屋前虽则有几簇白菊,可离"东篱把酒黄昏后,有暗香盈袖"的意趣到底颇远。

院内无人,屋门却半开着,我蹑步走入——啊,眼前这穿着粗布衣裳,斜裹着块蓝头巾,已有丝丝白发的妇人是谁?她拿着把木梳,似乎是想要梳头,却又出神地坐在窗口,无力的夕阳透过窗棂把一层浅浅的金色涂在她的身影上。风住尘香花已尽,日晚倦梳头"——这真是我日思夜想的词人吗?(恰当、贴切地引用李清照的诗词,为此文的一大特色。)可在我原先的构想中,她应是穿着轻柔的纱裙,裙上缀着些素雅的小花;她应是带着一缕闲愁,在扬州的春风里与夫君同游的啊。我怅然了。

然而,我还是鼓起勇气,走近她。我既然倾心于她的诗意与浪漫,也应去体味她的痛苦与无奈。时空没有在我们之间留下任何距离,她回头朝我微微一笑,像对着一个熟识的老友,又起身给我沏了杯茶,放了几枚菊心。我闻着杯中那极幽远的香味,便觉整个屋里弥漫了秋的味道。李清照倚在窗前,仿佛是倚着一扇时空的门,我知道,我们将以一种旁人无法理解的方式开始一次对话。

这是一段难忘的故事,因为它有一个甜美的开头。那时李清照的生活是多么惬意!十八岁那年她嫁与当时吏部侍郎赵挺之的儿子赵明诚,二人两情相悦,诗书自娱,令人欣羡。丈夫酷爱金石和书画,两人便想方设法地收集,得之则如获至宝,一同赏玩。那时,她是最幸福的女人。而每当丈夫离开几日,她便觉失掉了什么,"莫道不销魂,帘卷西风,人比黄花瘦"。我想,这当中难忘的或许更有脉脉含情的注视,耳鬓厮磨的柔情吧?"唉,其实剪不断,理还乱的,不只是离愁,更有那往日的一点一滴啊……"李清照喟然叹道。(运用语言描写,"言为心声",更能写出真情实感。)

"只是好日无多,此后国亡家破,竟是留我一个了!"清照又道,"在孤苦伶仃中流落他乡,从前收集的珍宝也毁遗殆尽,那些字画又毁于火中,唉,明诚留下来的东西,我竟没有保住……"她停住了,脸上有种自责,又有些愤怒。我知道,这中间有件事她没说:赵明诚死后,竟有小人谣传他将一个珍贵的玉壶献给了金人,即所谓"玉壶颁金",给他安了个通敌的大罪。其实李清照夫妇书生意气,平时只知收集金石,写作《金石录》,赵明诚的耿直和无私又使他在官场得罪了不少人,陷阱是早就设定好了的。这弥天大谎如何承受呢?李清照想用笔申辩,但任凭是锦绣满篇,在当时的境况中也只是废纸一张。为了替长眠地下的丈夫洗刷罪名,她辛苦奔波,行程数千里,身心俱疲。这几年的感触,岂是"艰辛"两

181

个字能够形容!

在战火纷飞的岁月里,在物是人非的苦难里,她就如一只在激流中浮沉的小船,虽然不曾退缩,却始终挣扎在生死边缘。而我,听着她低低地诉说,眼前浮现出一个个让人感泣的画面:在枯叶乱舞的树下,有一个寂寞的身影,她在低叹"雁过也,正伤心";在冬雪残梅前,有人感慨着"旧时天气旧时衣,只有情怀,不似旧家时"。此时,我的心更是随着那凄婉的故事起伏不平,我多想能在冷冷秋风中为她送一件长长的披风,或在寂寞的午夜为她点一盏不眠之灯。然而,一切都只是幻想。(夹叙夹议,增大文章的厚度。)

我在心底里佩服我的词人,在苦难的历程面前她从未退缩,她用一个女子柔弱的肩膀顶着万千磨难。我又抬头看她,却触见了她那斑白的两鬓和细密的皱纹。哦,毕竟"怎一个愁字了得"!可在这样的患难中,她还能为百姓忧,为国家愁,"千古风流八咏楼,江山留与后人愁",竟还能喊出"生当作人杰,死亦为鬼雄"的声音,难道还不算崇高、伟大吗?

李清照凝思着,好像已沉沉地坠在时光的河里,忆想着岁月流变带来和带走的一切。她是否想起了东京、青州,想起了相国寺、归来堂,想起了侍郎府的秋千、丞相府的洞房?她是否想起了质衣买画、赌茶争胜,想起了以前常常玩的一种游戏——"打马"?

我一饮而尽那已凉透的茶,连同我的泪,一同吞进肚里。趁着词人凝望在窗台前,我赶紧逃了出来,就如同逃离了一个我不敢走入的梦境。可我仿佛又舍不得,回头再望,却见那矮矮的青屋已淹没在灰蒙蒙的民居中。

我带着疲惫的身子回到现实。我开始羞愧于自己先前的想法,也明白了贾岛"只在此山中,云深不知处"的用意。我曾渴望回到易安居士的年代,去过雅人的生活,到头来,才知道她也如一叶小舟——载不动,许多愁。(回应前文。)我想,我再也不会去渴望那永恒的阳光,那只会增添不必要的烦恼,我倒希望自己是一匹野马,跑遍人生荒凉的旷野。

同学分析

本文记述的是作者的一次文学历史之旅。作者对李清照的文学作品和生平事迹了如指掌,旁征博引,游刃有余。臆想中的古代生活情景以及古人的言行举止也颇为古色古香,宋韵犹存。

从读古人诗词到想象古人的日常生活,这是很自然的一种联想。"我幻想自己的目光扫过历史的角落时扬起的片片尘埃,这种美丽的空虚让我沉醉。"这种如微醺一般微妙的感觉,作者描述得非常准确细腻。然而,许多人也仅止于此,陶醉在自己心造的幻境之中,以为那便是历史的真相。《寻寻觅觅李清照》的作者却不同,在作品中我们可以看到一种客观评价历史的要求和坦然面对现实生活的自信。阅读文学作品,既要"进得去",人类文明因此得以传承,又要"出得来",人类文明因此得以进步。在文章的最后,作者是这样总结自己的这一次文学与历史之旅的:"我想,我再也不会去渴望那永恒的阳光,那只会增添不必要的烦恼,我倒希望自己是一匹野马,跑遍人生荒凉的旷野。"这是一种清醒的历史观。

教师点评

婉约词人李清照,以其独有的才情和生命的波折,令后人唏嘘不已。如果有一天,当历史的风尘褪尽之后,真实的李清照能够真正地出现在我们的面前吗?

这不是一篇凭空虚构的文章,每一段文字的背后有我们熟悉的历史内容,于是,透过这些文字,我们看到了一个真实落寞的李清照,看到了一个痛苦无奈的词人,看到了一个闲适快意的夫人,看到了一个挣扎漂泊的逃难者,看到了一个凄风苦雨的灵魂……作者是在寻寻觅觅李清照,也是在为读者寻寻觅觅李清照。

作者借用超越时空的叙述手法,表达自由充分,情感真挚动人,亦如两个相隔千年的灵魂在天堂里的对话。此外,作为一位高二的学生,能写出这样错落有致、张弛有度的文字,实属难能可贵。

这是一篇审视历史、观照人生的好文章。

阅读屈原

木 子

薄暮冥冥,我在昏黄的灯下一遍又一遍地读你的《涉江》。(开篇第一句,寥寥数语,就营造了读屈原的不寻常的氛围,奠定了作者的情感基调。)心灵的底片上便慢慢地洇染上一层层殷红,渐深的暮色也仿佛笼上了一层悲戚的色泽。那神奇瑰丽的想象连同汨罗江畔那孤独清高的身影,深深地攫住了我的心。

这是一篇百读不厌的千古名篇。每次阅读,总有一种感动淹没我心。你人也如横空而过的一颗流星,闪烁着凄凉的美丽,划过我的心空。曾在一个落寞而寂寥的深夜,入定般地想象一颗孤寂的灵魂在汨罗江畔或是高峻蔽日的深山之中伴随着自己高远的理想怎样孤独地漫游。如血般的残阳拉长了你的身影,陪伴你的只是猿狄啼血般的哀鸣。但你只将凝聚着忧愤的血泪以及自己远大的理想抱负从自己的心灵流出,让一个去国离乡主人苦难生活的点点滴滴颤动于笔尖,化为一篇篇瑰美绮丽的文字,流芳千古……

此刻,你的足音正姗姗向我走来,走向千年之后的今夜,走向寒露沾湿的今夜,走向我阅读的今夜,走向我审视自己灵魂的今夜! (排比句用得富有层次感,从"寒露"到"阅读"再到"灵魂",一步步深入。)依旧是那阵秋冬的绪风,依旧是那般凄寒,你是否依旧一步一回头地望着你的家乡,望着你的祖国?你是否依旧在汨罗江畔执著地守望,守望着能再回到祖国,再为祖国献出自己的一切?那么,能有谁去撷取你撒落在汨罗江畔的叹息?那么,又有谁去俯拾你遗落在密林之中的梦想与守望?那么,又会有谁能彻悟你凝固在深山之中的沉痛?如果说,生命的过程注定从激越走向安详;如果说,人生的岁月必定是从绚烂走向平淡;那么,你真的走得一路安详吗?你那伟大的思想及远大的理想都随滔滔不息的汨罗江水一同远逝了吗?或许,我们只能在那浩瀚的疏星中读到你的消息,只能从那瑰奇绚丽的篇章中读懂你的思想,读懂你那颗忧郁而滚烫的爱国心,读懂你那种长存于尘世间的顶天立地的精神。而这一切,已经足够了……(一连串的问,问出了深与浅,问到了情与理。)

虔读你的一腔热忱,遥想你短暂一生的苦难历程,我一直都相信你是假文章来抒写自己的苍凉人生! 文章中那悲愤、抑郁的倾诉,不都寄寓了你深缩于心的血泪,情浓于心的忠贞吗?每回在嘈杂喧嚣的生活中静下心来,汨罗江畔的呼声就萦绕于耳畔,回响于心际,让我不自觉地以此来观照我自己。在这个被言情武打以及各种光怪陆离的书籍杂志充斥了的社会,是你在时时提醒我,记着仍沉浮于人世的另一种人生。那些我们时不时就可遭遇的人,不都是在以类似于你的方式在日渐冷漠的街巷里蹀躞吗?(反讽中见作者的痛心,痛心中见思考的深度。)

你因《离骚》而不朽,这或许是你不幸的一生中最大的幸运——虽然这是千年以后的事。这也让我想起了许许多多同你一样遭际不幸的生命,他们生命中那些闪光的东西却为人不知。现代被言情武打、卡通漫画宠坏了的眼睛是不屑于咀嚼这些倾诉的。由此,我也常常在阅读你之余,掬一捧清泪,为那些无声消逝了的生命。在光影斑驳的现代社会,固守住我生命里那些最为本真的东西,真的希望你一直都未曾远离我们。或许,你正踏着滔滔江水,穿越千年尘世的风霜,在世界的某个角落远远地注视着我们这群现代人。

同学分析

屈原是中国文学体系中的一个神话原型,每一个人都可以从他身上找到自己想要寻找的东西,屈原精神也因此得以生发繁衍,生生不息。在本文中,作者看到了灵魂、理想、自我、苦难、热情与不朽。这一串关键词组成了作者的"屈原想象",这一想象在《阅读屈原》文采瑰丽、深沉舒缓的抒情中浮出历史地表。

这是一个鲜红的形象:心灵底片上的殷红、渐深的暮色、如血的残阳、猿貅啼血般的哀鸣、忧愤的血泪……作者选择红色作为作品的底色,是因为它指向一种高标独立的人格、一种洋溢的生命激情和一个不容忽略的警示。这与作者的意图一致:先贤俯视着这个光怪陆离、光影斑驳的现代社会,正如烈日当空、明镜高悬,没有人能躲得过这场最后的审判。

教师点评

屈原,一个炎黄子孙铭刻在心的名字,一个蒙着两千年风尘的身影,今天,他还能引起多大的感动,还能触及多少个灵魂呢?

木子的《阅读屈原》,只是怀古吗?不,它更有伤今;只是追忆吗?不,它更有关注;只是畅想吗?不,它更有鞭挞。文章让我们倾听到了一个中学生对历史发出的感叹,感受到了一个中学生对时代所寄寓的理想。

厚重深沉的文字,或叙事,或抒情,或议论,都折射出了作者扎实的语言功底,传递了作者的所有“阅读”。

第二人称的选用,仿佛是两人的对白,又像是心灵的倾诉,情深理至,亲切自然,极好地抒发了作者自己的青春情怀和现实思考。

这样的文章,有美感,有深度,有震撼,不失为一篇佳作。

留住逝去的岁月

　　民俗得到老百姓的践行，其中一定有它产生的依据和存在的合理性。它积淀了千百年的传统，渗透到今天的生活，闪现着适应现实生活的生存智慧，安抚着现代人浮躁的心。老人们眷恋与坚守民俗，是因为历练人生的风雨；华侨同胞热爱民俗，是因为民族文化与外部文化相碰撞，民俗得以重新观照。了解我们民族的民俗，将有助于了解我们祖国的民生。

　　热爱始于了解，不离观察、体味。这里选出的一些极具生活气息的文章，可令人感受到民俗蓬勃的一面、阴暗的一面、即将湮没的一面。文学大师、时文作者与学生作者，都予以民俗高度关注，倾注了热烈的情感。用心阅读，相信能获得民俗知识与写作技巧的双重收益。由于写的是民俗，描摹的是民生，文章言之有物，文风朴素而不浮华；写作基本功运用纯熟，因而可作为写作的典范。

　　鲁迅先生推崇"拿来主义"，我们对老祖宗的东西也要剔除糟粕，吸取精华。不做无根一代，也不做热爱的盲虫。自己是否应为民俗的传承尽点绵薄之力？

名 篇 赏 析

　　生活的美妙就在于它的丰富多彩，要使生活
变得有趣，就要不断地充实它。

——[前苏联]高尔基

拜 年

梁实秋*

　　拜年不知始自何时。明田汝成《熙朝乐事》:"正月元旦,夙与盥漱,啖黍糕,谓年年糕。家长少毕拜,姻友投笺互拜,谓拜年。"拜年不会始自明时,不过也不会早,如果早已相习成风,也就不值得特为一记了。尤其是务农人家,到了岁除之时,比较清闲,一年辛苦,透一口气,这时节酒也酿好了,腊肉也腌透了,家祭蒸尝之余,长少毕拜,所谓"新岁为人情所重",大概是自古已然的了。不过演变到姻友投笺互拜,那就是另一回事了。

　　回忆幼时,过年是很令人心跳的事。平素轻易得不到的享乐与放纵,在这短短几天都能集中实现。但是美中不足,最煞风景的莫过于拜年一事。自己辈分低,见了任何人都只有磕头的份。而纯洁的孩提,心里实在纳闷,为什么要在人家面前匍匐到"头着地"的地步。那时节拜年是以向亲友长辈拜年为限。这份差事为人子弟的是无法推脱的。我只好硬着头皮穿上马褂缎靴,跨上轿车,按照车子登门去拜年。有些人家"挡驾",我认为这最知趣;有些人家迎你升堂入室,受你一拜,然后给你一盏甜茶,扯几句闲话,礼毕而退;有些人家把你让到正厅,内中阒(音qù,形容没有声音。)无一人,任你跪在红毡子上朝上磕头,活见鬼! 如是者总要跑上三两天。见人就磕头,原是处世妙方,可惜那时不甚了了。

---

　　*梁实秋(1903—1987)。曾赴美国学习英文及英美文学。1926年回国后在数所大学任教。同他所编的《英汉字典》和所译的《莎士比亚全集》一样,他的散文《雅舍小品》、《雅舍谈吃》等影响甚广。

后来年纪渐长，长我一辈两辈的人都合理地凋谢了，于是每逢过年便不复为拜年一事所苦。(巧妙的比拟"合理"一词，占尽幽默。)自己吃过的苦，也无意再加在自己的儿子身上去。阳春雪霁，携妻室儿女去挤厂甸，冻得手脚发僵，买些琉璃喇叭大糖葫芦，比起奉命拜年到处作磕头虫，岂不有趣得多？

几十年来我已不知拜年为何物。初到台湾时，大家都是惊魂甫定，谈不到年，更谈不到拜年。最近几年来，情形渐渐不对了，大家忽地一窝蜂拜起年来了。天天见面的朋友也相拜年，下属给长官拜年，邻居给邻居拜年。初一那天，我居住的陋巷真正的途为之塞，交通断绝一二小时。每个人咧着大嘴，拱拱手，说声"恭喜发财"，也不知喜从何处来，财从何处发，如痴如狂，满大街小巷的行尸走肉。一位天主教的神父，见了我也拱起手说"恭喜发财"，出家人尚且如此，在家人复有何说？大家好像是完全忘记了现在是战时，完全忘记了现在戒严法总动员法都还有效，竟欢喜忘形，创造出这种形式的拜年把戏。我说这是创造，因为这不合古法，也不合西法，而且也不合情理，完全是胡闹。(忧国之心，已初有表露，无怪语带"戏说"之味。)

胡闹而成了风气，想改正便不容易。有位不肯随波逐流的人，元旦之晨犹拥被高卧，但是禁不住家人催促，只好强勉出门，未能免俗。心里忽然一动，与其游朱门，不如趋蓬户，别人锦上添花，我偏雪中送炭，于是他不去拜上司，反而去拜下属。于是进陋巷，款柴扉，来应门的是一个三尺童子，大概从来没见有这样的人来拜年过，小孩子亦受宠若惊，回头就跑，正好触到一块绊脚石，跌了一跤，脑袋撞在石阶上，鲜血直喷。拜年者和被拜年者慌作一团，送医院急救，一场血光之灾结束了一场拜的闹剧，可见顺逆之势不可强勉，要拜年还是到很多人都去拜年的地方去拜。

拜年者使得人家门庭若市，对于主人也构成威胁。我看见有人在门前张贴告示："全家出游，恭贺新禧！"有时亦不能收阻之效，有些客人便闯进去，则室内高朋满座，香烟缭绕，一桌子的糖果，一地的瓜子皮。使得投笺拜年者反倒显着生分了。在这种场合，剥两只干桂圆，喝几口茶水，也就可以起身，不必一定要像以物出物的楔子，等待下一批客人来把你生顶出去。拜年虽非普通日子访客可比，究竟仍以给人留下吃饭睡觉的时间为宜。

有人向我说："你别自以为众醉独醒，大家的见识是差不多的，谁愿意把两腿弄得清酸，整天价在街上狼奔豕突？还不是闷得发慌？到了新正，荒斋之内举目皆非，想想家乡不堪闻问，瞻望将来则有的说有望，有的说无望，有的心里无望而嘴巴里却说有望，望，望,望,我们望了十多年了,以后不知还要再望多么久。人是血肉做的,一生有几个十多年?过年放假,家中闲坐,闷得发慌,会要得病的,所以这才追随大家之后,街上跑跑,串串门子,不为无益主事,何以遣有涯之生?谁还真个要给谁拜年?拜年?想得好! 兴奋之后便是麻痹,难得大家兴奋一下。"(把玩此段,读出本文的思想倾向。)

这样说来,拜年岂不是成了一种"苦闷的象征"?

读后悟语

梁实秋先生是写消闲散文的大家,这一点可见其甚得传统中国文人的传统趣味倾向,但另一方面写此文所处时期是动荡之秋,作家内心的社会责任感又时刻提醒着不要"远离"和不要"抽身在外",故"作家们很可能有时候津津乐道,有时候又板起脸孔批判,而且两者都出于真心,并无投机的意味。明白这一点,才能理解同一作家不同作品之间价值评判标准的矛盾"(《闲情乐事·序》陈平原)。这些都告诉读者联系时代背景进行阅读的重要性。

文章笔带幽默。如"长我一辈两辈的人都很合理地凋谢了"一句,用的是比拟方法,把人的死亡写成相当于花草的代谢,使人不禁抿嘴一笑;第5段的故事用的是"实话实说"的方法,让人生出一丝苦涩的笑意。第5段的关于"楔子"的比喻,道出拜年时的尴尬与无奈等,无不是让人读来笑后深思,咀嚼良久。

几十年后看这篇文章,依然觉得鲜活、亲切,因为它道出了心中真实之想法。

放 风 筝

梁实秋

　　偶见街上小儿放风筝，拖着一根棉线满街跑，嬉戏为欢，状乃至乐。那所谓风筝，不过是竹篾架上糊一点纸，一尺见方，顶多底下缀着一些纸穗，其结果往往是绕挂在街旁的电线上。

　　常因此想起我小时候在北平放风筝的情形。我对放风筝有特殊的癖好，从孩提时起直到三四十岁，遇有机会从没有放弃过这一有趣的游戏。在北平，放风筝有一定的季节，大约总是在新年过后开春的时候为宜。这时节，风劲而稳。严冬时风很大，过于凶猛，春季过后则风又嫌微弱了。开春的时候，蔚蓝的天，风不断地吹，最好放风筝。

　　北平的风筝最考究。这是因为北平的有闲阶级的人多，如八旗子弟，凡属耳目声色之如的事物都特别发展。我家住在东城，东四南大街，在内务部街与史家胡同之间有一个二郎庙，庙旁边有一爿(音pán，一家[商店]之意。)风筝铺，铺主姓于，人称"风筝于"。他做的风筝在城里颇有小名。我家离他近，买风筝特别方便。他做的风筝，种类繁多，如肥沙雁、瘦沙雁、龙井鱼、蝴蝶、蜻蜓、鲇鱼、灯笼、白菜、蜈蚣、美人儿、八卦、蛤蟆以及其他形形色色。鱼的眼睛是活动的，放起来滴溜溜地转，尾巴拖得很长，临风波动。蝴蝶蜻蜓的翅膀也有软的，波动起来也很好看。风筝的架子是竹制的，上面绷起高丽纸面，讲究的要用绢绸，绘制很是精致，彩色缤纷。风筝于的出品，最精彩是"提线"拴得角度准确，放起来不"折筋斗"，平平稳稳。风筝小者三尺，大者一丈以上，通常在家里玩玩由三尺到七尺就很够了。新年厂甸开放，风筝摊贩也很多，品质也还可以。

　　放风筝的线，小风筝用棉线即可，三尺以上就要用棉线数绺捻成的"小线"。小线也有粗细之分,视需要而定。考究的要用"老弦":取其坚牢,而且分量较轻,放起来可以扭成直线,不似小线主动辄出一圆兜。线通常绕在竹制的可旋转的"线桄子"上。讲究的是硬木制的线桄子,旋转起来特别灵活迅速。用食指打一下,桄子即转十几转,自然地把线绕上去了。

有人放风筝,尤其是较大的风筝,常到城根或其他空旷的地方去,因为那里风大,一抖就起来了。尤其是那一种特制的巨型风筝,名为"拍子",长方形的, 方方正正没有一点花样,最大的没有超过九尺。北平的住宅都有个院子,放风筝时先测定风向,要有人带起一根大竹竿,竿项置有铁叉头或铜叉头(即挂画所用的那种叉子),把风筝挑起,高高举起到房檐之上,等着风一来,一抖,风筝就飞上天去,竹竿就可以撤了,有时候风不够大,举竹竿的人还要爬上房去踞坐在房脊上面。有时候,费了不少手脚,而风姨不至,只好废然作罢,不过这种扫兴的机会并不太多。

风筝和飞机一样,在起飞的时候和着陆的时候最易失事。电线和树都是最碍事的,须善为躲避。风筝一上天,就没有事,有时候进入境界,直不需用手牵着,大可以把线拴在屋柱上面,自己进屋休息,甚至拴一夜,明天再去收回。春寒料峭,在院子里久了会冻得涕泗交流,线弦有时也会把手指勒得青疼,甚至出血,是需要到屋里去休息取暖的。

风筝之"筝"字,原是一种乐器,似瑟而十三弦。所以顾名思义,风筝也是要有声响的《询刍录》云:"五代李邺于宫中作纸鸢,引线乘风为戏,后于鸢首,以竹为笛,使风入竹,声如筝鸣。"这记载是对的。不过我们在北平所放的风筝,倒不是"以竹为笛",带响的风筝有两种,一种是带锣鼓的,一种是带弦弓的,二者兼备的当然也不是没有。所谓锣鼓,即是利用风车的原理捶打纸制的小鼓,清脆可听。弦弓的声音比较更为悦耳。有高骈风筝诗为证:

> 夜静弦声响碧空,
>
> 宫商信任往来风,
>
> 依稀似曲才堪听,
>
> 又被风吹别调中。

(留意以下这几段文字,"理趣"自然地产生了。)

我以为放风筝是一件颇有情趣的事。人生在世上,局促在一个小圈圈里,大概没有不想偶然远走高飞一下的。出门旅行,游山逛水,是一个办法,然亦不可常得。放风筝时,手牵着一根线,看风筝冉冉上升,然后停在高空,这时节仿佛自己也跟着风筝飞起了,俯瞰尘寰,怡然自得。我想这也许是自己想飞而不可得,一种变相的自我满足罢。春天的午后,看着天空飘着别人家放起的风筝,虽然也觉得很好玩,究不若自己手里牵着线的较为亲切,那风筝就好像是载着自己一片心情上了天。真是的,在把风筝收回来的时候,心里泛起一种异样的感觉, 好像是游罢归来,虽然不是扫兴,至少也是尽兴之后的那种疲惫状态,懒洋洋的,无话可说,从天上又回到了人间。从天上翱翔又回到匍匐地上。

放风筝还可以"送幡"(俗呼为"送饭儿")。用铁丝圈套在风筝线上,圈上附一长纸条,在放线的时候铁丝圈和长纸条便被风吹着慢慢地滑上天去,纸幡在天空飞荡,直到抵达风筝脚下为止。在夜间还可以把一盏一盏的小红灯笼送上去,黑暗中不见风筝,只见红灯朵朵在天上游来游去。

放风筝有时也需要一点点技巧。最重要的是在放线松弛之间要控制得宜。风太劲,风筝陡然向高处跃起,左右摇晃,把线拉得绷紧,这时节一不小心风筝便会倒栽下去。栽下去不要慌,赶快把线一松,它立刻又会浮起,有时候风筝已落到视线所不能及的地方,依然可以把它挽救起来,凡事不宜操之过急,放松一步,往往可以化险为夷,放风筝亦一例也。技术差的人,看见风筝要栽筋斗,便急忙往回收,适足以加强其危险性,以至于不可收拾。风筝落在树梢上也不要紧,这时节也要把线放松,乘风势轻轻一扯便会升起,性急的人用力拉,便愈纠缠不清,直到把风筝扯碎为止。在风力弱的时候,风筝自然要下降,线成兜形, 便要频频扯抖,尽量放线,然后再及时收回,一松一紧,风筝可以维持于不坠。

好斗是人的一种本能。放风筝时也可表现出战斗精神。发现邻近有风筝飘起,如果位置方向适宜,便可以斗筝。法子是设法把自己的风筝放在对方的线兜之下,然后猛然收线,风筝陡的直线上升,势必与对方的线兜交缠在一起,两只风筝都摇摇欲坠,双方都急于向回扯线,这时候就要看谁的线粗,谁的手快,谁的地势优了。优胜的一方面可以扯回自己的风筝,外加一只俘虏,可能还有一段的线。我在一季之中,时常可以俘获四五只风筝,把俘获的风筝放起,心里特别高兴,好像是在炫耀自己的胜利品,可是有时候战斗失利,自己的风筝被俘,过一两天看着自己的风筝在天空飘荡,那便又是一种滋味了。这种斗争并无伤于睦邻之道,这是一种游戏,不发生侵犯领空的问题。并且风筝也只好玩一季,没有人肯玩隔年的风筝。迷信说隔年的风筝不吉利,这也许是卖风筝的人造的谣言。

读后悟语

这篇文章让人读来有亲临其境之感。你是否可以感受到梁实秋先生那不泯的童心？买风筝、风筝的制作、放风筝(必备工具、技巧)以及过程中的精神享受，有条不紊，逐一道来。文章的三分之二篇幅以记叙说明为主，让人们获得许多知识。(说明文字也并非是干巴巴的，而是渗透着作者的童趣之情，欣赏之情，珍惜玩味之情；文字平实，讲究条理、脉络与顺序。)在后四段掺杂了不少人生哲理，议论时不忘从"放风筝"谈起，显得自然妥帖，合情合理。这几段的动词运用出色，描述了行为过程，值得学习。

孩子的游戏固然有趣好玩，但写文章不能仅一个"好玩"了事，如果理趣盎然就妙不可言了。只有历练人生风雨之人，才可以把孩子的游戏看得如此透彻明了。生活中该有多少平凡的镜头，背后蕴含着丰富的意蕴！

你有一双"发现的眼睛"吗？

市声拾趣

张恨水[*]

　　我也走过不少的南北码头，所听到的小贩吆唤声，没有任何一地能赛过北平的，北平小贩的吆唤声，复杂而谐和，无论其是昼是夜，是寒是暑，都能给予听者一种深刻的印象，虽然这里面有部分是极简单的，如"羊头肉"、"肥卤鸡"之类，可是他们能在声调上，助字句之不足。至于字句多的，那一份优美，就举不胜举，有的简直是一首歌谣。例如夏天卖冰酪的，他在胡同的绿槐荫下，歇着红木漆的担子，手扶了扁担，吆唤着道："冰淇淋，雪花酪，桂花糖，搁得多，又甜又凉又解渴。"这就让人听着感到趣味了。又像秋冬卖落花生的，他喊着："落花生，香来个脆啦，芝麻酱的味儿啦。"这就含有一种幽默感了。(旧时商人用叫卖声吸引顾客的注意。北京人叫"叫卖声"为"吆喝"，属于"市声"。这些"市声"构成北京城特有的风俗。)

　　也许是我们有点主观，我们在北平住久了的人，总觉得北平小贩的吆唤声，很能和环境适合，情调非常之美。如现在是冬天，我们就说冬季了。当早上的时候，黄黄的太阳，穿过院树落叶的枯条，晒在人家的粉墙上，胡同的犄角(jī jiǎo)儿(角落)上，兀自堆着大大小小的残雪。这里很少行人，有两三个小学生背着书包上学，于是有辆平头车子，推着一个木火桶，上面烤了大大小小二三十个白薯，歇在胡同中间。小贩穿了件老羊毛背心儿，腰

---

　　*张恨水是现代小说家，29岁开始创作长篇《春明外史》，自此共出版120余部小说。20年代末写的《啼笑因缘》是其代表作。

上系了条板带,两手插在背心里,喷着两条如云的白气,站在车把里叫道:"噢……热啦……烤白薯啦……又甜又粉,栗子味。"当你早上在大门外一站,感到又冷又饿的时候,你就会因这种引诱,要买他几大枚白薯吃。(声色俱全的环境情调,令人迷醉。小贩的姿态,极有生活气息。)

在北平住家稍久的人,都有这么一种感觉,卖硬面饽饽的人极为可怜,因为他总是在深夜里出来的。当那万籁俱寂、漫天风雪的时候,屋子外的寒气,像尖刀那般割人。这位小贩,却在胡同遥远的深处,发出那漫长的声音:"硬面……饽饽哟……"我们在温暖的屋子里,听了这声音,觉得既凄凉,又惨厉,像深夜钟声那样动人,你不能不对穷苦者给予一个充分的同情。

其实,市声的大部分,都是给人一种喜悦的,不然,它也就不能吸引人了。例如:炎夏日子,卖甜瓜的,他这样一串地吆唤着:"哦!吃啦甜来一个脆,又香又凉冰淇淋的味儿。吃啦,嫩藕似的苹果清脆甜瓜啦!"在碧槐高处一蝉吟的当儿,这吆唤是够刺激人的。因此,市声刺激,北平人是有着趣味的存在,小孩子就喜欢学,甚至借此凑出许多趣话。例如卖馄饨的,他吆唤着第一句是"馄饨开锅"。声音洪亮,极像大花脸唱倒板,于是他们就用纯土音编了一篇戏词来唱:"馄饨开锅……自己称面自己和,自己剁馅自己包,虾米香菜又白饶。吆唤了半天,一个子儿没卖着,没留神丢了我两把勺。"因此,也可以想到北平人对于小贩吆唤声的趣味之浓了。

读后物语

本文把市声的"趣"作为重点,展示内中蕴含的情调,把趣韵、凄怨,喜悦糅合,弥漫着浓浓的俚俗气息。

单纯写声音恐怕不大好写,也会显得单薄,作者便着力于"市声"的背景的描写,借此烘托"市声",如段2、段3的景物描写,一个温暖,一个凄冷,情调截然不同,市声更显韵味。"市声"之趣还因小贩特征不同而起,故描绘之极具生活气息,如段2卖烤白薯的小贩,其穿着、姿态(尤其"呼气"之描述)配合吆喝的描写,相得益彰。段3卖硬面饽饽的小贩没有正面出场,是通过声音从远处飘来的音调的描写,加强了幽怨、深长、飘忽之感,宛若那无根的浮萍,令人唏嘘。

"市声"之趣还在于对地道京味方言的记录:那声调、那语气词,随着时间变化而不同;乡俗乡音,异常亲切。它煽情诱人,流淌着市井神韵。相声大师侯宝林的相声《买布头》(与郭启儒合说)和《买包子》(与郭全宝合说),其模仿京津两地的叫卖声,活灵活现。不妨找来听听,有助理解。

遗憾的是,京味的吆喝,如今在胡同里,已成绝响。我们应该感谢张恨水先生,他不但记录了自己的心情,更使民俗文化得以被后人了解与传承。这样说来,我们是不是也得好好写自己的文章?

谈 吃

夏丏尊*

说起新年的行事，第一件在我脑中浮起的是吃。回忆幼时一到冬季就日日盼望过年，等到过年将届就乐不可支，因为过年的时候有种种乐趣，第一是吃的东西多。中国人是全世界善吃的民族。普通人家，客人一到，男主人即上街办吃场，女主人即入厨罗酒浆，客人则坐在客堂里口嗑瓜子，耳听碗盏刀**俎**(俎zǔ。古代割肉专用的砧板。"人为刀俎，我为鱼肉"比喻人或国家任人欺压蹂躏。)的声响，等候吃饭。吃完了饭，大事已毕，客人拔起步来说"叨扰"，主人说"没有什么好的待你"，有的还要苦留："吃了点心去"，"吃了夜饭去"。

遇到婚丧，庆吊只是**虚文**，果腹倒是实在。排场大的大吃七日五日，小的大吃三日一日。早饭，午饭，点心，夜饭，夜点心，(在文中找找"早饭，午饭，点心，夜饭，夜点心"这一类的写法，感受其妙处。)吃了一顿又一顿，吃得来不亦乐乎，真是酒可为池，肉可成林。(也即成语"酒池肉林"，形容穷奢极欲，这里指酒食很多。)

过年了，轮流吃年饭，送食物。新年了，彼此拜来拜去，讲吃局。端午要吃，中秋要吃，

---

*夏丏尊(1886—1946)15岁中秀才。17岁留学日本，21岁回国执教。五四时期积极提倡白话文，革新语文教学。历任中学、大学的国文教师。后来参与创办开明书店，并任总编辑，主编《中学生》。后长期从事中学语文教学，所著的《文章作法》、《文心》(与叶圣陶合著)及译著《爱的教育》等在青年学生中影响很大。

生日要吃，朋友相会要吃，相别要吃。只要取得出名词，就非吃不可，而且一吃就了事，此外不必有别的什么。

小孩子于三顿饭以外，每日好几次地向母亲讨铜板，买食吃。普通学生最大的消费不是学费，不是书籍费，乃是吃的用途。成人对于父母的孝敬，重要的就是奉甘旨。(献上美好的食品。)中馈自古占着女子教育上的主要部分。"食不厌精，脍不厌细"，"沽酒，市脯"，"割不正"，圣人不吃。梨子蒸得味道不好，贤人就可以出妻。家里的老婆如果弄得出好菜，就可以骄人。古来许多名士至于费尽苦心，别出心裁，考察出好几部特别的食谱来。

不但活着要吃，死了仍要吃。他民族的鬼只要香花就满足了，而中国的仍依旧非吃不可。死后的饭碗，也和活时的同样重要，或者还更重要。普通人为了死后的所谓"血食"，不辞广蓄姬妾，预置良田。道学家为了死后的冷猪肉，不辞假仁假义，拘束一世。朱竹姹宁不吃冷猪肉，不肯从其诗集中删去《风怀二百韵》的艳诗，至今犹传为难得的美谈，足见冷猪肉牺牲不掉的人之多了。

不但人要吃，鬼要吃，神也要吃，甚至连没嘴巴的山川也要吃。有的但吃猪头，有的要吃全猪，有的是专吃羊的有的是专吃牛的，各有各的胃口，各有各的嗜好，古典中大都详有规定，一查就可知道。较之于他民族的对神只作礼拜，似乎他民族的神极端唯心，中国的神倒是极端唯物的。(演员宁静主演的电影《红河谷》开头就有用活牛、活少女祭黄河的大场面，氛围惨烈而震撼人心。)

梅村的诗道"十家三酒店"，街市里最多的是食物铺。俗语说"开门七件事"，家庭中最麻烦的不是教育或是什么，乃是料理食物。学校里最难处置的不是程度如何提高，教授如何改进，乃是饭厅风潮。

俗语说得好，只有"两脚的爷娘不吃，四脚的眠床不吃"。中国人吃的范围之广，真可使他国人为之吃惊。中国人于世界普通的食物之外，还吃着他国人所不吃的珍馐：吃西瓜的实，吃鲨鱼的鳍，吃燕子的巢，吃狗，吃乌龟，吃狸猫，吃癞蛤蟆，吃癞头鼋，吃小老鼠。有的或竟至吃到小孩的胞衣以及直接从人身上取得的东西。如果能够，怕连天上的月亮也要挖下来尝尝哩。

至于吃的方法，更是五花八门，有烤，有炖，有蒸，有卤，有炸，有烩，有醉，有炙，有熘，有炒，有拌，真正一言难尽。古来尽有许多做菜的名厨司，其名字都和名卿相一样煊赫地留在青史上。不，他们之中有的并升到高位，老老实实就是名卿相。如果中国有一件事可以向世界自豪的,那么这并不是历史之久,土地之大,人口之众,军队之多,战争之频繁,乃是善吃的一事。中国的肴菜已征服了全世界了。有人说中国人有三把刀为世界所不及,第一把就是厨刀。

不见到喜庆人家挂着的福禄寿三星图吗?福禄寿是中国民族生活上的理想。画上的排列是禄居中央,右是福,寿居左。禄也者,拆穿了说就是吃的东西。老子也曾说过:"虚其心实其腹","圣人为腹不为目。"吃最要紧,其他可以不问。"嫖赌吃着"之中,普通人皆认吃最实惠。所谓"着威风,吃受用,赌对冲,嫖全空",什么都假,只有吃在肚里是真的。

吃的重要更可于国人所用的言语上证之。在中国,吃字的意义特别复杂,什么都会带了"吃"字来说。被人欺负曰"吃亏",打巴掌曰"吃耳光",希求非分曰"想吃天鹅肉",诉讼曰"吃官司",中枪弹曰"吃卫生丸",此外还有什么"吃生活"、"吃排头"等等。相见的寒暄,他民族说"早安"、"年安"、"晚安",而中国人则说:"吃了早饭没有?""吃了中饭没有?""吃了夜饭没有?"对于职业,普通也用吃字来表示,营什么职业就叫做吃什么饭。"吃赌饭","吃堂子饭","吃洋行饭","吃教书饭",诸如此类,不必说了。甚至对于应以信仰为本的宗教者,应以保卫国家为职志的军士,也都加吃字于上。在中国,教徒不称信者,叫做"吃天主教的","吃耶稣教的",从军的不称军人,叫做"吃粮的",最近还增加了什么"吃党饭"、"吃三民主义"的许多新名词。

衣食住行为生活四要素,人类原不能不吃。但吃字的意义如此复杂,吃的要求如此露骨,吃的方法如此麻烦,吃的范围如此广泛,好像除了吃以外就无别事也者,求之于全世界,这怕只有中国民族如此的了。(你感受到这一段话的功用吗?)

在中国,衣不妨污浊,居室不妨简陋,道路不妨泥泞,而独在吃上分毫不能马虎。衣食住行的四事之中,食的程度远高于其余一切,很不调和。中国民族的文化,可以说是口的文化。

佛家说六道轮回,把众生分为天、人、修罗、畜生、地狱、饿鬼六道。如果我们相信这话,那么中国民族是否都从饿鬼道投胎而来,真是一个疑问。

读后悟语

　　我们天天在"吃",文章也因此而写下来。面对熟悉的事物,你有否参透文中的韵味?人说"民以食为天",不妨好好看看这个民俗。有别于麦当劳的标准统一,中国菜即使简单如炒青菜,也会店店不同味,这种和谐、模糊、不可捉摸的因素,大概是中国本土快餐连锁难以兴起之因,却又产生了世上有着美好滋味的骄人菜系。中国人烹调重在"吃味",享受人生。因为中华民族"合"的心理,西式自助餐只能成为就餐方式的点缀;"分餐制"也难成气候,即使在"非典"肆虐之时。这样想来,文章很有一些看头!

　　本文"谈吃",话题不小,写来却翔实丰富,收放自如。它铺得开,从若干侧面看"吃",且分项条理化:吃无处无时不在;吃之主人;吃的范围;吃的方法;吃的重要性等,娓娓道来。它收得拢,全文的倒数第三段是个总结段,使读者思路明晰。

　　为了显示"吃"的包罗万象,吃的意义,本文突出地运用了"排比"的方式,有词的排比:如段3;有短语的排比,如段4、段9;更有句子的排比:如段10(有2处)、段13、段14。极尽铺排之能事,把"吃"的巨大作用,渗透生活的方方面面写得极为传神,其语言气势足以让读者感到"吃"的力量。另外还采用"引用"方式,追根溯源,把吃之渊源充分展现。

　　至于文末表示的怀疑,与丰子恺先生在《吃瓜子》一文中对中国人甚具吃瓜子天才的讥笑颇为相似,若与同时代关于国民性讨论的文章比较,就不难理解作者的心思。他又何尝真的不喜欢消闲呢! 只不过为感时忧国,抒写调侃之语罢了。

北平的洋车夫

老 舍

　　北平的洋车夫有许多派：年轻力壮，腿脚灵利的，讲究赁(音lìn，租用。)漂亮的车，拉"整天儿"，爱什么时候出车与收车都有自由；拉出车来，在固定的"车口"或宅门一放，专等坐快车的主儿；弄好了，也许一下子弄个一块两块的；碰巧了，也许白耗一天，连"车份儿"也没着落，但也不在乎。这一派哥儿们的希望大概有两个：或是拉包车；或是自己买上辆车，有了自己的车，再去拉包月或散座就没大关系了，反正车是自己的。

　　比这一派岁数稍大的，或因身体的关系而跑得稍差点劲的，或因家庭的关系而不敢白耗一天的，大概就多数的拉八成新的车；人与车都有相当的漂亮，所以在要价儿的时候也还能保持住相当的尊严。这派的车夫，也许拉"整天"，也许拉"半天"。在后者的情形下，因为还有相当的精气神，所以无论冬天夏天总是"拉晚儿"。夜间，当然比白天需要更多的留神与本事；钱自然也多挣一些。

　　年纪在四十以上，二十以下的，恐怕就不易在前两派里有个地位了。他们的车破，又不敢"拉晚儿"，所以只能早早的出车，希望能从清晨转到午后三四点钟，拉出"车份儿"和自己的嚼谷。他们的车破，跑得慢，所以得多走路，少要钱。到瓜市、果市、菜市去拉货物，都是他们；钱少，可是无需快跑呢。

　　在这里，二十岁以下的——有的从十一二岁就干这行儿——很少能到二十岁以后改变成漂亮的车夫的，因为在幼年受了伤，很难健壮起来。他们也许拉一辈子洋车，而一辈子连拉车也没出过风头。那四十以上的人，有的是已拉了十年八年的车，筋肉的衰损使他们甘居人后，他们渐渐知道早晚是一个跟头会死在马路上。他们的拉车姿势，讲价时的随机应变，走路的抄近绕远，都足以使他们想起过去的光荣，而用鼻翅儿扇着那些后起之辈。可是这点光荣丝毫不能减少将来的黑暗。(你注意到这几行文字的写法吗?)他们自己也因此在擦着汗的时节常常微叹。

不过，以他们比较另一些四十上下岁的车夫，他们还似乎没有苦到了家。这一些是以前绝没想到自己能与洋车发生关系，而到了生与死的界限已经不甚分明，才抄起车把来的。被撤差的巡警或校役，把本钱吃光的小贩，或是失业的工匠，到了卖无可卖，当无可当的时候，咬着牙，含着泪，上了这条死亡之路。这些人，生命最鲜壮的时期已经卖掉，现在再把窝窝头变成的血汗滴在马路上。没有力气，没有经验，没有朋友，就是在同行的当中也得不到好气儿。他们拉最破的车，皮带不定一天泄多少次气;一边拉着人还得一边儿央求人家原谅，虽然十五个大铜子儿已经算是甜买卖。

此外，因环境与知识的特异，又使一部分车夫另成派别。生于西苑海甸的自然以走西山，燕京，清华，比较方便;同样，在安定门外的走清河，北苑;在永定门外的走南苑……这是跑长趟的，不愿拉零座;因为拉一趟便是一趟，不屑于三五个铜子的穷凑了。可是他们还不如东交民巷的车夫的气儿长，这些专拉洋买卖的讲究一气儿由东交民巷拉到玉泉山、颐和园或西山。气长也还算小事，一般车夫万不能争这项生意的原因，大半还是因为这些吃洋饭的有点与众不同的知识，他们会说外国话。英国兵、法国兵，所说的万寿山，雍和宫，"八大胡同"，他们都晓得。他们自己有一套外国话，不传授给别人。他们的跑法也特别，四六步儿不快不慢，低着头，目不旁视的，贴着马路边走，带出与世无争，而自有专长的神气。因为拉着洋人，他们可以不穿号坎，而一律的是长袖小白褂，白的或黑的裤子，裤筒特别肥，脚腕上系着细带;脚上是宽双脸千层底青布鞋;干净，利落，神气。一见这样的男装，别的车夫不会再过来争座与赛车，他们似乎是属于另一行业的。

(读完文章了，请思考:从本文看，老舍如何体现他的行文风格?)

读后悟语

大凡读过老舍作品的人，多数会有这样一个印象:老舍是幽默的。

　　其实,幽默不等于搞笑,更不是油腔滑调,"据我想,所谓幽默,恐怕是在某种适宜的场合,严肃地说一句概括机智的话,起初使人不禁莞尔或哄笑,过后一想叹息或'不好过'起来的一种解释吧。"(梅林《老舍先生二三事》)那么,这个尺度如何把握?看看段4"……都足以……而用鼻翅儿扇着那些后起之辈。可是这点光荣丝毫不能减少将来的黑暗"一句,前面是骄傲与鄙夷,后面却是一种巨大的落差,于是"幽默"产生了。它足以让你咀嚼好些时候,慢慢漾出一丝辛酸与无奈之感。这样,我们可以学会达成幽默的方法之一:制造"落差"。

　　段4中"生命最鲜壮的时期已经卖掉,现在再把窝窝头变成的血汗滴在马路上"。这两句有别于常规的语言搭配:前句强调了主语,后句凸现"收获"与"付出"的联系。"没有力气,没有经验,没有朋友"是排比句,强调了车夫们的"一无所有",在肉体与精神上均承受了双倍的折磨。

　　由于老舍先生有着对底层社会人们生活的真切感受,故文字写得朴素冷静,不事美丽辞藻的渲染,却充满着思考,令读者时刻感受到其力度。

二 胡

高维生

最好是夜晚,万物舒缓地呼吸,一缕声音像山间轻吟浅唱的溪水……

二胡,是我喜爱的乐器,但我不会摆弄它,美好的东西,有时更多的是热爱和欣赏。二胡不同于西洋乐器,需要一座美丽的建筑,在高雅的音乐大厅演奏。二胡属于大自然,就像琴箱上蒙的蟒皮和弓上马的鬃毛。在山间,在溪畔,在蔓生野草的大地,悠长的曲调穿越时空。

我喜欢江南的二胡,琴声温润,哀怨如泣。晃晃悠悠的水路穿街而过,小镇一分为二,一架拱形的石桥,像温暖的手,连接分离的街道。沿岸石砌的护围堤,风吹水蚀,青石生出了苔藓;随着年代的久远变得陈旧。岸上青瓦、白墙的房子,鱼鳞似的瓦片,在阳光下,像晒在沙滩上的大鱼。墙壁洞开的窗口,似乎终年敞着。历经沧桑的老人坐在桌前,慢慢地品茶,倾听,回忆,石板路被岁月的脚步磨得光滑,纹理中储存时间的尘埃。有人一边走,一边拉着二胡。琴声诉说人间的悲欢离合,表达琴师的情感。忧伤的琴声,在水面泛起记忆的波纹。在这种背景下,一定有乌篷船,梦一般轻盈地滑动,船橹摇动,荡起水花,充满柔静的韵味。("岁月的脚步"、"时间的尘埃"、"记忆的波纹",这些比喻是否和常见的比喻形式不同?试着仿写。)

印象中的二胡,少了浪漫的色彩。我少年时代,居住在大杂院,一家挨一家。从这个门出来,就进了另一家的门,邻居之间相隔透风露气的木障子,几乎没什么秘密可言。我家的邻居姓马,他家墙上挂着一把二胡,琴头是活灵活现的龙头,琴杆褪掉了色泽。两根纤细的弦亮铮铮的,轻轻地一弹,发出清脆的声音。二胡送走了许多夜晚,从那里我知道了常识性的知识,什么琴码,琴筒,松香,滑音,揉指。指尖上流淌出我一个个的梦想。至于先辈,为什么找到这种简单的乐器,来表现人间的事情,我今天也不理解。我暗叹不已,他粗糙的手,抡起板斧劈烧柴,是那么的有力量。拉起二胡却又舒展,自由,二胡是他生命中的一部分。那时我还不理解,我不懂二胡。

电视里播放的独奏音乐会,不可能与大自然中的二胡相同。有露水的润泽, 音色更纯,掠过苦艾的梢头,越过起伏的群山,它和风声、草香、丝丝缕缕地纠缠,人的思绪被它带走。

山区小镇的夜宁静,归林鸟儿躲进自己的窝,歇息歌唱了一天的嗓子,劳作的人们进入梦乡。

夜是梦开始的地方,开始的地方不一定有梦。(分析一下本文结尾的特色。)

 读后悟语

文中最主要的写作手法恐怕是"对比"了。二胡是一种民族乐器,要凸现其魅力,需要放在文化坐标系中去感知,只有关注其独特背景与氛围,才会写得有味道。从二胡与西洋乐器的对比,到现实中的二胡与想象中的对比,再到二胡电视独奏音乐会与大自然中二胡演奏作对比,二胡形象愈发清晰,这是来自民间的率性、质朴、苦难的生活空间的精灵!

本文的结尾很有韵味,它是对全文的凝聚与收束,又是对文章开头的呼应。二胡使夜晚有了诗意,让梦开始;但二胡的源头却充满生活的酸涩。最妙的是"梦""开始""地方"几个简单的词语,经过语序的不同的组合,产生了一种回环往复的美,却又有令人回味的深意,使你我都不能忘记底层百姓的沧桑、忍耐、坚韧,如同那二胡一般。

本文的比喻与常见的有所不同。如"岁月的脚步"、"时间的尘埃"、"记忆的波纹",用"本体"修饰"喻体",成为偏正短语,语句更显紧凑与文雅,另有一番风味,大家不妨在写作中灵活运用。

"亭子间"神话

施康强

　　三毛回大陆探访,有许多心愿要实现,其中一条是想一个人到上海街头去看一看。她在台湾读张爱玲的小说,常常看到提及亭子间,什么叫"亭子间"她不明白,想看个究竟。

　　似乎三毛把亭子间想象成一种亭子式建筑,或如欧洲式的圆顶石柱,或如醉翁亭、沧浪亭那样的檐角飞翘。这两类建筑都宜于从外部观赏。住过上海的人知道,亭子间无非是房屋后部、楼梯转角的小房间,在街上是看不见的。转到弄堂里,能看见的也只是亭子间的小窗户,窗口或挂着一个菜篮,伸出一根晾竿。

　　应该说亭子间的原设计颇具巧思,它合理分割了屋内空间,充分利用朝向不好的部位,增加了相对独立的使用面积。一家人独住一幢弄堂房子,亭子间作为辅助房间或作临时客房,或堆放杂物,蛮实用的。后来租出去给另一家好几口人居住,食、卧、举爨(音cuàn,灶。)乃至行方便尽在于斯,自然局促不堪了。然而收入不丰者没有别的选择——这里说的是解放前的事——只能住房租相对低廉的亭子间。现在有钱租不到房子,是另一个问题。三十年代许多文人都住亭子间,在亭子间里写作,也在作品里写亭子间。对于外地的文学青年,亭子间似乎罩上了一轮光圈。

　　黄宗江1944年在一篇短文(《卖艺人家·山城水巷》)中说他初到上海前,曾对亭子间憧憬了若干年:"只在文章小说里看到过亭子间,知道是穷文人、艺人们常住的地方,想象必有间小房子有若亭子,临窗放一张堆满了书籍稿纸的桌子,推开窗去——是诗。后来果然住在亭子间里了,并且命定的离不开它,就是搬家也是从一间亭子间,搬到另一间亭子间。没想到只是楼梯拐弯处的一间小屋,怎么看也不像亭子,夏天一屋子蒸热,冬日一屋子冰凉,不过偶尔也会有亭子的感觉,当你推开窗去,果真遇见了诗的时候。"

可见,首先是亭子间这个名字取得美,化俗为雅。再经过艺术家有意无意地渲染,加上读者爱屋及乌的心理(因爱艺术家的作品进而爱及艺术家居住或描写的地方),于是便形成"亭子间"神话。而身居其间者,恐怕更多的是牢骚、怨恨。若有人偶尔能在亭子间发现诗意,那是因为他本人是诗人,在别处必能发现更多的诗意,与亭子间本身没有多大关系。

类似的,还有"四合院"神话。北京的四合院本来也是供一个家庭单独居住的,所谓"独门独院"。院内种树栽花,负喧纳凉,天伦之乐融融泄泄。后来住房紧张,四合院住进许多人家,变为大杂院。起初好歹还保留一个院子,后来家庭细胞继续裂变,空地被各家搭建的小厨房和杂物棚蚕食殆尽,穿行其间者如入迷宫。外来的好事者想实地考察、领略老舍笔下的四合院的情趣,也只能大失所望,如三毛之于上海的亭子间。

(本文的语言风格如何写就呢?读读欧阳修的《醉翁亭记》与周敦颐的《陋室铭》,然后做些比较。)

 读后悟语

见过不少中学生写文章,但凡讲到建筑,总是不忘提到"体现劳动人民的智慧"。文章其实可贵在于灵魂,就如本文,风格恬淡冷静,不是有太多修饰的辞藻,而是还原"亭子间"的本来面貌。但读完文章后并不觉得寡淡,因为它揭示了亭子间的内蕴:"室雅何须大"、"斯是陋室,惟吾德馨",心中有诗的人们硬是在亭子间内活得有滋有味。

因而,要令文章有看头,有咀嚼的价值,不能不讲求主题与立意。

写作也要注意平时的积累,尤其散文的写作,有了积累才可联想,行文时才可天马行空,信手拈来。

多读、多思考。人吃饭是为了活着,但活着不仅仅为了吃饭,在平凡的生活中有了追求的活法是最精彩的。长此以往的坚持,写作会有长足的进步。

中秋月下的思念

阿芳

记不清是十七岁还是十八岁，那年的中秋节。快要黄昏时，天上忽然落下一场小雨来，听妈说不能赏月了，便想早早地躺下睡去。谁知却忽拉来了一大群男生，是小弟的朋友，从乡下到小城里来读书的。学校里见过，都是我上一级的。

这些穿着补丁衣服的乡下孩子团团围坐在炕上，嗑瓜子，吃水果，听着父亲讲古书唱老曲儿。待送他们出门时，不知是那群男生当中的一个谁喊了一声："咦，快看，月亮出来了。"（从这里开始，请关注对月亮的描写。想想"月亮"在文中的作用是什么。）

顺着那声音，透过玻璃窗往外一望，只见一轮又圆又大的鹅黄色的月亮挂在天边。月光下，那群男生当中的一个忽然在窗前闪了一下，从外面往里深深地看了我一眼。那目光里好似藏着什么，让人怦然心动。然后匆匆地跑走，去赶他的伙伴去了。在他的身后响起一阵悠扬的歌声……晚霞中的红蜻蜓，请你告诉我，童年时代遇到你，那是哪一天？之后的日子，在校园里常常碰见那张黝黑的脸，当那深深的说不清道不明的目光在眼前一晃而过时，我便感到有些心慌意乱。

晃来晃去，晃来晃去，一晃晃到了秋季，再见他竟是在学校的那片小树林里。

他说他考上了梦寐以求的那所名牌大学，他要走了，他走近我，翘起脚，在我的头上一比划，说："你看，咱俩一般高，明年你也来考我这所大学，我等着你。"

一下子就觉得心里空荡荡的，然后，有一种忧伤慢慢爬上心头。

他走的那天，我背着书包走出家门，却没去上学，跑到离家很远的火车站去，躲在站台的水泥柱子后面，看着他同送别的人——握手，然后提着行李上车，再从车窗探出头来,挥手同送别的人告别。

一声汽笛长鸣,火车轰隆一声开走了。我的心也跟着那么轰隆一下。

我手插在裤袋里,不由自主地沿着铁轨朝火车去的方向走去。火车转瞬之间就没了踪影,只有两道钢轨泛着寒光,无限地向远方伸延。而我一直走到天黑。我仰起头来,看了许久,但那天不是十五,没有那样一轮又大又圆的鹅黄色的月亮。满天的星星,密密麻麻的,让人心烦。

那年我十八岁。

那是我长那么大第一次逃学。

几年前,刚过完中秋节,便洒泪离开父母嫁到远方去了。再度中秋节,站在千里迢迢的异乡的夜空下,只看见母亲的脸庞,穿过银白的月亮,微笑着飘浮在我的眼前。

转瞬间,我就变成了一个梳着小辫子的小女孩儿,同姐姐们一起站在母亲身旁,学着母亲的样子,双手合十,对着天上的那轮中秋月。

那时还太小,总也不晓得那是在做什么。只记得母亲说中秋的月亮最圆,对着月亮许愿最灵。

那时,仰望着月亮,心境却是一片茫然,不知对未来的岁月,该要些什么。而随着年龄的增长,心愿也在改变,但又有几桩是随了人愿的?所以便不再像母亲那么虔诚地去向月亮许愿了。

而今,当我站在远离故乡的夜空下,仰望着那轮不变的中秋月,我却不由自主地像小时候那样,双手合十,面对一轮圆圆的月亮,心中默默祷告祈求着我那年迈的父母身体安康了。

那一夜是中秋节。

圆桌摆在庭院里,桌上堆满了瓜果梨桃。面前的一碗水酒,映出了天上的一轮皎洁的明月。

望望围坐在桌前的每一张笑脸,突然地就想起奶婆来。继而就想起那一年中秋节的前一夜,夜行车奔驰在崎岖的山路上,车灯闪闪亮亮地照着路旁的一簇簇石竹。

中秋前夕,石竹开得正浓,可是,奶婆却死了。当静寂悠长的胡同里那唯一的一盏灯照亮了我黑色的丧服时,我的眼泪不由自主地流了满脸。

我仰头望天,天上的月亮即刻就要圆了,而奶婆却带走了那一边。

每逢佳节倍思亲。我知道,我心里的中秋月,永远是残缺的一轮。奶婆要几多的思念,才能将这轮残月补圆?

 读后悟语

本文可以作为初学写散文的同学的一个参考。

首先,"思念"是核心,行文抒情线索是"中秋月",把思念放在月亮下,多了一层美丽的面纱,浪漫且带点哀伤。赏月民俗的描写中透露自我的初恋情怀;望月怀远,满弥归乡情浓的游子思绪;睹月思人,寄托对奶婆浓重的思忆。这一系列美好的场景与民俗展现结合起来,以中秋节《月亮》为线索,缀联成串。

其次,在行文结构上,采用三个场景的结合写法,空行后自成章节,体现散文"形散神聚"的特点——只是勿忘在文字运用中时刻渗透情感,情感的展现应是内在线索。

阅读此文,给我们另一个启示是要善于挖掘身边的生活与民俗。当告别家人,浪迹天涯时,梦萦故乡是民俗;当习惯于麦当劳与肯德基的快餐文化时,中秋吃月饼和田螺就是民俗……在交流中洋溢着特别的人情味,把它们形诸文字,会让人们感受到中华民族极为珍贵的情感。

冰糖葫芦

黄昌成

有两件事物,是我少年时最渴望拥有的,一是风车,另一则是冰糖葫芦。

当时这两件东西都是我生活的城市所没有的,然而,电视和电影却经常"飘荡"着它们的身影,而拥有它们的主人,就是和我一样的少年儿童,当然还要加上一个定语:北方的,这个遥远的事实就像电影和我的距离一样。一个南方的孩子,当他仰望天空的时候,他经常希望能飘下飞舞的雪花,柔柔地落满全身。

对于过去的事情来说,总是有一部分消亡于记忆。我在想,如果要填补这些消亡了的细节,它应该是对于某种事物的反复看见和追随,然后是反复地失望,但是只要有一次的惊喜,所有的往事都将一一重生。这句话也就基本概括了我和冰糖葫芦的关系种种,之后我不得不提到一件小事,以此证明我对于这种来自于北方的食物的真正喜爱。这已是冰糖葫芦真的来到了我们这个城市的事了。

(细细品读以下三段文字,它们妙在什么地方?)

记不清准确的时间了,但可以肯定地说我应该上中学了。当时我正在家里的阳台上读书,我读的肯定是一本课外书,因为只有这种书我才会沉迷地读下去。这个状态的证明是我的母亲,她后来说那天中午叫我吃午饭时她的声音整条巷子的人都听见了,而我却没有回应,她还以为我去同学家了。

忽然,我的听觉被什么东西震动了一下,最初我以为是像以前一样出现的幻觉,对于一件事物的喜爱确实会常常出现幻觉的,我很早就懂得这个道理了。然后我马上推翻了自己的结论。

"冰糖葫芦——"北方口音的一个动听的词组；我又侧耳去听，"冰糖葫芦 ——"天，真的是"它"！那时我的感觉和守候一个自己希望等到的人一样。于是我出现了平生第一次的速度飞跃，我沿着楼梯的扶手直落底楼，夺门而出地追上那个卖冰糖葫芦的外省人，我得说明的是整个过程我确实是一气呵成的。当我手里拿着一串红艳艳的冰糖葫芦的时候，我竟然舍不得把它送往我口水欲流的嘴上。

现在想来，对于冰糖葫芦，停留在想望之上也许会更好一些，就如同去攀登远处的一座被云雾的衣裳缭绕的山一样，当抵达那里的时候，才发觉以往一切的神秘和美丽都只是自己的错觉，山的具体形态让人觉得这座山只是另一座山的影子罢了。当我终于把一个冰糖葫芦慢慢放进嘴的时候，冰糖溶化后，我却不能自禁地皱起了眉头，是被酸成这样的。影视的情节欺骗了我吗？这是我的第一反应了。我跟着的反应就是接二连三地把剩下的冰糖葫芦——干掉，却如囫囵吞枣。（感觉真的是"只可意会不可言传"的吗？）

后来，我吃到了形形色色的冰糖葫芦，有酸的有不酸的，有用枣子做的有用山楂做的，也有用苹果做的，等等，常常是我有意去购买的。是我真的那么喜欢吃冰糖葫芦吗？毕竟相对于现在的美食而言，它排的座次应该不会高；还是我所做的仅仅是检阅和填补我少时的一个愿望？我想这些都不重要了。关键是这件事物让我泛起的那种回忆的清晰感，我的童真，我的执著，相对于我枯燥的生活而言，它的意义有时就像那层包裹的冰糖一样。

读后悟语

写一篇关于馋嘴小孩向往的食物的文章不算难，表达的感情无非是"喜爱"、"渴望"，本文则赋予它更深层次的思考。段3的第一句的哲理便可堪咀嚼；末段采用"卒章显志"的手法，突出回忆背后的童真、执著之意义。这些或局部或全文的哲理点染，令人爱不释手，可以感受到文章厚重的生活底蕴，此乃全文最显珍贵之处。

再一个极显作者文字功力的地方是段4—6，这个细节让别人写的话也许一笔带过，作者却浓墨重彩地渲染："我"夸张的专注(对比手法)→思绪瞬间转换→听觉确认与飞跑动态，用的是"放大"的手法，纹理清晰，狂热中不失冷静与理性的分析。

至于第7段写"感觉",用的是"类比"的方法,用"生活中爬山的感受"这熟悉的东西,去写获得冰糖葫芦迫不及待要吃,吃后的第一反应,使这一连串也许是读者陌生的体验,变得具体可触——让读者不免慨叹:"距离"有时是一种说不出的美。

想想自己有无极想拥有却又遍寻不获的物品?有无一个多年未见的童年好友?触摸心底那柔软之处,捕捉一些细节与感觉。试写下来,哪怕几段文字也可。

不能一味屈从于"好意头"

曹苏宁

某年春节晚会上有个相声,说的是一些人有数字迷信,只要沾上"4"的就全不要,沾上"8"的就抢着要。其中不无夸张地提到,按照这个逻辑,连手套也要做8个指头的,一年四季则要改成一年八季……("驳论"是议论文的一种议论方式,请在看完本文后,好好总结具体的写法。)

可近来这种数字迷信又有了新内容:买楼不能买18层。理由很简单:俗话说"十八层地狱",18层就是地狱嘛。看来真是万幸,我买楼的时候,家里的老人原本就坚持要买18层,却不知哪位仁兄抢先买了去,替我顶了一把。可是仔细想一想,"十八层地狱"是说18层是地狱吗?明明是说地狱一共有18层罢了。按照这个逻辑,住了"16层地狱"、"17层地狱"又有什么好高兴的,不过是"五十步笑百步"!(成语"五十步笑百步"喻指自己跟别人有同样的缺点或错误,只是程度上轻一些,却讥笑别人。)

认为数字和人的命运吉凶有关系,说这是迷信应该不算过分,但既然迷信的奉行者为数不少,不免要认真对待。于是,4楼就成了3A、3B,或者干脆就跳先过去。商家一切都以市场为转移,既然这样做不犯法,也就无可非议。甚至是车牌发放,有人建议尾数不要用"4",一些城市也已采纳实施,但提议一出就争议不断,激烈的反对者甚至认为这是向迷信低头。

在我看来,改掉一两层楼的编号,少发一两个尾数的号牌,还不必被看得这样严重。关键在于,这是一时的权宜之计,还是觉得即便是迷信的传统也要尊重?如果是后者,计较起"十八层地狱"的真正含义来,那楼层岂不要从19层算起?

想有个"好意头"，在个别数字的选择上趋吉避凶，如果只是表达美好愿望，就和分别时道声"珍重"，拜年时，"恭喜发财"一样，这些都可以谅解。但对这些"好意头"过于退让和放纵，搞得事事有忌讳，处处都忌讳，恐怕就不是社会之福，也非人类文明之福。

 读后悟语

在广州街头，会见到不少的个体店铺供奉着财神爷、关老爷的神像，而神像前的香火已由袅袅的香烟变成了闪烁的电子红烛了。这种现象正反映出封建民俗影响之深，它折射出个体小生产者对生活、命运惶惑的心态，对某种现状的担心。在现代社会，文明与愚昧的界限是模糊的，愚昧者在文明的背后扭曲着人的精神，在欺骗世人的同时又在自欺欺人。

本文正是基于此，根据在日常生活中发现的问题，对某种不合理的现象进行剖析，强调解决某种问题的必要性。树起靶子作反驳的目标，具体做法是顺着荒唐的想法，假设其成立，推出其荒谬的结论，以此表现这种现象其观点的不合理性。这样使对方看法凸显不正确，解决众多读者心中的疑惑。

在写法上值得学习的是，论述问题时不走极端，语气尺寸把握适度：如标题"不能一味"；段3的"应该不算过分"、"不免要认真对待"、"也就无可非议"，段5"过于退让和放纵……恐怕……"等商榷的语言，却能更好地抓住问题的要害之处："这是一时的权宜之计，还是觉得即便是迷信的传统也要尊重？"这是一种似退实攻的策略，比咄咄逼人、一刀切的否定形式更能深入读者的心。

最后有一个(超越本文的分析的)写作方法要告诉大家：写议论文时，不妨从生活小事入手起题、开头，再逐层论证，这样更能拉近与读者的距离。因为写议论文的目的在于深入讨论某种现象或解决人们思想上的某些问题。同样道理，演讲也可以采用此类做法，收效亦会不错。

学 生 作 品

　　人生有生趣才能有生机。生趣是在生活中所领略的快乐，生机是生活发扬所需要的力量。

——朱光潜

沅陵人的龙船经

刘红艳

沅陵的龙船是"偷"出来的。

"龙船料要偷,十赛赢九头",这是沅陵人流传的一句俗话。龙船要灵不要笨,买的料笨,偷的料就灵。"偷料"是沅陵人额外一条"经"。人们平时就注意存放好料的地方,做龙船时便三更半夜去偷料。结果木科的主人能追上一程,骂他一顿,那就意味着赛龙船时也会被别人追着跑,跑在别人前面自然要被羡慕嫉妒,这是偷料者求之不得的事情。有时刚偷来的料也会被别人偷走,然而他们不在乎,又饶有兴致地到别处去偷。沅陵人喜欢这种热闹。(生活气息始于一个"趣"字,找找文中体现"趣"的地方。)

龙船做好后,还要举行下水仪式,人们称这种仪式为"关头"。举行"关头"时,全船划手手拿桨,站在船两旁,旗手、鼓手骑在船缆上,掌墨师傅跪在船头,面朝江水,神情严肃,口中念念有词,一手拿公鸡,一手提利斧,在众人一声吆喝下,一斧将鸡头剁掉,同时,立刻将事先准备好的猪头、鱼、粽子等抛入江中。这时鞭炮齐鸣,八个光着身子的小男孩摇动火把,围着龙船跑,沅陵人称之为"跑火",说是驱赶妖魔。然后划手们齐声呐喊,将船连同旗手、鼓手一起举起冲向江中,龙船划向江心,把沅陵人的心给带走了。

因此,提起龙船,沅陵人就像喝了几碗烧酒,吞了几腿狗肉,头就热,心就烧,口就痒,血就腾,浑身涨起一股股"包谷子"劲。(体现语言节奏感的方法可从这段中学会。)

每年农历四月下旬,沅陵人便提起一面大锣四处游说,招兵买马,将龙船从船亭中抬出,刮了又刮,油了又油,各路人马更是摩拳擦掌,好一番不得胜利,决不罢休的气势。

大赛前夕,沅陵人除了给龙船捐现款外,还要去商店买回红布、鞭炮香烟。有钱的扯回一匹匹整"红",各请书法高手在上面写上"帅"、"百战百胜"、"天下第一龙"等,以振队心。悬挂在大江两岸,等着心目中的龙船来"抢",沅陵人叫这为"抢红"。穷的也要从牙缝里挤些钱,买回红布,撕成两条系在竹竿上,以示"好事成双"。他们把荣誉和希望寄托在一个"红"上,像在赌场上下了赌注。如果心中的龙船赢了,自觉有一份功劳,少不得在大街小巷多走几回,等着别人说几句中听的话;倘若输了,只好少出头露面。

万事俱备,只欠东风,五月初一到五月初九,沅陵四里八乡的男女老少先后向县城汇集。初十、十一、十二这三天,沅水两岸被挤得密匝匝,远看只见无数的人头攒动。各色遮阳伞就像点点在人海上浮动的彩帆。"赏红"的人,"抢红"的船,狂热的观众,连续不断炸裂的爆竹,真是红橙黄绿青蓝紫,实实在在的一个"人间春天",绽得浓烈。

只要看到自己目标一出现在江面上,赏红者便挥篙摇"红"。龙船得到信号,立即飞一般划向悬"红"的岸边。询问赏红者有何要求,老实的赏主担心划手们累了,就直接将"红"送上,而"弯子"多的则一定要抢"红"的给他来一次、两次的表演,才点燃爆竹,连同他心里的激情一起炸开,在爆竹声浪里,将"红"缠在划头桡的头上。

在每一个回合的较量之后,在众多的划手和数万名观众之中,难以找到心服口服的认输者。他们总是为自己输了的船找出一大堆不是理由的"理由"来:"终点线有欺假","划上水吃亏些","船差"等。

火暴性子的人,一气之下,折了桨,砸了船,以示输船不输人,然后连夜又偷料赶制新船,气势汹汹地去找昨日对手"报仇"。

有人说,沅陵人最可爱之处在于"砸船"。

老人们常说:"红龙属火,黄白龙属水,水火难容。"因此沅陵人对龙船有着截然不同的两种观点。以中南门为界,上游多是红船,故而属红龙观点;下游多是黄白船,故而属黄白龙观点。两船齐发,红龙吼:

白龙白,一船鸦片客;红船红,一船赵子龙!

黄白龙吼:红船红,一船牛屎虫;白船白,一船真豪杰!

龙船划完,沅陵人有一半人喉咙哑了。一妇女看龙船拼命喊:"崭劲! 崭劲!"由于用力过猛,折了腰,半个月不能做事,留下一句话:"船上人不着急,岸上人挣断腰。"

从四月中旬到五月十五,沅陵人准备了半个月龙船,赛了半个月龙船,念念不忘心中的龙船,又谈了半个月龙船。

五月十五,龙船收水上坡,沅陵村村寨寨、机关、单位、工厂、学校、街头巷尾只有一个话题:龙船。

"洲头的红船赢了,划头桡的婚事终于定下来了!""白田的白船输了,八桌酒席无一人沾边,全倒在河里去了!"

"河涨洲的白船赢了,摇头旗的升了副村长!"

"马黄头的黄船输了,艄公好久没见人了!"

"红船赢了,太阳多,要天旱的!"

"哪里!黄船赢了雨水多,谷子再多也要霉烂的!"

(你读出了说话人的口吻了吗?)

一个夜晚,山城突然安静,安静得如同"偷料"时的蹑手蹑脚,而远处的吊脚楼里传来妇人们哄小孩的声音:"咚咚、咩咩、咚咚、咩咩……"

同学分析

这篇文章民俗风情浓郁,是沅陵人和龙船的生动写照。作者善于细致地观察生活,重视生动的民间生活素材的积累,文章大量地运用了各种各样民间关于龙船的说法和民俗谚语,为文章增添了韵味。

文章写龙船经,"偷料"、"关头"、"赏红"、"抢红"、"砸船"等场面描写得生动有色,读后犹如一幅幅民俗风情图跃然纸上。作者描写场面时注意点面结合,场面重视气氛的烘托,点上抓住有特点的个人,然后极尽描写之能事生动刻画,将剽悍、可爱、争强好胜的沅陵人淋漓尽致地表现出来。

文章中重视语言的锤炼。仔细品味作者用的动词,生动而准确,整个赛龙船的过程仿佛就在读者的眼前。

整篇文章风格简洁而朴实,行文从容自如,结构详略得当,是一篇佳作。

教师点评

本文的落脚点不在"划龙舟"的过程，而是把与龙舟有关的内容——道来，特别是龙舟赛的前后。

鲁迅说，有地方特色的作品，往往为世界所注意。"特色"是由当地的景物、民族、历史、文化等因素构成。作者抓住"趣"这个切入点，如"偷料"的意义阐释、它蕴含的情感色彩、人们的"饶有兴致"、乐此不疲，把被人们鄙视的"偷"字写得极其可爱；"趣"在细节(引无数观众竞折腰)；"趣"在龙船赛后余音绕梁的对话。

本文写"面"尤为出色。"万事俱备"一段从"远"着眼，着笔浓重；讲究用词，一个"绽"字极显力度，灿烂绚丽。文末的众人对话或兴奋、自豪，或惋惜、担忧，或友善调侃，能看出说话人的身份立场。至于生活气息的体现则重视语言的动感节奏，如整齐对称的句式，三字短句的排比展示，痛快淋漓！

爱护美好的民俗吧，就像爱护自己的眼睛一样！

豆腐杂谈

廖卫民

　　豆腐是中国人饭桌上的家常菜。以豆腐为主料的菜谱，真是五花八门，名目繁多。煎的、炒的、煮的、炸的，黄澄澄的，红扑扑的，白生生的，吞喷喷的，酸溜溜的，麻辣辣的，真可谓"色、香、味"俱全了。烧豆腐，各地有各地的独特风格，各人有各人喜好的口味。这平淡无奇的豆腐，辅以各种佐料，居然能变化出各式各样品种繁多的美味佳肴，实在令人惊叹。恐怕没有一个人能统计得清中国人千百年来到底有多少种豆腐的吃法吧，恐怕再高明的烹饪技师也未必真能写完写全中国的豆腐食谱。

　　据说，岳飞在面对金兵入侵、二帝被掳的时局，率军奋战沙场之时，忧国忧民，不忍喝酒吃荤，于是手下将士为了大帅健康，便暗暗做了一桌用豆腐烧制的佳肴献上，深得岳飞的赞赏。

　　说实在的，这豆腐确是中国人素食中最美味而又最富有营养者。豆腐中含有相当丰富的营养成分：100克鲜豆腐中含蛋白质7.4克，脂肪3.5克，糖2.7克，钙277毫克，铁2.1毫克，磷57毫克。多吃些豆腐于健康大有裨益，无怪乎将士们会想出这一高招以敬岳帅了。

　　瞿秋白也曾写道："中国的豆腐也是很好吃的东西，世界第一。"是的，如此丰富的豆腐烹饪艺术，以及源远流长的关于豆腐的民俗民风、民间故事等等，实在是中华民族悠久的文化中不可缺少的一部分呢。(此段的作用挺重要的，想想原因。)

　　每每吃上豆腐，就会很自然地感到点民族风、乡土味，也令我想到小时候在故乡看做豆腐的情景。

　　做豆腐的师傅一边用粗壮有力的大手转动石磨，一边把浸泡透的黄豆一勺一勺和着水舀起，慢慢倒入磨石上的小孔里。磨盘发出沙哑、粗重、艰难的喘息声，慢悠悠地转着沉重的身体，压着、挤着、磨着，于是那磨盘间缝里便嘀嘀嗒嗒地滴落下许多乳白的浆液。经过压榨过滤，去掉豆渣，然后把浆液倒入一口大锅烧熟，又在豆浆中加些盐卤或石膏，豆浆便渐渐凝结成块，再用白布包好，用夹板压去多余的水，便做成了豆腐。

不过现在，古老的石磨已普遍被电磨所代替，豆腐匠们再也不必汗涔涔地推磨盘了。然而，即便在现代人的现代生活中，豆腐依然有其珍贵的价值。不少人爱吃西餐，殊不知许多西方人正为吃荤会增脂发胖而犯愁；他们日日佳肴，油水过多，一旦发展到血管趋于粥样硬化，这才觉得中国人的传统素食豆腐何其可爱可亲。看来，中国的豆腐必将经久不衰，给现代生活增色添彩；这古老的制豆腐工艺也将勃发生机，永葆青春。

啊，冰清玉润的水灵灵的豆腐，"世界第一"！

同学分析

这篇杂谈，名副其实，思维开阔。文章中谈了豆腐的方方面面：豆腐的历史典故、豆腐的做法和吃法、瞿秋白散文中的豆腐、小时候和豆腐有关的故事等。读者读后对豆腐又增加了不少了解。

文章语言本色朴实，作者将有关豆腐的故事娓娓道来，渗透着浓郁的民风民俗，读之令人回味无穷。文章中注意语言的运用，尤其是描写小时候在故乡观看磨豆腐的情景，动词用得准确而生动，有声有色，一幅"豆腐作坊图"历历在目。

美中不足的是，文章的结尾显得和全文的风格不符合，可稍作修改。

教师点评

　　读完全文,你可能觉得兴致盎然。让自己不知不觉中吸取了许多知识。说明文作者的知识越广博,就越能说深、说透事物:如段3需要真实说明一个事物,语言较为平实、朴素、简洁,采用写说明文的基本方式——平实说明。而在此基础上考虑增加说明文字的生动性,便要求作者不但有真知灼见,而且有独特的感受与感情:如段6除了平实说明,还重视说明的形象性、情感性,增强了描写与抒情;段1用叠词,极为口语化地写出豆腐的色香味;段4适当地引用,延展成过渡段,又呼应了下文,令结构严谨;就全文而言,落点在"杂",烹饪技民间故事+制作流程+营养价值,知识性与趣味性并重。

　　豆腐会让我们想到民间清苦的日常饮食,但百姓充满着乐观的想象("小葱拌豆腐,一清二白"、"豆腐青菜面,翡翠白玉汤")。做着色香味俱全的豆腐,实在是享受着精神驰骋的乐趣。豆腐的食疗价值强调进食与人体、生理与文化之间对平衡的寻求,"平衡"是中华民族精神的写照。

　　你的理想也许是当个科学家,可是科学家同样需要人文素养。当他(她)能向大众普及科学知识又不失深厚的历史文化积淀,才会让人类文化得以更好地传承。

巷

肖利民

这是一条古老的巷子。

从堵堵又高又深的黄土老墙相峙的窄缝中,它蛇行般无声无息地爬了出来。(请关注本文如何写"景物"。)

人们走一步,踩着石板;走两步,踩着石板;走三步,还是踩着石板。(段落虽短,然而句式颇有特点,请归纳一下。)

巷子是石板铺的。大大小小的石板,一块挨一块地挤成这条巷,随着黄土老墙弯弯曲曲延伸下去。像巷里那些老婆婆老奶奶的裹脚布,散开来一层又一层,老长老长,仿佛没有止境的样子。

早先,巷里老人们管它叫"青石路"。究竟以前石板青不青,无人考证。不过这名字没有沿用到现在,除了石板早褪了青色外,望去只有灰蒙蒙一长溜。像雾,像裹尸布,当巷里老人们不在时,孩子们常这样争。于是,除了老人们聚在一起时不时叨念这名字外,再没有谁这样称呼它了。

巷子有多长,恐怕还没有谁能准确回答。石板已有不少裂了缝,由大块变成一小块一小块的,也许还要更小下去;没裂的也布满层层褶皱。孩子们只能从巷里吱溜吱溜抽着烟斗的老人嘴里捡到这几句:"咳,这青石路嘛,怕有好几百年了。"

还很小时,我就爱来这巷子玩。

来得多了,我就熟了几个人。

每次来时,还未进巷,先听见一阵拐杖声从巷子深处传来。

"笃——笃——笃",每回都是这调,这节奏。似乎有些呆板,听久了,我就迅速地跑开。

这是一条单巷,没有岔道。每次我听到这拐杖声,总要见到拄拐杖的人。她是个老女人,脑后盘个鬏,灰灰的眼,偶尔动一下,很机械。特别是那脚,裹得特紧、特小,仿佛只有一个脚趾搭一个脚跟,能走全靠那根拐杖。(课余阅读鲁迅的小说《祝福》关于祥林嫂的几段外貌描写文字,与本文作个比较。)

拐杖是枣木做的,听巷里麻子说,是麻子他爸为她七十大寿而做的,据说,用枣木做的东西,主人拄着有福气(天知道她会有什么福气,一个古板而又执拗的孤老婆子)。自得了这拐杖,她一直没离身,整天念叨:"好木好木,有福有福。"惹得孩子们也跟在她身后学走路,边走边哼:"好木好木,有福有福。"

孩子们都说她古怪,有次我真看见她在巷里拐角处砸了个瓦罐,那里面有孩子们栽的串串红、鸡冠花,还有些说不上名的花草,她说那是学坏,拈花惹草的。

有次,我找二双到巷外放风筝。她蹒跚着赶过来,不让,说是出外放风筝坏了家风,要放只能在巷里放。二双不敢不听。她住在巷里最尽头,资格也是最老的。

于是,我们只得把风筝从黄土老墙里放出去。巷子太窄,风筝常常飞不起来。

"笃——笃——笃",等了半天,她才敲起那万古不变的调子走向巷子深处。

调子显得有些单调、凄凉,像这条巷子,令人不明白。

两年过去了。我又来到这里,是想看看这条巷子、她、麻子还是二双,说不清,反正是来了。真怪,走了半天,怎么还没听到拐杖声?我去麻子家问,才知她已死了。

"死了?"我不大相信。

"咳,死了几个月啦! 你不信去她家看!"

麻子环顾四周:"还不是怪她自己,有好的西药不吃,硬要吃草药,说是祖祖辈辈都靠它医百病。咳,不对症,死了!"

"其他人不劝劝她?"

"她那脾气,你还不知道?"

我点点头:"倒也是。"

我走了。巷子似乎缩短了许多,不知为什么,我突然想起要告诉麻子二双他们,这巷子要拆,建新房,只是不知真不?

回过头，几只风筝从黄土老墙前升起来。哦，麻子说如今还有人管他们，只是不紧了。巷子角落里又添了一些瓦罐，里面开满了串串红，那些说不出名的小花草，使大人们也开始感到一种前所未有的清新。风筝越飞越高，离巷子越来越远……

 **同学分析**

这是一篇富有诗情画意的故事。首先得益于作者对文字语言的把握。整篇文章中不论是对景、对事还是对人的描写都带着一些神秘幽深的气息。作者对巷子的描写尤其值得称道，说巷子是"蛇行般无声无息地爬了出来"，对巷子石板的描写，新颖而有韵味。对老女人的描写，近乎白描，寥寥几句，一个鲜活形象就跃然纸上。文章不长，却将老太太大半生的事情叙述了进去，简练而生动。

文章的立意也很新颖。一个顽固而守旧的老太太的离去意味着一个旧时代的逝去，而文章中几乎所有的事物都是象征性的：巷子、石板、花草、风筝。作者能将这么多元素融合得如此和谐，可见作者构思的精巧。

这篇文章出自一名初中生的手应该说是一篇极佳的作品。整篇文章深刻而有韵味，读后余味无穷。

 **教师点评**

民俗中既有精华，也有糟粕。沉郁的习俗，厚重的心态，让大地的角落回旋着无知的悲音。本文的主题正凸现了糟粕部分与新生事物的冲突。俄国作家契诃夫的小说《套中人》，写的是封闭迂腐的思想的危害，《巷》中的老太太那顽强守旧的个性不也阻碍着人们前进的脚步吗？

人物描写是记叙文的灵魂。鲁迅小说《祝福》里对祥林嫂的眼睛描写堪称一绝，"那眼珠间或一转,才表示她还是个活物",那是深受压迫煎熬的惨痛生活的写照;而文中老太太的眼睛是她多年来遵守祖先遗训,不讲变通的极端保守已使然。那眼睛、那小脚、那拐杖成了老太太封建意识的纠结物,这样的形象使后生们战战兢兢,如履薄冰。她仿如巷中一个游荡的幽灵,紧紧攫住人们的咽喉! 所以,活画人物的外貌,力量是多么巨大!

蛇行的巷、灰色的石板、花草与风筝,这些景物有着象征与隐喻之意,当景物特点与主题紧密联系时,文章蕴意会变得丰富起来。段3看起来文字重复,传达的却正是单调、乏味、古旧,这样的手法叫:"反复"。

香甜甜的爆米花哟

毕 红

　　我常常独自对着天边凝思——晚霞正在默默地装点山川。恍惚间,灿烂的霞光里浮现出一位年逾古稀的老人,弯着腰,弓着背,一手"呼哧呼哧"拉风箱,一手转动摇把;眼睛不时望望炉边的孩子们,浑浊的眼中饱含期望与欣慰。不知不觉间,晚霞弥散着淡淡的香味儿,这香味儿那么熟悉,那么诱人!(注意"晚霞"的妙用。)我的心荡起圈圈涟漪。哦,香甜甜的爆米花哟,永远不能忘却的记忆——

　　七八年前的一天,晚霞烧红了西山。黄土道上,一位老人推着独轮车,一边架大筐,一边载火炉,吱吱呀呀,进了大院。(老人的人物形象描绘在文中不同位置各有不同。)"爆米花呵!"正在玩耍的孩子们欢叫起来,各自回家"通报"。一会儿,在刚张罗好的小摊子面前,大人小孩儿排了一长溜。

　　我缠着妈妈,从堂屋缠到厨房,从厨房跟到门外。妈妈无可奈何地说:"乖,不是妈妈舍不得,家里实在没糯米,以后买了一定给你爆。"我瞅瞅小摊儿那边,小伙伴们熙熙攘攘的,邻居阿燕、小峰正朝我招手呢,我伤心地哭起来。

　　不知多久,一只粗糙扎人的大手抹去我的泪水。是他,爆米花老人!他牵着我的袖子说:"别哭,哭不是乖囡。来,爷爷给你米花。"他把一只装满米花的塑料袋塞到我怀里。我看看他,又看看白米花,香喷喷的米花,慢慢地吃起来。

　　我抬起头,望着他布满血丝的双眼——真像爷爷亲切的眼睛。

　　"甜吗?"

　　我心中一动,急忙抓一把米花塞进他半张的干裂的嘴里:"爷爷,你吃。真甜呐!""嗯……嘀嘀嘀。"他乐了,乐得老长老长的眉毛直颤!妈妈赶来付钱,他好歹不收。"孩子高兴我高兴。你要计较,就瞧不起我老头儿啦!"那以后,他差不多两星期来一回。每次身上总穿一套发白打补丁的工作服,脚上不是洗得发白的解放鞋就是旧胶鞋。我从妈妈嘴里知道,他从小成了孤儿,给人拾粪,放牛,做苦工,熬过几十年辛酸苦辣,至今子然一身。"真是个苦命人!"妈妈叹了口气。"可我见爷爷总是笑呢!"我说。"你懂什么?现在他'五保'了,自然不比从前。不过真是的,他有他的乐趣。"妈妈若有所思地说。妈的话我不大懂,但总想起他那布满血丝的双眼和颤动的长眉毛。邻居们也常想起他,说他是个闲不住的老汉。人们不让他干活,他说:"政府让我不愁吃穿,成个福气人啦,我不能吃闲饭等死啊!我现在身子骨还硬朗,爆爆米花吧,成天走街串巷,跟孩子们在一起也快活,还能挣点儿钱,减轻些乡亲们的负担。"从此,独轮车便碾遍大街小巷,三乡五村。

他来我们院子的前几天,小伙伴们就盼呀盼。"又想吃米花了吧,看你们馋的。"大人们说。"才不呢,我们想听故事,爆米花爷爷会讲故事。"不骗你,他一到,我们这些小不点儿就围在他旁边。他给我们讲有趣的故事,也要我们背书、唱歌给他听,做游戏给他看。他看着,听着,眼里闪着希望、兴奋的光。

"您教我们爆米花吧"我们带着好奇心求他。"嗳——爆米花是爷爷的事,你们得好好念书,学大本领,长大做大事,比爷爷有出息,懂吗?"他总是这么说。

看到他溢满慈祥、期望的双眼,我们不由得点点头。其实我那时想,能学会他那样的本事就好了,他会"变"呀!他摇动宝葫芦似的烤锅,可以从里面变出香喷喷的白米花,甜津津的蚕豆花,脆生生的花耳朵……哦,瞧,他停住了手,站起来,用铁棒穿进葫芦嘴,放进箩筐,高喊一声"爆了啊",胆小的孩子用手指塞住耳朵,躲得远远的;调皮的男孩子趁机拉几下风箱,把柴灰搅得满天飞舞。随着"轰"的一声巨响,一股热气在朦胧的暮色中腾起,顿时一切都笼罩在浓郁袭人的米花香之中。孩子们欢叫着,"呼啦"一下围上去……(研究一下本段动词的选用。)

天边的彩霞悄悄地隐没了,留下几丝余晖。我不禁想,爆米花老人连同那些摆茶摊的,卖冰棍的,捡破烂儿的,修鞋的,以及一切干着不起眼儿工作的人,他们的品格多像晚霞啊!他们自有一天会悄然逝去,却像火一般的晚霞,毫不吝惜地燃烧着自己,情愿给社会、给后人留下哪怕是一点儿微不足道的光和热。我们这些后人又怎能轻视他们、忘却他们、辜负他们的期望呢?我们为旭日东升的明天努力奋斗,就得像爆米花老人一样,不,像炽热的晚霞一样,心甘情愿地燃烧自己!

同学分析

　　香甜甜的爆米花,寄寓着作者童年的回忆。出乎读者意料的是,《香甜甜的爆米花》一文没有停留在回忆童年往事,追忆似水年华的层面上,而是把目光引向回忆中一位卖爆米花的老爷爷。他宠爱小孩,把希望都寄托在"我们"这一辈的年轻人身上,愿意为了"我们"的欢乐、"我们"的成长做出哪怕是一点点的贡献,在这种意义上,这位老人具有了"炽热的晚霞一般的、心甘情愿燃烧自己"的品质,成为作者歌颂的对象。而一定程度上,香甜甜的爆米花也成为老人美好心灵的象征,在作者心目中留下了深刻的烙印。

　　本文以讲故事的形式铺展开来,生动有趣,叙述中蕴涵着深厚的感情。通过一言一行、一举一动,把老人的慈祥,小孩的顽皮、贪嘴表现得活灵活现。需要质疑的是,对老人精神品格的定位是否显得突然、是否有拔高之嫌。总之,表达全文主旨的末段显得有些突兀。毕竟,一位慈祥老者对可爱儿童的宠爱之情与开路先驱对后辈的提携爱护之情是有一定距离的。

教师点评

　　文章语言质朴,不事雕琢,极具生活气息。但是"质朴"之语并非不需要写作技巧。从行文结构上看,以"晚霞"作为象征物与线索:故事发生在晚霞满天的日子里;晚霞就是老人和老人的精神;首尾呼应用的是"晚霞"。从人物描写看,老人的形象着墨不算太多,但很到位,勾勒的轮廓给予读者深刻的印象。从词语运用上看,爆米花过程中动词的选用,还有如"独轮车便碾遍大街小巷",他"溢满慈祥、期望的双眼",很讲究搭配。

　　文章写得不错的地方还在于情感的贯注。情感是为文的灵魂。老人的人格魅力令人感奋,这恰是小作者善良的心之表现。因而文章的主题立意不可忽视。

　　初中学生能写出这样一篇文章,有赖于写作基本功的训练。

第六辑

寻找传统的根基

传统，如默默的熔岩，千年滴答，焕然一现；如多年挚爱的旧衣，记忆不在，味道仍存。

传统，浩繁不息，无论怎样大的勺子都舀之不尽。在此，我们仅轻轻一勺，细细品味吧。

品味人生有如看书，先是越看越厚，越看越复杂，然后越看越薄，越看越简单。品味传统，不为自得、不为自卑。不是活着为了吃饭，而是吃饭为了活着。品味，为了明天的路在脚底延伸。

卡夫卡的《变形记》中，主人公因种种的问题而令自己变成虫子。有没有办法不变成虫子呢？最好的医生是自己，最强的影响力是良好的心理。久经磨难的人能听到花开的声音，多么微妙，多么美妙！

也许这一部分的选文有点难度，希望在耐心和用心阅读之后能品出醇香。

山上何所有？岭上多白云。摘以持赠君，恬然共怡悦。

更愿你也能驾上扁舟，畅游传统长河，采撷更多的奇葩仙草。

名 篇 赏 析

　　假如你有天赋，勤奋会使它变得更有价值；假如你没有天赋，勤奋可以弥补它的不足。

——[英]乔·雷诺兹

龙 的 传 人*(节选)

启 良

　　人是传统的产物,时时刻刻生活于传统之中。对每一个中国人来说,传统不仅仅意味着文化上的承接关系,更重要的是它内含着血缘层次上的宗法意义。传统不是别人的传统,而是祖先的传统。最早可上溯到尧舜禹汤,甚至黄帝和炎帝。反过来说,"炎黄子孙"、"龙的传人"之类的训词的意义,也就不只是宗法 (旧时以家族为中心,按血统远近区别亲疏。)上的承接关系了,而是内含着另一个深层的意义,即文化的意义。(传统最关键的两个词:血缘、文化。)

　　黄帝和炎帝是否果有其人,大可值得怀疑。但千百年来,人们把这两位半神话式的人物尊为中华民族的共祖。做一名"炎黄子孙"是甚为光彩的事情。中国人的文化优越感和他们骨子里的那份滞气和傲气, 很大程度上就正是因为他们自誉为炎黄的子孙。(傲气,为中华民族而骄傲! 还有滞气?)

　　龙,生物界实在没有此物。它非驴非马,不伦不类,从造型艺术上看,委实没有半点审美价值。然而,这样一具怪物却成了汉民族尊崇的圣物,成了高贵与美的象征,成了艺术家着力美化的对象。(所谓美丑,或许是观察者借外物来反映自己的心境。当我们在观察时,也许是在对着一面镜子看自己。)更可奇怪的是,龙是高贵的象征,是"真龙天子"的代名词,一般的百姓不能说自己为龙身,也不敢说自己是皇帝的后代。但是,每一个中国

----

*节选,题目为编者所加。启良,中国社会科学院东方历史研究中心客座研究员。

人都可以说自己是龙的传人，每家每户都可贴上一幅"鲤鱼跳龙门"的年画。

原因在于，中国社会结构的特点是君统(君主统治。)与宗统(宗族统治。)的合一。皇帝既然是天下的共主，自然也就是天下臣民的"大家长"。而且，龙这具怪物相比于皇帝老儿本身，更具神秘感和威迫力。对皇帝的服从，就是对龙的敬畏。换言之，对龙的敬畏，必然转化为对皇帝的服从。再者，龙是有生命力的东西，有血有肉有精神，是为中华民族的象征。对龙的敬重，就是对民族的敬重和对传统的敬重。之所以这样，前几年一首有关《龙的传人》(遥远的东方有一条龙，它的名字就叫中国……)的流行歌曲，调动起多少中华儿女的恋根情怀。从中，人们感受到的既是作为一个"炎黄子孙"的骄傲，又是作为一个"龙的传人"承接传统的义务感和责任心。(分析了各种情况后提出义务感和责任心，具有积极意义。)

读后悟语

"活在当下"可以是一种积极的人生态度，它提醒我们珍惜现在。

但是习惯和传统又总是影响着我们，很多东西都含有背后的理由，只不过我们已经习惯了而不再深究。

龙，很容易让中国人想到黄帝和皇帝，很容易让地球上的人想到中国。

一般，仅认为龙是一种图腾(和本民族有某种关系的动物或自然物，用作本民族的标志)。作者推而广之，把它和民间的传说、统治的需要、民族的象征联系起来。既不过分谴责它的虚无意义，也不过分推崇它的象征意义；以科学而又不失情感的笔调指出事实：龙，仅是一种形状；它所具有的一切内容其实是人的。就像木偶表演，真正的表演者是人。它是人的思想所开出的花朵，所以我们的星球不仅有苍翠务实的生命之树，还有增添妩媚的姹紫嫣红的花儿。

当你在欣赏这些花儿的时候，能否也深究一下支撑它的根、培育它的土壤?那么你就不仅仅是在欣赏美丽的花儿了，说不定又绽出一朵思想之花呢!

把这一篇文章放在首位，是因为第一段告诉我们什么是传统("祖先的传统")，也点明继承传统不仅在条条框框的法则上(例如春节派红包),还在对传统文化意义上的继承(如红包可以辟邪、代表着长辈的祝福)。

　　而且,对传统的继承应是存其精华,去其糟粕。

　　万事开头难,文章的第一段也挺重要的。或是概括全篇主要内容,或是开门见山、点明中心,或是渲染气氛、设下悬念以引起阅读的兴趣。在信息爆炸的今天,夺取眼球纳入了成功要素之一,写好第一段就尤为重要。

　　"传统"在《现代汉语词典》的解释是"世代相传、具有特点的社会因素,如文化、道德、思想、制度等"。作者则是根据自己的理解用口语化的语言来解释,更通俗易懂。我们中学生的功力还在不断提升之中,若是写完后能查查词典对照,以免出现偏差,就更好了。

家给了我们什么(节选)

王学泰

　　"家"本来也应该是人类幸福的最初本源,因为一个人诞生后,"家"最重要的就是他的父母。当婴儿依偎在母亲怀中发出咯咯的笑声的时候,难道这不是幸福?自人类进入文明社会,每个人有了一个具有自然和人文双重特征的"家"之后(以父母为主体的亲人团体和居室), "家"就成为人类社会里最温馨的存在,不管与大自然、与社会、与其他人群斗争有多么残酷,一旦躲回到自己的茅草棚里,和自己的父母、妻子、儿女又回到一起,便会感受到极大的安慰。此时身体与精神得到了双重的放松,好像经历了狂风恶浪之后,终于又停泊在风平浪静的港湾里的小船。从甲骨文(甲骨文或篆书可以告诉我们最初的造字意图,蛮有趣的。)中就已出现的只有两根立柱支撑的一个覆盖物的简单的家,到现在流行歌曲中所吟唱的《我想有个家》(我想有个家,一个不需要华丽的地方,在我疲倦的时候,我会想到它……)可以看到古今多少人对"家"寄托了深深的期待。(以家的"甜"开头,为了引出下文的"苦"。)

　　自周代以来实行了宗法制度,"家"又放大为"国",家国同构,周天子既是天下的"共主",又是全国老百姓的"大家长",这种情况,看来温情脉脉,很有人情味儿,实际上,从此走上了政治家庭化,家庭政治化的道路。这样的"家"与本来意义上的家,产生了区别。从此,残酷的政治斗争的参加者不仅是个人,而且波及家庭的每一个成员,即使个人的活动与家属毫不相干,为了加大对拂逆者打击力度,其惩处也必然累及家人。于是中国发明了"族"、"族诛"、"灭族"(一人犯罪,杀其全家的不同说法)等等刑罚。《尚书·泰誓》中就以"罪人以族"指责殷纣王的残暴,孔安国解释说:"一人有罪,刑及父母兄弟妻子。"实际上周代也有这样做的例子，在《左传》中就有记载，不过到了秦朝才把"一人犯罪，株连家族"的残酷的做法正式写入法律，到了汉代便"族诛"成风，《史记》、《汉书》(《史记》，古代四大史书之一，鲁迅称之为"史家之绝唱，无韵之离骚"。《汉书》古代四大史书之一，据说挺有趣的，可以下酒。)多有记载。这个"道理"，在封建社会里也真是深入人心，连小孩都懂得。曹操要杀孔融，(孔融：孔子的后裔，学问广博，是文坛上"建安七子"之一。为人不拘小节、刚正不阿。因非议曹操，被杀。) 从家里把他抓走，可是他的孩子仍在地上玩，孔融问去抓他的使者，他两个不到十岁的孩子能不能免于一死，使者还没作声，他的两个不到十岁的小孩却很镇静地说："大人岂见，覆巢之下，复有完卵乎?"这是被《世说新语》收入"语言"门，被当作"隽语佳话"传诵的，可是，我读了只感到悲哀。试想一个不到十岁的孩子，就看惯了生生死死，对于即将到来的死亡，完全无动于衷，这是他们的幸福还是不幸呢?唐代的韩愈名作《元和圣德诗》就是歌颂朝廷"族诛"割据藩镇吴元济一家的，如果说吴元济被处死是罪有应得的话，那么他的老母弱子则纯属无辜，诗中以极真切的描写记录这个场景，特别是孩子上断头台的描写真是太惨了，这里不忍重录。后来，统治者觉得，只杀一族，还不足以立威和解气，于是，又发明了"诛三族"、"诛九族"，明代永乐皇帝又开创"诛十族"，用以屠戮那位特别倔强的方孝孺。(方孝孺：明代著名学者，忠于明朝的建文帝，反对要篡位的燕王朱棣。)所谓"十族"，也就是除了亲族之外，还包括了老师一族。大约这位朱棣是最看重老师作用的了。这里说的都是全家跟着一人倒霉的例子，当然，家庭、甚至家族后代也有因为一人而"仙福永享"的。《尚书·泰誓》在讲完"罪人以族"，紧跟着说"官人以世"的(相当于世袭官位。)。因此，"一人得道，鸡犬升天"，也是封建社会的行政规则，这一点是人们都能亲眼得见的了。当然这是最高统治者对官僚们的恩惠，与普通老百姓没有多大关系。普通人承受的只是"罪人以族"。(以小争吵到大战争，许多时候只为了"主威"、"解气"。它们真的这么重要吗?要用那么多鲜血来祭奠。)

近代文明是"一人做事一人当"的，株连是野蛮的象征(当时西方国家与中国打交道要求"治外法权"的借口就是"大清律"太野蛮)。光绪末年，在世界大潮面前，清廷尝试搞改革，"大清律"也要与"世界接轨"了。在改革刑法时中国第一位近代法律专家沈家本上言力主废除连坐族诛之法，"今世各国，皆主持刑罚止及一身之义"。其后民国、中华人民共和国的法律都没有罪及家属的条款，然而，这种应该"罪及家人"的思想意识没有变，许多人从内心里认为这家子出了一个罪人，其家属会没有责任?从而推断这一家子都不是好东西，想方设法要给他们点儿罪受，因此，株连之风也是有社会心态作为基础的。这一点许多从那个时代的过来人，都是有所感受的。喜剧演员冯巩因为演《没事偷着乐》得了"金鸡奖"，娱乐记者采访他，问他幸福不幸福？冯巩回答说，我妈说过，床上没病人，狱里没亲人，这就是幸福。这话说得很凄凉。他祖上在北洋时期当过临时大总统，解放后少不了麻烦，而且是一人出事，全家倒霉。我想连邻居小孩 都会给他点颜色看，即使没有人出事，那种出身也是先天的"政治贱民"，不说人人得而诛之，也是人人得而弃之，人人得而歧视之的。(人人得而诛之，人人得而弃之，人人……中间有多少是从众的？)所以冯巩才会有这样令人心酸的"笑话"脱口而出。(总是带给我们欢乐的冯巩竟有如此的辛酸。)一个不幸而又不能选择的 "家"，简直就是它的成员生活和前进的"枷"，永远不能摆脱。我读李一氓先生回忆潘汉年的文章中得知，那位忠诚于潘汉年的妻子(听说是位银行家的千金)，因追随其夫，死于劳改场，而她的身份还是"犯属"(写到这里真是令人感慨万千)！(多么坚强的女子！疾风知劲草。)可见株连制度之厉害，到死也不放过。

读后悟语

　　家——真的那么甜？又真的那么苦？视角的转换，答案迥然不同。当视角的变换足够多的时候，庐山真面目便无处遁形了。视角在腾跃，思想也在摇曳，荡出万千云彩，点缀苍穹。

　　静默于苍穹下，我思故我在……

　　"族诛"似乎离我们很遥远，但是作者那众多的形形色色极具代表的例子不能不令人触目惊心；尤其是作者所揭示的它在今天所留下的伤害。也可见引经据典和事实论证的深厚力度！它胜于众多的雄辩。

　　直面惨淡的人生，前车之覆，后车之鉴。

　　肉体上的伤害有医疗鉴定可见可赔，精神上的伤害呢？无形的东西就没有边界，那种痛竟可绵延几代人。

　　万幸，这种传统我们将彻底抛弃了。

这种文章是否看起来要不停的动脑筋?因为里面有很大的文化容量。要写出这样的文章需要渊博的知识、深厚的积累。那可不是一天两天的事情,坚持阅读吧!滴水穿石!好的文章是最好的写作老师。

241

隆起民族的脊梁

张曼菱*

　　读屈原和司马迁的故事,是在儿时。儿时读历史,不知"史是史,我是我",总把自己比将进去:遇此情境我当如何?但正是这种类比,却凝结着一种世界观的奠基。这种思考,一直没有离开过我。它令我出入古今,给我一生的精神滋养。(把古今精髓作为精神的营养品,书、我相融,真是读书的至高境界! 腹有诗书气自华。)

　　我深信,这种思考并非我一人独有。某种程度上,历史是为这种思考存在的。(历史因为思考而存在! 人因为思考而活着。)中华民族世世代代地活在那些杰出的生里,亦活在那些杰出的死里。五千年积淀的,绝非只是出土的竹简,而是这中国式的生命。

　　同是中华"留取丹心照汗青"的杰出人物,为什么屈原与司马迁,一个要死,一个却不惜带辱而活?这个问题从儿时就萦绕着我。

　　后世一直将屈原定位为"爱国诗人"。

　　我以为,这忽视了他作为"政治家"的一面。后人出于不平,以为楚国那样的昏君,不值得屈原去尽忠和报效,焉知"政治"也是一种"理想"。政治家与政客的不同,正是由于前者是别无选择地献身,后者却是投机的。身为"楚臣",他不能承受楚国亡国的事实。仅作为一个"诗人",即令"国破山河在",亦不必去死。诗人以"诗"爱国和救国。他可以行吟,可以留作"薪火传人"。但三闾大夫(屈原曾被封为三闾大夫。)必须沉江。屈原的这种

―――――――――――

*张曼菱:著名女作家,1978年考入北京大学,第一位登上美国(时代)周刊封面的中国女性。

"相始终"的精神，是他作为政治家面对失败时唯一的选择。他把政治的责任放在"诗人"之上。这才是屈原对自己的定位。

冯友兰先生(中国哲学家，据说在西方大学中，凡开设中国哲学课程的，冯友兰的《中国哲学史》是第一本必读之书。)说过，中国文化中有一种西方没有的精神，这就是当一个人认为他不能拯救国家时，为了不在内疚中偷生，便选择赴死。这就是为什么在抗日战争中，在寡不敌众的时刻，会有那么多的中国将士"以卵击石"的壮烈行为。(悲壮! 中国的八年抗战就因为这股以死取义的精神而排除万难取得胜利。)

屈原是不会等到敌国军队侵入受辱而死的。羞辱他就是羞辱楚国。他要选择死，一种自由的高尚的独立的死。"高余冠之岌岌兮，长余佩之陆离"，(高余冠之岌岌兮……:再加高我高高的帽子，再加长我长长的佩带。)他悲吟着，高歌着，在汨罗江畔饱览他所挚爱的山河大地，从容如归地赴死。我们何不理解为:屈原是在他的政治理想破灭后，紧紧地拥抱着诗的理想而去的。这死，亦是一种决裂，与以往从事的"政治"决裂，和终生所爱的诗章同归。

这是历代美的理想之追求者的最好结局。(最好结局是指能和美好的追求一起，生死已经置之度外了。)

中国古人发明了一个伟大的词——视死如归。"浩气还太虚"，回归自然。中国人承认自己是从自然中来的。精、气、神为天地所化。死，是将这从大地而来的浩然之气归于造化它、养育它的泥土和流水。

死可以明志，生，却可以践志。(践志:实践志愿。)当死降临到司马迁的头上时，他选择生。一种令肉体与精神，令自己与亲友都极度痛苦的生——接受宫刑。(宫刑:即腐刑，古代残害生殖器的一种刑罚。)司马迁身为史官，只因他出于公正之心，为李陵辩护，开罪于皇帝。假如就为此而死，亦不失为一位直谏烈臣。但司马迁为自己规定的人生使命却不是仅此而已。他要完成千古史记。司马迁此举引起了当朝的监视与怀恨。这明明是一种冲破思想牢笼与真相禁锢的叛逆之举!

《史记》，"史家之绝唱，无韵之离骚"。它是以正义与善恶观来创作的，充满人性及文化激情的作品。因而能超越政治变迁，虽物换星移，却与天地同在，与日月同光。《史记》之功，可谓"再造"了中华民族。(正义与善良是点金石!)

"生?还是死?"

　　莎士比亚的名句,令丹麦王子哈姆莱特为西方"择生择死"思考的典型形象。西方人弃生取义的意识,与东方有异。他们更重视"生"的权利与个人的发展。中国传统文化,则是把自我的小生命看做是民族的大生命的一环。舍小取大,故有欣慰之感。

　　有时,中国人甚至将"生"看做是比"死"更难的事情。

　　有一个"退麝投岩"的故事。麝鹿被猎人追杀无计时,会跑到岩边,将自己身上的麝香掏出,搓入泥土,归还大地,不令猎人所得。然后,投岩而亡。这是对文化人的生命与使命的庄严比喻。(大自然对生死的理解是如此和谐统一!多可爱的小故事,恍如老妇人的胸针,减轻了沉重的学究味,多了一分别致。)

　　抗日战争时期,日本人欲灭亡中国,尤其要扑杀我民族的精英。西南联大的诸教授们跑到了云南。这正是一个民族存亡的"岩边",他们将自己的麝香掏出,哺育后生,还给中华,以雪国耻。同时也准备好了誓不投降。这个比喻,正是发自内心与行为,而非只是课堂上的高调。

　　好一个"退麝投岩"!在此,一部西南联大的历史,已将"择生"与"择死"糅在了一起,这是司马迁与屈原的统一。

　　择生与择死的思考,构成一个人、一个民族隆起的脊骨。没有这伟大的设计,是没有伟大的人和伟大的民族的。

　　祖宗给了我们一个清明节。清明时的中国,生人走到死界边,冥冥之中的灵魂也来与生人相逢。中国人,不只是活在自己不到百年的人生里,还要活进五千年的历史里,活进无尽的未来中。这使得中国人"在精神上的人生"比肉体人生更为漫长和浩渺。(凄冷的清明,似乎温馨起来;因为先贤们化作天上的点点繁星,观看着我们、激励着我们。)

读后悟语

　　赤条条地来,赤条条地去,人那柔弱的躯体只是宇宙间的一抹轻尘,那短暂的人生只是时间长廊的一瞬掠影。但生死的选择竟可重于泰山、泽被后世。

　　屈原的死是自由的高尚的死,司马迁的生是冲破思想牢笼与真相禁锢的叛逆之生。

两个家喻户晓的典型例子有力地论证了生死不同，却殊途同归，都为中华民族优秀传统添砖加瓦。现代的西南联合大学正是继承发扬了这种优秀传统，只要活着就要哺育后生、哺育中华的未来；只要有辱国格、人格，则不惜一死。正如著名哲学家尼采所说的，我们要像狮子般勇往直前，也要像骆驼般坚忍耐苦，还要像婴儿般保持纯真。

而当我们活在不必为生死而烦恼的幸福今天，是否应全力以赴把"活着为什么"这道题做好呢？

论据以中国古代的屈原、司马迁为主力，以外国名著的主角哈姆雷特为过渡，引出现代西南联大的生死统一。详略分明，囊括古今中外。内容广博，重点突出。

开头从作者自己的感受切入，客观真切的描述，轻轻地就打动了读者的心。情真最可贵！结尾腾跃而起，把短暂的人生融入浩荡的历史，从肉体层面上升到精神层面，意味深长。

文化不可交流

刘索拉

在中国的时候，无论我出国或是在国内与外国艺术家开见面会，我都代表中国，那叫交流。(交流:彼此把自己有的供给对方。)后来我真出了国成了自由职业音乐家，谁也不代表了，才真明白什么是交流。原来我们通常讲的文化交流其实是交流文化中的陈词滥调。比如一些文化的表面现象:美国百老汇、好莱坞中国功夫片、深圳文化村等，而真正的文化都是各自独立的，有时很难沟通，因为真文化像矿藏一样深，在地上走路的人不会感到，没学过地质的人也不会明白石头是怎么回事。

而且最可怕的是，这个世界已经决定了只有一种文化是中心文化——就是欧美文化。欧美文化使所有别的文化都变成少数民族文化。哪怕在闭塞的中国大陆，欧美的审美也是审美的第一标准。比如大陆的作家恨不得天天讨论怎么得诺贝尔文学奖。而一些欧美学者对第三世界文化的所谓支持，如果只是建立在居高临下的地位而不真正懂得那种文化，只能是会破坏那种文化的自我和自信。比如我常听到一些欧美学者对我说:"你们中国人应该……怎么怎么……为什么你们中国人不……怎么怎么……你们怎么可以这样……太……可怕了!你们中国人现在都这样!……"好像中国人的文化感觉是要欧美人来决定。美国一些很成功的中国移民(例如赚很多钱)总觉得孤独，据说是没有办法融入别人的主流文化。

我现在也并不是要下定论，凭我的工作经验说一些事实和困难，可能悲观了一点儿，但这些困难也确实摆在我们面前。(好诚恳!)

先说语言。它的不可交流的最大的体现是译文。(举例子:1.译文的问题。)无论译文怎么好,地方语言仍是无法真正表达出来。因为地方语言不仅是地方色彩,而是和每个地方的历史有关,随着历史的发展而变化。同是北京话,每代人和每代人不同,每种人和每种人不同,同一件事可以用不同的方式表达,完全取决于不同的人文背景。这对译者已经很难,对国外读者更难。所以在国外受欢迎的中国文学往往是作家不用很强的地方色彩语言写作的文学。(赵树理的"山药蛋派"、屈原的《离骚》岂不是少了很多读者?)我常听到国外一些人问我:某某的作品好在哪儿?我问:你看的是原文还是译文?答曰:译文。我只好替作家解释:语言、幽默……答曰:看不出来。我只好又怪译文。其实难为译者,就算译出来了,读者也不见得读懂。外国人没经历过抗战、"文革"、改革开放。他们对所有这些的了解只是通过读那些图解式的写作来完成的,给他们点儿地道的深层感觉他们不仅觉不出来,弄不好反而还得说你的感觉是错误的,因为你没给他们那种惯常读到的语言。

在伦敦,大家知道最有名的幽默大师约翰·克利斯、(约翰·克利斯:英国喜剧演员。)蒙提·柏森……我常听见他们大笑。可英国人听到我笑,会问:你们中国有这么好的幽默吗?我说,当然。于是对方眼睛里透出不信的表情,说:怎么我没看出来?(举例子:2.幽默的问题。)

幽默是看出来的吗?得听。就算听也不见得互相能听懂。我听英国的幽默时常常得请人解释,等解释完了,谁都不觉得逗了。幽默是不可解释的。幽默是文化的产物。但在文化已有了中心的这个世界,幽默也有了等级。北京人的地方主义使他们不承认外地人也有幽默,而伦敦人干脆觉得他们拥有幽默的唯一世界版权。这下,北京人没脾气了,北京幽默到底只在北京流行,而英国幽默却畅销世界。英文是世界语言,自然地,咱们只好把幽默的特权让给英国。

记得1992年在美国各大学巡回演讲时,一次我刚念一段儿我的新作品,就听一个美国大学生问:"你们中国也有骂人话吗?"我说:"当然。"他说:"这不可能,这肯定是从我们美国学去的。"我只好解释我们中国有几百种骂人话。他脸上的吃惊表情不亚于那位听说我们中国也有幽默的英国人。(举例子:3.骂人的问题。)

闹了半天,连骂人的版权也早让美国人先占去了!

我们是生在一个文化交流的世界里,哪怕你拒绝交流,你也早在衣食住行上交流了。无论我们怎么死守我们的灵魂的纯粹性,我们也早就不纯了。自从把马克思主义引进中国,我们中华人民共和国就早"西化"了。全世界的处女地都差不多被开垦了,交流是人之常情，我本人更是对文化交流狂热迷恋，但交流来交流去，中国人还是不爱吃契司，而欧美人根本不可能吃臭豆腐。

但我还是主张交流。这不是起哄吗?且慢，我要是不忙着交流，哪生出这些邪说来?文化交流可使我们的脑子变成万花筒，这么一动，出一个景儿，那么一动，又是一个景儿。动大了，景儿多了，也就乱了，乱了不要紧，在乱中你要是不把自己丢了，你还没准又抢回另一个你来。(最好的医生是自己! 没有人能帮你，要靠自己抢!)

读后悟语

根据"交流"的词义和我们的日常理解，交流应是相互的、平等的。世界趋向大一统，而且文化一般不涉及经济问题，这种平等似乎更是理所当然的。但是作者以她的亲身经历告诉我们一个很残酷的现实，文化交流也不平等。

经济基础决定政治、法律、宗教、艺术、哲学等，有如水涨船高。一个国家的国力直接影响它在各领域的地位。

文章的幽默除了在语言上的体现，更在作者所选择的叙述内容上——我们挖空心思也想不到会有问题的问题出问题了。"实践出真知"，文章主动履行了警世的责任。最后一段还毫不避嫌地指出救世之路，勇气可嘉! 怪不得鲁迅先生当初要弃医从文。

传统何在

陈利砼

传统何在?(开首疑问,统领全文。)

传统何在?传统,浮游在历史长河上。(段落开头设问,引起悬念,统摄下文。)

传统,在百官齐谏的朝堂中,是汉人独尊的狭隘心胸,是倒在胡人弯刀下汉人的咒怨;赵武灵王长袖一挥,将文武众臣拒之千里,赵军扯下了笨重的战甲,胡服骑射,威震蛮夷,对天下亮出了刀剑耀眼的锋芒。(赵武灵王要进行胡服骑射的改革时,面临种种的压力说道:利于身体的叫服饰,便于行事的叫礼法。)

传统,在鼓角争鸣的沙场上,是两军对垒的针锋相对,剑拔弩张,兵来将挡;曹刿论战,不拘于俗,以静制动,三鼓而出,长勺一战,掩杀间造就史家经典。

历史的英雄,打破传统,成就丰功伟绩。(段末总结性语句,点明主旨,收束本层内容。)

传统何在?传统,横亘在民族大计中。(第二次段首设问。)

传统,在祖生父养的乡野间,是安土重迁,落叶归根的深情;他们抹抹眼角,走了,三步一回首;水涨了,高峡出平湖。浪花拍打新崖,将一个个伟大的无名故事娓娓道来。他们,为了国家大业放弃故土的乡民,那夕阳下高大的背影,将被铭刻为永垂不朽的丰碑。

传统,在饭菜飘香的家庭里,是多子多福,是儿孙满堂的其乐融融;天伦之乐的遗梦一代代延续,却分明遮不住小家入不敷出的呻吟,挡不住国家不堪重负的哀叹;睿智的父母选择了独生,选择了优育,看着房子大了,碗里的饭多了,孩子的脸上红润了,十三亿人口会心地笑了。

朴实的人民,打破传统,营造国富民强。(第二层内容的总结。)

传统何在?传统,闪烁于平凡生活里。(第三次段首设问。)

传统,在美如夏花的贺卡上,在节日里,为远方寄上的一份盛载温情的思念,更是百年大树在电锯嘈切声中折腰殒身的哭泣;热爱环境的人们,走过贺卡摊,叹了口气,打开了电脑,选择了在虚拟世界中奉上同样诚挚的祝福。

传统,在高山流水的习习清风中,是琵琶十面埋伏的战鼓擂擂,是古筝渔舟唱晚的悠然祥和,是二胡(二泉映月)的缠绵怨诉,是竹笛姑苏行程的风和日丽。("是……是……"构成排比句,起到强调的作用,并具有节律美、格式美。)"女子十二乐坊"的妙龄女子,脱下唐装旗袍,换上流行服装,伴着鼓点、贝司,还有斑斓的灯光,在纤纤玉指与羞花笑靥间,千年乐器奏出了新生。

生活的方式,打破传统,日益丰富多彩。(第三层内容的总结。三部分内容层次清晰。)

传统何在?传统,无处不在。历史把它留给我们,只等我们用明亮的慧眼,取其精华,去其糟粕……(全文的总结。)

 读后悟语

传统何在?这个问题恐怕需要一本二十万字的专著来回答。本文的作者用短短的一篇习作轻松回答了这个问题,其广博的历史文化内涵、清晰的篇章结构和斩截有力的语言让我们接受了这样一个答案。

分为三个部分的《传统何在》陈述了这样一个观点:传统在历史中、在乡土中(请允许我用这样一个词来代替原文的"民族大计"一词)、在日常生活中。难能可贵的是,文章指出了我们在缔造传统的同时也在打破传统。或者说,反传统本身就是一种传统。在这个悖论式的命题中我们反而看到了历史车轮前进的轨迹。

例子充实、由远及近,古代:赵武灵王的变革、曹刿以少胜多出奇制胜;近代:三峡移民措施、全国计划生育措施;现代,爱树环保、古乐新奏。

诗歌式的语言,造出史诗般的气味,荡气回肠。

几千年的传统如长河沙砾,数不胜数;若是能在良莠不齐的历史长河中挑出珠子,把它打磨,穿起来,摆好,一件艺术品便诞生了。

多嘴说一句,这类文章在写作上容易流于形式而显得空洞,它需要更高的功力,不容易写呀。

学 生 作 品

凡是值得思考的事情，没有不是被人思考过的；我们必须做的只是试图重新加以思考而已。

——[德]歌德

吃　草

郭念欣

有位名人说：传统文化好比一捆干草，人们就像驴子一样驮着它走，各人的驮法不同，聪明的人把它们化为养料轻松走向未来，愚蠢的却把它当作祖传之宝，永远是沉重的负担。(引用名人话语，论据有力。)

但是，驮草的你我是否那么容易就可以把草给吃个一干二净呢?(用转折连词过渡，清楚、干脆。)

就好像我们从小便有的家庭教育。小时候，被迫在书桌上练书法，写错了或是写不好，换来的不只有千百遍的重写，还有罚跪与罚打。不止一次地想过逃避，也不止一次地想过反抗。但最终还是屈服于"沉重的负担"下，理由只有一个，这是传承下来的教育方式，也是我们的传统。

正如马克思所说：人们自己创造自己的历史，但他们不是随心所欲的……一切死亡先辈的传统，好像噩梦一般，笼罩着活人的头脑。我的噩梦还是要驮着，也许，我是注定要驮着。因为中国的传统中有那么的一条"百行孝为先"。即使做不到二十四孝，也不能对父母不敬。("孝"确实是一把双刃剑，许多人要到了有觉悟、有能力、有时间去尽孝时才真正理解它。子欲养而亲不在的遗憾，便成了许多人的遗憾。)即使被这些"干草"压得难以呼吸，可是因为是传统，所以我们要继续驮着。更何况在大多数中国人看来，这也是最平常不过的。

就像泰国人爱信佛、犹太人爱学习一样，无论是把它"背着"还是"吃了"，无论它是使"驴"停滞还是向前，都是千百年来人的心中的烙印，所以要是有一天谁烧了泰国的庙、撕了犹太人的书，他们说不定就会把那个人五马分尸。

　　人就是如此守着自己的传统，甚至到了有点不可理解的地步。要是有个勇士，且不论他聪明与否，凭着敢于挑战传统，他就是个勇士。不说他遇到的排挤与鄙视，光是孤独面对洪潮的寂寞，就很容易让他随波逐流，放弃理想；毕竟像布鲁诺的人并不多。如果能够力抵狂洪，之后便是如布鲁诺般的名垂千史。当然，这么说是有点夸张的，毕竟传统不一定就是不好的。但如果有人坚持了又创新了，那就真的把干草好好地吃了。（"创新"并不一定是一个褒义词，它依然要接受时间的考验。）

　　也许，在吃草的时候是困难的，但吃了饭，才有力气上路，而不是因为背草以至筋疲力尽甚至死亡。

　　所以，让我们努力地好好吃草吧！

同学分析

　　《吃草》代表着一种受压抑的反抗传统、挑战传统的姿态，是年轻人觉醒的姿态，可喜可贺。传统被比喻成"狂洪"、"噩梦"、"沉重的负担"，由此可见本文对于传统的激进态度。

　　《吃草》最突出的优点是以一个比喻贯穿全文，不止起着结构全文的作用，还强化了主题。《吃草》最突出的缺点也是这个比喻，以驴儿吃草这样的关于传统与反传统的讨论，一雅一俗，放在一起难免不堪。当思考着历史、传统这样的高雅命题时，突然读到一句："驮草的你我是否那么容易就可以把草给吃个一干二净呢"，或者"让我们努力地好好吃草吧"这样的句子，难免有些扫兴。雅俗辨体，不是教条，是尊重人类的审美习惯。名人妙语，只是一时兴趣，说完便是了结，通篇"吃草"，难免不伦不类。

教师点评

开头有力,结尾点题,虎头豹尾。开始于吃草,结束于吃草,前后照应,中心突出。

内容上有家庭传统教育、名人名言、名人事例,丰富而不凌乱,紧紧地围绕着中心进行叙述。其实每个材料都可以有许多个不同的观察角度,以不同的角度观察就会有不同的结果。所以,先确定中心、再找材料、最后根据中心选择切入材料的角度,这三步骤的先后次序很重要。

若是材料的安排上再能分一下详、略,加入一些细节描写,可能会更传神。

倒数第二段值得细读,作者是说:若是到了要被"草"压死的处境,就应把"草"吃了,以便更好地上路。把人的生存、人人平等放在第一位。这种态度不是少年意气的一触即发,而是再三思考、选择产生的,"爱情诚可贵,自由价更高"。对人生的这种探讨、思索,令文章神采飞逸。

国人，你想干什么

王付正

　　我常常想：幸亏梁思成(著名的建筑学家、建筑教育家，城市规划工作的推动者。)死了，否则，看到全国旧城区改建中的那些举动，一定会痛心疾首；幸亏鲁迅先生死了，否则，也一定要破口大骂。(巧借名人。)

　　中国人可能是穷怕了，因此举国上下都在拼命地赚钱。(点出关键问题：穷。)

　　或许一个现代化的国际大都市的标志就是钢筋水泥"棺材"的高度与数量，或许一个国家要高速飞速甚至超音速地发展就是要用着劲儿造大楼，于是那些破破烂烂的古建筑、坑坑洼洼的文化遗址便变得"有碍观瞻"、"影响市容"了。这些个老东西只会让人想到该城市很老很老了。笼罩在垂暮之年的氛围中，怎么能再大发展?看人家东京! 看人家纽约! 于是乎，古城墙，拆! 四合院，拆! 名人故居，拆! (反语。)

　　拆! 拆! 拆!(叠词的运用让人觉得所拆的仿佛是我们的心，远远地感觉到那种切肤之痛。)出自梁思成的话或许会让那些踌躇满志雄心勃勃的人感觉很刺耳——"一个东方古国的城市，在建筑上如果完全失掉自己的特征，在文化表现及观瞻方面都是大可痛心的。因为这事实明显地代表着我们文化的衰落，甚至于消失的现象。"

　　或许这些人不会甚至永远都不可能明白为什么有那么多人反对甚至以命相拼。他们掩饰不住自己的困惑，同时又对那些敢于拒绝敢于抵制者威逼利诱连哄带骗。心中也许还挺不耐烦地骂着："中国人真顽固，五六千年下来还死抱着'安土重迁'；中国人真落后，都什么年代了还这么……(我不敢保证他们不会责其为封建残余)"临走再给正在那里唉声叹气满脸愤慨的死硬派一个狠狠的白眼。(借夸张的心理描写含蓄地讽刺。)

255

接下来是满身铜臭气的开发商迫不及待地扒房子。不可否认,这些开发商很聪明很有经济头脑,也许还很有文化。("满身铜臭气"和"聪明"尖锐对立,却又和谐统一,更突出钱的地位。)他们中的许多人不可能不知道这意味着什么。但他们更知道扒掉老房子建商厦就如同制造人民币,因为这些地带在不久的将来就会成为城市里一个又一个商业中心,那时这里可是寸土寸金啊!

"有钱不赚是笨蛋!"在这个口号下,所有一切都要靠边站,管它是哪朝哪代哪个祖宗留下的。于是在工人一锤一锤的敲击中,我们的文化一块一块地消失了。耸立了千年依旧屹立的城墙倒下了,耸立了百年仍然巍巍的古宅倒下了……整个世界充满了拆除自己文化的叮当声,弥漫着正在衰退甚至消失的九州文化的灰尘味儿。龚自珍满怀担忧地告曰:"若要亡其国,必先去其史。"让人困惑的是,为什么抛弃我们历史最积极的人往往是我们自己?(天问式的反问,再现屈原的悲愤、无奈、彷徨。)

在西方人极力保护那短得可怜的传统的今天,我们却在拼命地把自己向蓝眼睛白皮肤上改造。

无法想象,若干年后我们的子孙会怎样看待那一座座似乎很壮观的摩天大楼。请记住:我们有五千年的悠久文明;我们是这个星球上文明古国中仅存的硕果;我们曾经辉煌并将再次辉煌。

我们除了钱,总该为后代留下点别的吧?(噢,原来除了想自己还要想想后代。)

同学分析

国人,你想干什么!出自一位中学生的一声呐喊,把十三亿人都吓住了。

本文的特点之一是把模仿对立方面的思考问题的思路所得出一系列荒谬的结论作为有力的论据,使对方的论点不攻自破。对方的思考问题的出发点越是低俗,目光越是短浅,其理论体系就坍塌得越彻底。本文的特点之二是短促有力的句子,揭示出情况是如何危急,如:"看人家东京!看人家纽约!于是乎,古城墙,拆!四合院,拆!名人故居,拆!拆!拆!拆!"这样的情景,没有人会无动于衷。

最后还有一个小问题,为什么鲁迅先生会破口大骂呢?鲁迅先生乃是最赞成反传统、扫除历史残余的啊,颇让人费解,此乃题外话。议论文不能有"硬伤",否则会留下笑柄。

教师点评

今天建、明天拆、后天修,似乎已经成了城市建设的一大特色。当官的要出政绩,经营的要讲经济。城市规划应该是最热门的,但是也是最让人心寒的。据说拆和建所耗费的资金相同,据说普通的一平方的路就至少需要人民币100元。

似乎有个无底的黑洞狂吸着劳动者们的血汗之钱。

树,我们已经没留多少给后代了。不过,树还可以再种!只是,我们如何找回鲁班再建一幢房子?为后代留点什么——竟然由一位"后代"来呐喊,汗颜!

同时也感动,多好的学生!

至于鲁迅,或许已成了正义和直谏的化身。